曲阜师范大学青年学术文丛

A Research on the Mechanism of Public Participation in Destination Governance

旅游目的地治理中的公众参与机制研究

王京传 著

科学出版社

北 京

内 容 简 介

　　本书引入国内外最新理论构建包括动力机制、实现机制和保障机制的旅游目的地治理中的公众参与机制。其中，动力机制包括五个推力因素和八个拉力因素；实现机制涵盖参与主体、客体、层次、方式、过程、结果共六个维度，其有效实施要涉及参与选择、参与过程和参与结果三个方面；保障机制包括政治保障、组织保障、制度保障和动力保障。案例调查表明，国内旅游目的地公共事务执行主要是需要公众的深度参与和中度参与，同时政府与公众认可和重视参与过程的有效组织、参与结果的有效实现及相关的保障因素。本书超越以往研究仅关注单一或部分旅游目的地公共事务的研究视野，实现整体层面的整合性研究；构建的模型既适用于决策性公共事务，又适用于执行性公共事务。

　　本书主要适用于各级旅游行政部门人员、旅游研究人员、旅游管理专业研究生，为其工作、研究和学习提供参考和借鉴。

图书在版编目(CIP)数据

　　旅游目的地治理中的公众参与机制研究 / 王京传著 . --北京：科学出版社，2015

　　(曲阜师范大学青年学术文丛)

　　ISBN 978-7-03-046002-8

　　Ⅰ. ①旅… Ⅱ. ①王… Ⅲ. ①旅游地－公民－参与管理－调查研究－山东省 Ⅳ. ①F592.752

　　中国版本图书馆 CIP 数据核字(2015)第 246158 号

责任编辑：马　跃　魏如萍 / 责任校对：王晴晴
责任印制：徐晓晨 / 封面设计：蓝正设计

科学出版社 出版

北京东黄城根北街 16 号
邮政编码：100717
http://www.sciencep.com

北京京华虎彩印刷有限公司 印刷

科学出版社发行　各地新华书店经销

*

2016 年 2 月第　一　版　开本：720×1000　B5
2016 年 2 月第一次印刷　印张：15 3/4
字数：317 000

定价：98.00 元

(如有印装质量问题，我社负责调换)

总　序

　　学术者，天下之公器也；青年者，学术之希望也。本"孔子文库——学术文丛"，即以汇聚青年，襄助学术为宗旨，以积累吾校青年俊彦之著述，展现人文社会科学之成绩为鹄的。

　　作为山东省重点高校，曲阜师范大学以"学而不厌，诲人不倦"为校训，秉承"孔颜型范，春秋学统，海岱情怀，洙泗遗风"，数十年来为社会培养众多精英人才及优秀师资，享誉海内。

　　"南沂西泗绕晴霞，北岱东蒙拥翠华。万里冠裳王者会，千年邹鲁圣人家。"岱岳之阳，洙泗之滨，钟灵毓秀，人杰地灵，斯为黄帝诞生之地，少昊活动之墟，商奄旧壤，周公封国，素称人文荟萃之域，周礼尽在之邦。当春秋战国之际，天子失官，学术下移，私学兴起，诸子争鸣，九流十家，蔚为大观，此中华文化之轴心时代也。而此轴心时代之轴心人物，则鲁国之仲尼也。仲尼祖述尧舜、宪章文武，集上古文明之大成，端赖鲁国历史人文之得天独厚也。

　　遥想当年，夫子承上启下，继往开来，删订诗书，修起礼乐，赞明易道，制作春秋；杏坛设教，修成康之道，述周公之训，以教七十子，使服其衣冠，修其篇籍，弟子三千，七十二贤，成儒家之集团，士阶层亦以此登上历史舞台，兹后诸子蜂起，百家争鸣，演为中国思想文化之黄金时代。时人已赞其"大哉孔子"、"天将以夫子为木铎"，弟子更叹"天纵之圣"、"自生民以来未之有"。炎汉以降，士大夫及庶民无不尊崇孔子之道，其影响垂两千余年，且远播海外诸国，沾溉后世，垂范千秋。近世史家柳翼谋谓"孔子者，中国文化之中心也"，西哲雅斯贝斯将孔子与苏格拉底、佛陀、耶稣并誉为人类思维范式的奠定者，良有以也。

　　孔子者，伟大教育家；曲阜，东方之圣地。立上庠于斯，其义深且大焉，非特有功于一时一地，尤别具文化传承与创新之大义也！曲阜师范大学建校迄今，庶乎一甲子矣。经数代曲园人之耕耘，今日之曲阜师大，已成师范教育之沃土，综合性之高等学府，拥有曲阜、日照两大校区，占地二千余亩，涵盖文、理、工、法等十大门类，名家荟萃，桃李芬芳，人文底蕴深厚，九州海外驰名。

　　然忆昔建校之时，新中国初建，百废待兴，亿兆斯民，同心同德，戮力建设，气象一新。一九五五年，山东省师范专科学校建于泉城济南。翌年，举校迁圣地，更名曲阜师范学院，升为本科院校。长校者，高赞非先生也。高先生出郯城高氏，幼承庭训，及长，师事大儒黄冈熊十力与大儒桂林梁漱溟二先生，宅心仁厚，学养深邃。受命出任曲阜师院院长，筚路蓝缕，艰困万端，书"犹有洙泗遗风，更加众志成城"一联，勉励师生，奋力开拓，使曲园迅速崛起于教育界，其德其勋，永铭史册。尤可言者，高先生自建校伊始，即于孔子文化研究，颇属意焉。曲园之孔子研究，今日于学界占居一席之地，赖高先生开创之力也。戊午年杪，改革开放，国家，曲园亦随之振兴，文、史、哲、政、经、法、教、管、艺诸科，蓬勃发展，欣欣向荣。

"旧学商量加邃密，新知培养转深沉"。数十年来，曲园之人文学术，扎根文化圣地，吸纳传统养分，根深叶茂，硕果累累。洙泗学人，僻处小邑，登三尺讲台，授业传道，退而伏案，执笔撰著，孜孜矻矻，未敢或怠，于学问亦三致其意焉。虽未得大都市之声华，然反得以沉潜学术，安心著述，此其失之东隅，得之桑榆之谓乎！

学术之事，诚非同寻常之事也。梁任公有言："学术思想之在一国，犹人之有精神也，……欲觇其国文野强弱之程度如何，必于学术思想焉求之。"王静安亦谓："提倡最高之学术，国家最大之名誉也。"国家且勿论焉。而学术之于大学，事业之基也；之于学人，立命之本也。夫子倡"为己之学"，后儒秉"知行合一"之教，华夏两千余年之人文学术史，群星璀璨，光耀千古，不逊泰西，然近代以来，重理轻文之风大扇，新世纪以来，商业大潮席卷而来，人文社科无用论，甚嚣尘上；人文学者之清贫，有目共睹。尤其青年学者，于学术念兹在兹，精力充沛，意气风发，思维活跃，惜乎其资历尚浅，负累甚大，困难与机遇并存，痛苦与快乐兼具，民间所谓"青椒"一族是也。虽甘心寂寞，清贫自守，怎奈"压力山大"何！若此，欲得学术繁荣，岂不痴人说梦耶？职是之故，纾困解难，助其一臂之力，走上学术之康庄大道，则学校主事者之所思所念也。有鉴于此，学校社科处积极谋划方案，多方筹集资金，设立"孔子文丛"，以襄助青年学者专著之出版，推动我校之人文社科学术之繁荣发展。

本文丛面向全校人文社科领域青年学者全面开放，凡符合条件之学者皆可自愿申报，学校组织专家匿名评审，入选者由学校组织统一出版。自二零一三年始，每年拟出版一辑，每辑不超过十种。

纵观当今之世，学术之发展繁荣，端在打破学科藩篱，开展学科对话，实现协同创新。然突破成规，谈何容易？必当审慎擘划，期以长远。千里之行，始于足下，九尺之台，起于累土。此"孔子文丛——曲阜师范大学青年学术文丛"计划，面向人文社科诸学科，海纳百川，兼容并包，搭建不同学科交流之平台，其我校人文社会科学协同创新之起点乎？其我校人文社科学术发展繁荣之础基乎？

"曲阜师范大学青年学术文丛"编委会

二零一三年七月

序

王京传是我 2010 年招收的博士研究生。在南开大学读博期间，他所表现出来的为人之厚道、读书之刻苦、学术眼光之敏锐、治学及论证之严谨，都给我留下了深刻印象。得知他决意将旅游目的地治理中的公众参与机制研究作为博士论文选题时，我深为他这种"明知山有虎，偏向虎山行"的探索精神所感动。当时国内对这一课题的研究基础薄弱，工作难度甚大，只有像他这样的"拼命三郎"才有勇气去主动担当。拿到他的初稿后，论文质量着实令我大喜过望，而且我的这一判断也为后来的社会评价所证实——学校将他的这一博士论文呈送校外五位专家盲审，所反馈回来的评定成绩全部为"A"。

就旅游学术研究而言，创新是精髓，致用则是根基。王京传博士所撰的《旅游目的地治理中的公众参与机制研究》堪称是一部创新性和应用性兼备的优秀学术著作，是近年来国内旅游管理研究的标志性成果之一。该书借鉴国内外的相关前沿理论和已有实践中的成功案例，结合中国公共管理模式亟须创新的现实，构建了旅游目的地治理中公众参与机制的整合性模型，并给出了可供国内参照的实践指南。综观全书内容，文献资料翔实、理论基础稳固、问题分析全面、解决途径到位，实现了理论前瞻性与实践时效性的有机统一，既反映了国内旅游目的地管理研究的新视野、新思路，也展示了新一代旅游研究者严谨、扎实的研究方法。

对旅游目的地管理理论和实践途径的研究与探索，是当前我国各地旅游管理中需要重视和解决的大问题。基于旅游目的地层面的学术研究为国内旅游需求模式与旅游供给方式转型升级所双向驱动。国内这方面的个案性研究相对较多，整体性研究明显不足，从而导致了在实践操作层面缺少有效的理论引导和实践指南。具体到旅游目的地治理中的公众参与机制，这一问题则尤其明显，因为国内这方面的理论研究和实践经验确实都十分稀缺。所以，王京传这本书的问世有助于填补这一空白。当然，由于该书侧重于旅游目的地治理中公众参与机制的整体构建，有些方面的研究还需要进一步细化、深化和拓展。然而无论如何，这一著作的学术价值和应用价值都很高。我深信在今后的工作中，王京传博士定会对这方面的研究不断进行完善和提升，推出新的优秀成果。

李天元

2015 年 10 月 7 日于南开大学

目　　录

第一章 绪 论

基于"多方参与、共同治理，统筹兼顾、动态协调"的社会管理原则(第十一届全国人民代表大会第四次会议，2011)，公众参与公共事务正在成为我国公共管理体制创新的重要趋势。无论是在国家层面，还是在地方层面，我国公众参与公共事务的实践都在不断增加。旅游业具有综合性，其涵盖的旅游公共事务范畴广泛，而且其中很多要素(如文化氛围、社会环境)本身就是依托公众才得以存在的。因此，公众应该成为旅游目的地公共事务的参与主体，成为其行动者。

首先，当前我国国家层面民主政治建设、立法推动、战略推进奠定了公众参与公共事务的政治基础。《中华人民共和国宪法》第一章第二条明确规定"人民依照法律规定，通过各种途径和形式，管理国家事务，管理经济和文化事业，管理社会事务"。可见，推进公众参与是我国国家性质的根本要求。实行基层民主，使广大人民在城乡基层群众性自治组织中，依法直接行使民主选举、民主决策、民主管理和民主监督的权利，对所在基层组织的公共事务和公益事业实行民主自治，已经成为当代中国最直接、最广泛的民主实践(国务院新闻办公室，2005)。保障人民的知情权、参与权、表达权和监督权是我国扩大社会主义民主的重要领域(胡锦涛，2007)。党的"十七大"提出，要增强决策透明度与公众参与度，要建立健全"党委领导、政府负责、社会协同、公众参与"的社会管理格局。根据国家"十二五"规划，我国将继续坚持党的"十七大"提出的社会管理体制，进一步完善科学民主决策机制，建立公众参与程序，并在公共决策中提高公众参与的程度。党的"十八大"进一步提出要建立"党委领导、政府负责、社会协同、公众参与、法治保障"的社会管理体制，并强调"在城乡社区治理、基层公共事务和公益事业中实行群众自我管理、自我服务、自我教育、自我监督，是人民依法直接行使民主权利的重要方式"(胡锦涛，2012)。

目前，我国一些法律法规也对公众参与做出了明确规定。《中华人民共和国立法法》规定"要保障人民通过多种途径参与立法活动"，《中华人民共和国行政许可法》要求行政许可前需根据申请人与利害关系人的要求组织听证会，《中华人民共和国环境影响评价法》规定"国家鼓励有关单位、专家和公众以适当方式参与环境影响评价"，《中华人民共和国文物保护法》和《中华人民共和国非物质文化遗产法》提出，文化保护需要公众参与。而《环境影响评价公众参与暂行办法》《全面推进依法行政实施纲要》等还对公众参与的原则、实施过程等做出了具体规定。我国现行法律法规对公众参与的相关规定，既强化了公众的参与意识，又为公众在具体公共事务领域的参与提供了法律保障。

其次，我国政府职能转变、各级政府的实践直接为公众参与公共事务提供了机会和激励。政府职能转变是我国行政管理体制改革的核心内容，建设服务型政府是其目标。服务型政府注重政府的社会管理与公共服务职能，实现寓管理于服务之中。建设服务型政府必须让公众更充分表达公共需求和选择公共服务，并引导公众参与到公共服务过程中来（陈保中，2011）。而"健全社会公示、社会听证等制度"、"让人民群众更广泛地参与公共事务管理"及"推进政务公开"等都是当前我国服务型政府建设中公众参与的现实选择。

基于此，国家层面在年度政府工作报告、"十二五"规划、法律法规制定等过程中都已启动了公众参与程序，通过网络、报纸等媒体及座谈会等形式征求社会各界的意见与建议；在北京奥运会、上海世博会及广州亚运会等重大活动中的志愿者、城市环境维护等多种形式的公众参与行动已经得到较多实践。各级地方政府也积极建立专门的公众参与网络、电话等问政平台，实践相关规划与法规制定中的公众意见征集、公众评议政府绩效等多种形式的公众参与公共事务活动。其中典型的案例如下：北京市在"十二五"规划制定中开展了为期三个月的"建言'十二五'共话新蓝图"公众参与活动，该活动通过规划知识普及、广泛征集建议、开展专题征集活动等，以网站、热线、短信平台、传真、电子邮件、信件、公众建言会等多种形式来实施公众参与（北京市发展和改革委员会，2010）；青岛市自2003年开始已经连续多年开展以"问情于民、问意于民、问计于民、问策于民"为宗旨的"我为青岛发展献计策"市民月活动（魏娜和王明军，2006）；杭州市近年来在老城区改造、运河保护等事务中也积极吸纳公众参与（周少来，2011；杨逢银等，2012）。世界银行和原国家环境保护总局在我国江苏、河北、浙江、辽宁、重庆等地具体实施了社区环境圆桌会议（黄娴和尹晓宇，2007；葛俊杰等，2007），从而实质性地推动了公众参与环境保护实践。此外，我国很多地方政府在规划制定、项目决策、环境影响评价等公共事务中启动了不同层次的公众参与活动。这些实践活动表明，公众成为公共事务的主体是可行的。而且，通过这些实践，公众参与公共事务的主体意识和责任意识都已得到激发，参与意识也得到了强化。

再次，我国国家及地方旅游行政部门的实践直接开启了公众参与旅游目的地公共事务的实际行动。在旅游领域，公众参与旅游目的地公共事务正在不断得到重视。2003年，国内就有旅游规划研究人员在四川省乐山市旅游规划制定中使用圆桌会议、入户访问和问卷调查等方法来推动公众参与旅游规划过程（张伟和吴必虎，2002）。2009年，国家旅游局通过官方网站向社会各界征集对《全国乡村旅游发展纲要（2009－2015年）（征求意见稿）》的意见与建议。2011年10月，国家旅游局在中国旅游业发展"十二五"规划制定之初就开展了"中国旅游业'十二五'规划 50 问建议征集"活动；12 月又发布《关于中国旅游业"十二五"发展规划纲要网上公开征求意见的公告》，向社会各界就规划的征求意见稿进行建议征集，并召开了专家研讨会。该规划的两个专项规划——旅游公共服务规划、旅游人才发展规划均实施了网上公开征求意见。各级地方层面的"十二五"旅游规划在制定过程中也大都实施了以网络媒介为主的公众意见征集。

在旅游目的地营销中，国内也有许多目的地已经开展了公众参与活动。其中最为普遍的就是公众参与目的地宣传口号和旅游标志征集、评选活动。国内有部分目的地已经采用社会征集方式来获取相关设计方案，通过专家评选、公众评选（网络展示与投票、现场展示与投票）来确定入选方案，并通过开展市场调查来进行市场测试，从而使公众参与到该事务中。国内也有目的地已经意识到公众在品牌传播、形象塑造、资源保护中的重要地位，如大连市开展了"人人都是旅游形象、处处都是旅游环境"行动，海南省开展了由非政府组织（non-government organization，NGO）承担的"三亚蓝丝带海洋保护行动"，曲阜市实施了志愿者参与文化遗产保护活动。

可见，无论是在国家层面还是地方层面，国内公众参与旅游目的地公共事务已经得到一定的实践。但是，我们也要看到国内这些实践（尤其在地方层面）尚处在随意性状态，缺乏长效机制。而且，在很多已经开展的公众参与活动中，参与主体的范围尚较小，参与的领域尚较少。因此，我国公众参与旅游公共事务实践尚处在起步阶段，还需要进一步探索更为健全的实现机制。

最后，我们还要看到，当前旅游目的地管理中出现的一些问题和困境也对公众参与旅游目的地公共事务提出了现实要求。旅游目的地管理中因缺少公众参与而导致的失误直接表明了公众参与环节的重要性。近年来频繁出现的城市旅游宣传口号歧义现象就是其中的一个表现，如江西宜春市的"一座叫春的城市"（罗聂，2010）和湖北利川市的"我靠重庆"案例（龚力，2012）。更重要的是，旅游业快速发展使旅游目的地管理对象不断拓宽，相应的旅游公共事务范畴不断扩大，而旅游行政部门自身能够直接配置的资源相对较少。在此背景下，若继续维持传统行政管理模式，政府会因资源不足和缺乏相应的知识、能力等原因而难以全面维持执行旅游目的地公共事务的效率。在传统观光旅游阶段，旅游者活动的空间较为集中、消费范围较窄，政府对旅游景区、旅游设施等的集中管理可显著提高旅游产品与服务的供给质量。但是，随着旅游需求的升级转型，以及随之的旅游活动方式变化，旅游者在旅游目的地的活动空间和消费范围都大大延伸，居民生产、生活的空间和相关活动等都会成为旅游者的体验对象，而这是政府所难以对其进行直接管理的。但是这些因素对旅游者体验及其满意度都具有显著的影响。

根据中国旅游研究院对全国游客满意度的调查，许多需要依靠居民等公众参与方可实现的旅游供给要素一直是游客满意度较低的集中之处。该调查针对散客的网络调研表明，在 15 个指标中游客对当地居民态度的满意度仅为 43.94（倒数第五），对旅游公共服务的满意度仅为 8.84（倒数第一）（中国旅游研究院，2010）；需要公众参与方可实现的居民友好程度、卫生状况、开放程度、生态等指标仍然在 15 个评价指标中排名靠后，而且游客对旅游公共服务的满意度仍相对较低且提升缓慢（中国旅游研究院，2012）。可见，基于游客满意度的视角，旅游目的地管理中公众参与机制构建的迫切性也已经凸显。

　　基于此，本书将以新公共管理理论、治理理论、公众参与理论、新公共服务理论、利益相关者理论等为理论基础，界定旅游目的地公共事务、旅游目的地治理、旅游目的地治理中公众参与及其机制的概念与内涵；解析旅游目的地治理中公众参与的动力机制；构建基于六维度（主体、客体、层次、方式、过程和结果）的旅游目的地治理中公众参与的实现机制；借鉴弗鲁姆-耶顿模型和托马斯的有效参与模型，构建基于参与选择的旅游目的地治理中公众参与实现机制的有效实施模型；引入"善治"等理论，并基于参与过程和参与结果的视角，提出旅游目的地治理中公众参与实现机制的有效实施思路；基于整合性视角提出旅游目的地治理中公众参与的保障机制。在此基础上，本书针对青岛、济宁、即墨、曲阜、邹城五个案例开展面向政府人员和公众的问卷调查，以应用本书提出的旅游目的地治理中的公众参与机制，并结合调研结论提出推动我国旅游目的地治理中公众参与机制有效实施的相关建议。

　　旅游目的地通常被视作能够向旅游者提供整体性体验的旅游产品的集合（Buhalis，2000），基于此视角，旅游目的地可被视为企业（Ryan，2002），因此在相关研究中企业管理范式具有适用性。公司治理理论对本书具有重要的指导意义，目的地管理的经济、效率的目标的实现需要借鉴企业管理范式。但是旅游目的地同时还是一个地域和空间概念，是旅游者旅游活动开展、旅游产品生产和消费的地点（Manente and Minghetti，2005）。基于此视角，旅游目的地则是由各种组织、社会部门及一系列公私部门进行相互联系所构成的系统（Palovich，2003），其不同于一般企业，因此相关研究中也需要运用公共管理范式。但是长期以来，对外部消费者利益的重视和内部私人经济利益的追求使企业管理范式在旅游目的地研究中得到较多的运用，而对内外部利益平衡、综合效益、公共利益等关注的不足则导致旅游目的地研究中公共管理范式运用较少。因此，本书将引入公共管理领域的相关理论，强化公共管理范式在旅游目的地管理研究中的应用。

　　本书既是在理论层面上对旅游目的地管理理论的新思考，又是在应用层面上对旅游目的地管理模式优化和旅游公共管理水平提升的新探索。本书将创新旅游目的地管理理论，完善公众参与旅游业发展理论的内涵，提出政府、市场、非政府组织及个体公众协作的旅游目的地管理理念，初步构建旅游目的地公共事务的概念体系，完善旅游目的地治理中公众参与机制的基本理论体系，从而有利于推动我国旅游目的地管理观念的转变，优化我国旅游目的地的管理模式，建立旅游目的地治理中公众参与的实践指南，为国内实践提供参照框架。

第二章　旅游目的地治理中公众
参与机制的研究基础

第一节　国内外旅游目的地治理研究

国外旅游研究于 20 世纪 90 年代初开始引入治理理论，2006 年国外文献开始使用"destination governance"一词，2011 年英国出版了以其为专题的研究论文集(Laws et al.，2011)。这表明国外旅游目的地治理理论正在逐渐形成，并在实践中推动着旅游目的地管理模式的优化。国内研究使用的与"governance"直接对应的词语是治理、治道、管治。其中以前者为主，"治道"(陈芳，2006；宗圆圆，2008；李秋成，2009)和"管治"(康宏成，2010)仅见于极少数文献。但是，国内旅游研究中使用的治理一词的范畴要比"governance"广。治理理论在 20 世纪 90年代末期被引入国内，多中心治理、共同治理等在 21 世纪初期才成为国内旅游研究的主题。目前，治理理论在国内旅游理论研究和实践应用中已经得到一定程度的关注。

一、国外研究

(一)文献概况

通过 Science Direct 等国外文献数据库及 Google 学术搜索，以"tourism governance""destination governance"为题名、主题、关键词分别进行搜索，共获得文献 122 篇。基于公私伙伴关系是一种新的目的地治理方式(Nordin and Westlund，2009)，笔者又以"tourism partnership"进行相同的搜索，识别出相关文献共 28 篇。最后合并两次搜索的重复文献 18 篇，共获得国外关于该领域的研究文献 132 篇(图 2.1，截止到 2013 年 2 月 15 日)。文献类型共四类，即研究论文(期刊、论文集、会议)、研究报告、学位论文及著作专题章节。

1. 文献的时间分布特征

根据现有文献，国外该领域研究的最早文献出现在 1993 年。2000 年以后，该领域文献数量逐渐增加，其中 1999 年到 2003 年欧盟资助的"欧洲可持续城市

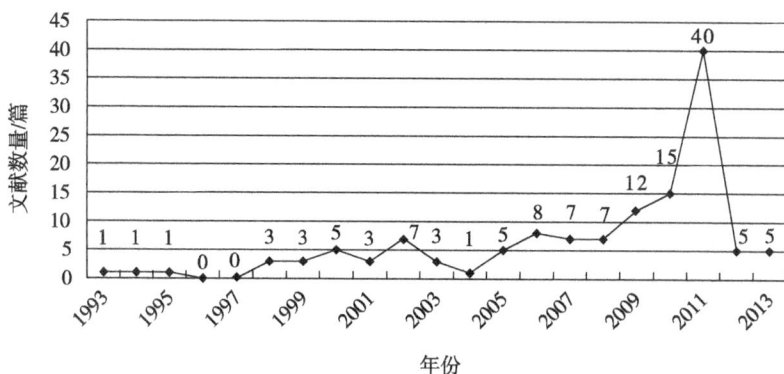

图2.1　国外旅游目的地治理研究文献的时间分布

旅游治理项目"（sustainable urban tourism governance，SUTG）成为该领域研究的最主要推动者，而2011年则是该领域研究的一个高峰（图2.1）。

2. 文献研究对象的空间分布特征

上述国外文献中有105篇是以具体的某一个或多个目的地为对象的研究。其中针对全球范围的有4篇、欧洲的有56篇、美洲的有14篇、亚洲的有13篇、大洋洲的有12篇、非洲的有6篇（图2.2）。

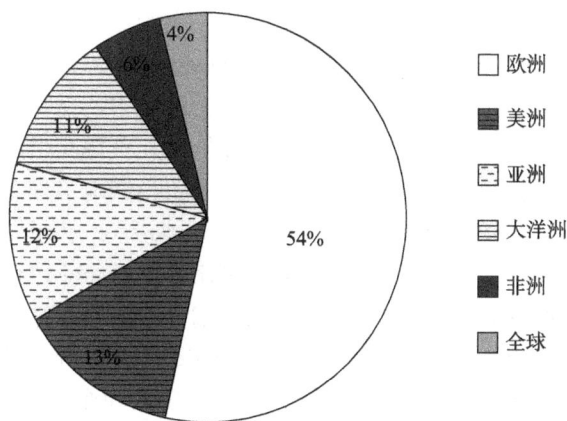

图2.2　国外旅游目的地治理研究对象的空间分布

3. 文献使用的研究方法

上述国外文献中理论研究仅有3篇（Baggio et al.，2010a；Svensson et al.，2005；Zimmermann，2006），其余均为应用性研究。案例研究为该领域研究中最常用的研究方法，定性研究的主要方法有人员访谈法、对比分析法、行动研究法(Su，2006；Beritelli et al.，2007)；定量研究法多用于目的地治理模式评价，主要方法为问卷调查法及相应的计量统计分析法、网络分析法。近年来，国外该领域研究还引入了公司治理、复杂科学、政治经济学等相关领域的理论和方法。

(二)目的地治理的概念与内涵界定

国外该领域研究所使用主题词的演变过程是从"旅游业治理"(Greenwood，1993)到"旅游目的地中的治理"(Trousdale，1998)，再到"旅游目的地治理"及"可持续旅游目的地治理"(Svensson et al.，2006；Laesser and Beritelli，2013)。其所使用的治理概念主要接纳了 Rhodes (Svensson，2005；Nordin and Svensson，2007)、Stoker (Nordin and Svensson，2007)、Kooiman (Göymen，2000；Caffyn and Jobbins，2003；Wesley and Pforr，2010)、Graham (Eagles，2009；Duitschaever et al.，2010)等学者的观点。整体来看，国外旅游研究中所使用的治理的内涵包括政府管理、社会自组织治理及政府与社会的共同治理，其中后两者是治理的权力多向度特征的核心体现。

基于政府管理视角，联合国世界旅游组织(United Nations World Tourism Organization，UNWTO)提出，目的地治理是指目的地管理组织的行动和运行。其界定了目的地管理组织的执行性活动、期望、优先权和目标，主要涉及目的地管理组织的政策设计与实施、一致性的管理体系、有效的政策制定等主题(United Nations World Tourism Organization，2010)。

基于社会自组织治理视角，Nordin 和 Svensson(2007)及 Svensson 等(2005)提出，目的地治理是将治理概念应用到旅游业情境之中，是将目的地与治理两个概念转化为一个概念，而其中治理是指以相互依赖、资源交换、博弈规则和政府以外的自治为特征的自组织和跨组织网络。这表明目的地治理意味着较少的控制和可预测性，没有明显的领导权和给定的权威(Svensson et al.，2005)。这是一个掌舵目的地的非正式的，但稳定的联盟和网络(Conti and Perelli，2007)。

基于政府与社会的共同治理视角，目的地治理是政府与社会的一种新型关系(Göymen，2000)，是一种自下而上的新模式(Vernon et al.，2005)。治理主体包括政府但要超越政府，还包括企业、非政府组织和个人等(Eagles，2009)。Greenwood(1993)强调商业利益集团也应被视为治理主体。H. Thomas 和 R. Thomas(1998)则进一步提出需要多元主体参与目的地政策制定。Trousdale(1999)将目的地治理界定为协调不同利益以推动能够代表公共利益的政策、项目及计划，其包括公众参与、制度设计、决策透明等。基于此，目的地治理意味着去中心化(Wesley and Pforr，2010)，从而使政府、私人、志愿部门等形成治理网络(Yuksel et al.，2005)。目的地治理所体现的是由目的地统治向治理的转变

(Cooper and Hall，2007)，是政府与其他社区组织(包括市民)的相互作用，以及在日益复杂环境中的决策制定，善治是其目标(Zimmermann，2006)。目的地治理包括作为决策制定与实施基础的私营与公共部门之间的正式与非正式安排(Françoise and Emmanuelle，2006)，因此公私伙伴关系是一种日渐重要的新的治理方式(Nordin and Westlund，2009)。在此基础上，Franch 等(2010)提出，社区参与水平、私人与公共行动者角色、信任与控制等是目的地治理的主要指标。概括来说，基于政府与社会共同治理视角，目的地治理是指通过目的地所有组织和个体的共同参与来制定和设计政策和商业战略的规则和机制(Beritelli et al.，2007)，而且治理的对象不仅包括决策性事务，还包括执行性事务(如营销)(Cooper et al.，2009)。

（三）目的地治理的意义研究

Zimmermann(2006)提出，旅游目的地规划与管理的主要目标不仅是增加游客数量，更要注重目的地内部的环境、人权等问题，而治理正是基于内外部平衡视角对旅游业发展的认识。Svensson 等(2005)提出，目的地具有行动者多元化、行动者间的资源依赖、结果的低预测性等复杂性，治理在应对目的地这些问题时具有很强的适用性。治理不仅有助于提升人们对一个目的地拥有动力或缺少动力的理解，还直接影响目的地的旅游业发展绩效(Nordin and Svensson，2007)。基于此，治理与目的地能否成功发展有着直接关系(Palmer，2002)，其主要体现在以下几个方面。

首先，治理能够影响目的地竞争力。旅游系统治理质量正在成为目的地竞争力越来越重要的影响因素(Borg，2008)。Baggio 等(2010a)强调，不同的目的地治理模式能够导致利益相关者之间互动效率的差异，并由此影响目的地的竞争力。公私伙伴关系是一种新的治理方式，而公私部门合作与目的地竞争力是存在交集(intersection)的，这种合作能够提高目的地竞争力(Nordin and Westlund，2009)。因此，当前目的地地方政府正在改变行政管理模式，并越来越多地使用合作联盟及公共、私人与志愿部门之间的伙伴关系，从而通过这种新的治理模式提高目的地的竞争力(Beaumont and Dredge，2010)。Sheldon 和 Park(2008)还提出治理能够影响旅游者的体验质量，因而能够对目的地竞争力产生影响。此外，Connelly(2007)基于 1980～2000 年的利物浦旅游政策，实证分析了不同历史阶段中参与治理的主要行动者的角色及治理进程对旅游竞争力的提升程度，并提出应强化创新性政策以提高目的地竞争力。

其次，治理能够影响目的地的可持续发展。治理是旅游业成功实现可持续发展的最重要因素，其中高效透明的政治制度、协调一致的政策、政府与私人及公民社会的伙伴关系是其三个核心要素(Bertucci，2002)。进一步来看，治理是实现可持续旅游发展的五大原则之一(Alipour et al.，2011)；合适和有效的治理是可持续旅游实施的一个核心条件，其能够推动目的地的民主进程、建立导向并能够为相应的实践取得进步而提供途径；强化目的地治理能够提高旅游扶贫的收益，并推动目的地可持续发展(Vignati and Laumans，2010)；建立在沟通与咨询基础上的目的地治理模式，能够强化信任与合法性(legitimacy)①，其与可持续旅游原则是一致的(Zahra，2011)。

再次，治理是旅游规划实施的推动力。Trousdale(1999)基于菲律宾的案例提出，好的旅游规划应建立在广泛的系统性评价基础上，并与治理提升相结合，这样才能实现由理论到实施的转化。更好的治理应当清晰界定地方、区域和国家的角色，并包括社区的投入，以在旅游业发展实现利益最大化的同时减少负面作用。

最后，治理是目的地适应变化的有效工具。Baggio 等(2010a)认为，在目的地网络中，各利益相关者之间的互动是动态性的和受外部影响的。目的地系统的动态性的一个重要特征就是复杂性，而目的地变化正是发生在这种复杂性之中。因此，在将目的地作为网络治理客体的过程中，治理是目的地适应变化的有效工具。

(四)目的地治理模式研究

1. 目的地治理模式类型

Svensson 等(2005)提出，伙伴关系、产业集群、创新系统分别代表不同的治理模式。其中伙伴关系模式适用于大多数目的地，而产业集群模式和创新系统模式仅适用于少数目的地。Françoise 和 Emmanuelle(2006)则认为公司模式和社区模式是目的地治理的最基本模式，其中公司模式重视主要经营者，但忽视其与其他私营及公共组织之间的关系；而社区模式则重视当地权威及行动的合法性，强调主体间的合作。更深入来看，社区治理模式是由行动者之间的交易性和个体性关系联结而成的一种网络模式，其包括非正式联系、知识和信任，而且在网络形成和演化过程中动态性维度尤为关键；而公司治理模式则以权威等级关系为核心，强调二元的视角(Beritelli et al.，2007)。在此基础上，Hall(2011)主张应从广义的角度理解治理，并提出了权威型、市场型、网络型和社区型四种目的地治理模式。

针对具体旅游目的地，Beaumont 和 Dredge(2010)基于对澳大利亚 Redland

---

① legitimacy 的含义是对统治权及其模式的认可，即公众对相关主体的权力的认可与赞同(王周户．公众参与的理论与实践．北京：法律出版社，2011)。国内学者对其的主要译法是合法性和正当性，其中合法性在国内公众参与相关文献中最常使用，因此本书使用合法性的译法。

City 的实证分析提出了三种类型的目的地网络治理结构，即当地委员会领导型、参与者主导的社区型、旅游机构领导的产业型；Öztürk(2011)通过对荷兰的 Amsterdam 和土耳其的 Antalya 的比较提出，政权类型会影响目的地治理模式及其具体形式，因此两个城市的治理模式是不同的；Angella 等(2010)则通过对欧洲 13 个目的地的比较，根据管理者特征、管理者控制的资金数量、财务模式、参与者的数量、元管理参与者的数量指标对目的地治理模式进行了划分。同时，对于景区型目的地来说，所有权、经营权等的多元化往往会推动形成不同的治理模式。Su(2006)借鉴产权理论和公司治理理论，根据所有者、经营者、监督者、控制方式和收入分配五个维度，将中国自然景观型目的地治理模式划分为三种，即租赁模式、非上市股份制模式、上市股份制模式；Eagles(2008)针对公园及保护区型旅游目的地，按照资源所有权、管理收入来源、管理主体等识别出 36 种治理模式。

2. 目的地治理模式评价

善治是国外目的地治理模式评价的主要标准。其中合法性、透明性、责任性、回应性等是善治的核心要素，也是国外目的地治理模式评价研究的最基本评价维度(Eagles，2009)。Shapira(2003)提出，好的城市旅游治理应具备可持续性、去中心化、公平性、有效性、透明性、责任性和公众参与的特征。Eagles(2009)基于公园和保护区的景区层次的目的地，借鉴 Graham 提出的合法性、绩效、方向和愿景、责任性、公平五条善治原则，采用联合国开发计划署(United Nations Development Programme，UNDP)提出的公众参与、共识程度、战略愿景、对利益相关者的回应、效率、效益等十个指标评价了国家公园模式、半官方模式、非营利模式等八种治理模式。Duitschaever 等(2010)、Eagles 等(2013)基于游客感知的视角采用相同的指标评价了加拿大 Ontario 省立公园和英国 Columbia 省立公园的不同治理模式，并通过对比发现，前者半官方模式的治理更接近善治。Beaumont 和 Dredge(2010)则提出，目的地治理有效性应包括如下几个维度：积极的文化、构建性沟通与社区参与；透明性和责任性；愿景和领导能力；认可多元化，并追求平等和包容性(inclusiveness)；发展知识，学习与分享专业知识；参与者的角色与责任明确，清晰的执行结构与网络进程。此外，Svensson 等(2005)还提出应从包容性、责任性和一致性等维度来评价旅游伙伴关系。

(五)目的地多层次治理研究

Cooper 和 Hall(2007)提出，全球化时代目的地治理应超越国家内部区域层次，并提出了基于地理空间和独立主权的目的地多层次治理模型(图 2.3)。具体来看，国外学者研究的目的地治理的空间层次有全球、跨国区域、国家、国内区域、地方、社区等。

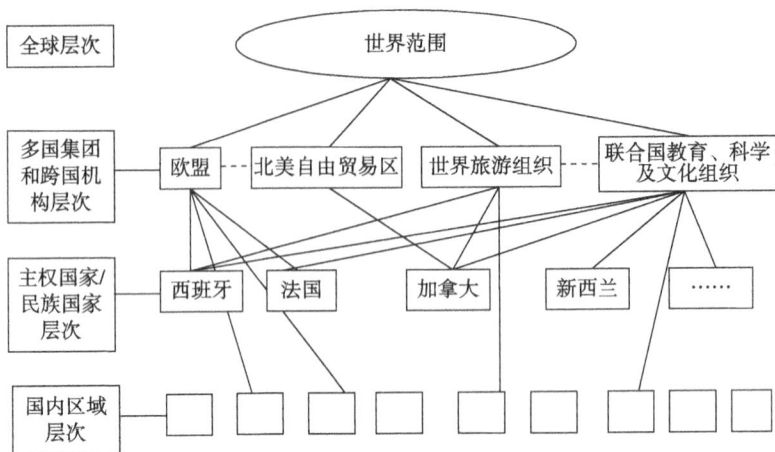

图 2.3　旅游目的地多层次治理模式
资料来源：Copper 和 Hall(2007)

　　基于全球层面，UNWTO 通过对全球 687 个目的地管理组织的问卷调查，全面评估了当前世界各地目的地管理组织的性质、形式、业务范围等，以推动将卓越治理系统应用到实践中，从而提高各目的地的绩效。该调查表明，全球各目的地治理正在由传统的公共导向转向公司化，而且公私伙伴关系已经成为各目的地管理组织确保治理效率和组织绩效的有效工具，但是当地利益相关者参与目的地决策和规划进程的程度仍然相当低(United Nations World Tourism Organization，2010)。

　　基于跨国区域层面，由欧盟"欧洲的明天与文化遗产"行动资助的"欧洲可持续城市旅游治理项目"构建了欧洲范围内可持续城市旅游的新型治理模式。该项目以奥地利、保加利亚、德国、希腊的 11 个城市为案例，以海德堡、格拉茨、塞萨洛尼基、大特尔沃诺四个城市为"最佳实践"，具体探讨了当地机构参与城市旅游治理的机制，并构建了基于当地机构参与的可持续城市旅游治理模式的整合性框架体系(Shapira，2003)。Borg(2008)重构了区域旅游发展战略实施的"指挥链"(chain of command)，强调旅游委员会、目的地管理组织等的组织结构、能力及治理是目的地成功的重要因素，并根据西班牙、法国、英国、奥地利的具体案例提出，私营部门也需要参与目的地旅游战略的制定与实施和注重正式与非正式手段的平衡，以便能够有效控制区域旅游营销的进程。

　　基于国家层面，Göymen(2000)基于土耳其 20 世纪 80 年代以来旅游业发展的纵向维度，解析了旅游业发展模式与治理的动态演变之间的关系——土耳其 80 年代以来的政治变革带来了国家旅游行政体系的革新，并推动旅游治理模式出现新的变化——新的行动者和新的合作伙伴关系，而且这种新的治理精神在旅游促销、旅游基础设施建设、旅游教育、旅游环境维护等领域已经得到实践；Dinica(2006)基于推动可持续旅游实现的政策措施视角分析了荷兰旅游业治理问题，提出了四种新的协调模式——建立荷兰旅游业基金、激励自愿参与"蓝色旗帜"认证、更新"国内水上体育活动环境管理"的治理工具、激励自愿参与"环境晴雨表"认证，并提出荷兰国内各地方层面的行动固然重要，但更需要国家层次建立新政策与调控机构以推动地方行动的有效开展；Öztürk 和 Terhorst(2010)则基于土耳其国家层面的入境旅游视角分析了全球旅游价值链治理模式，并根据荷兰客源市场的案例发现，该价值链根植于目的地国家而不是客源国。

基于国内区域层面和各地方层面，国外学者多是针对具体目的地治理实践进行案例研究。代表性研究成果如下：Cooper 等(2009)基于澳大利亚黄金海岸线区域型目的地实证研究了利益相关者在目的地治理中的地位；Vignati 和 Laumans(2010)基于莫桑比克马普托省层面的旅游价值链分析(value chain analysis，VCA)提出对话与合作能够推动目的地的有效治理；Yuksel 等(2005)以土耳其海滨型目的地 Belek 为案例，提出目的地治理应该去中心化。此外，H. Thomas 和 R. Thomas(1998)、印度公平组织(Equations，2005)、Gill 和 Williams(2011)、Nordin 和 Svensson(2007)、Conti 和 Perelli(2007)、Beaumont 和 Dredge(2010)等分别对英国、印度、加拿大、瑞士、意大利、澳大利亚等国的国内地方目的地治理进行了诸多案例研究。

基于社区层面和旅游区层面，国外学者从小尺度范围的视角对多元化的目的地治理实践进行了案例分析和比较研究。针对社区层面，Jamal 和 Watt(2011)提出了社区目的地治理的概念，并强调治理需要多数人的参与而不是仅将其掌控在少数人手中；Beritelli 等(2007)基于交易成本、权力均衡、相互依赖、信任与控制、知识、非正式和个人联系等指标对瑞士 12 个社区型目的地治理实践进行了纵向和横向两个维度的比较，提出目的地治理结构的不同，本质上要取决于一系列因素，如社区的历史、长期发展进程、当前的环境等都会影响信任进而影响治理结构及其演化，并发现社区目的地管理组织委员会的规模过大会因交易成本过高而导致低效率，过小则会存在道德风险；Franch 等(2010)通过对意大利、德国等六国乡村社区目的地的实地调查构建了社区型旅游目的地治理模型(图 2.4)。针对旅游区层面，Françoise 和 Emmanuelle(2006)分析了法国四个山地旅游区的治理实践，提出了基于政治、经济、公民、消费者四个领域的目的地治理分析框架；Eagles(2009)、Duitschaever 等(2010)研究了公园景区的治理模式；而 Caffyn 和 Jobbins(2003)、Wesley 和 Pforr(2010)则对摩洛哥、突尼斯、澳大利亚海滨旅游区的治理方式、治理能力等进行了研究。

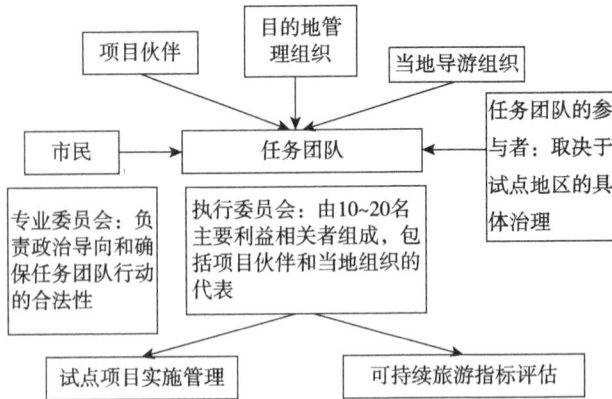

图 2.4　社区型旅游目的地治理模型

资料来源：Franch 等(2010)

(六)目的地伙伴关系治理研究

作为现代治理理论的基础，伙伴关系是一种多元行动者之间的动员和合作机制，其目的是形成能够直接影响所有成员的政治共识和行动共识。公共、私营及公众之间的伙伴关系是可持续发展和《21 世纪议程》的原则，也是推动可持续旅游发展的战略工具(Shapira，2001)。作为一种新的目的地治理方式(Nordin and Westlund，2009)，公私伙伴关系正在实践中被国外作为提高目的地治理绩效和整体绩效的有效工具(Eagles，2009)。

国外伙伴关系治理研究主要有两个主题，即伙伴关系动态进程、伙伴关系评价与评估。基于前者，Selin 和 Chavez(1995)认为，伙伴关系治理是在财政限制背景下弥补政府资源不足的手段，并提出旅游伙伴关系演化进程包括前提、问题设定、目标设定、结构化、目标五个阶段，同时以美国 Eagle Valley 为案例对其进行了实证研究；Roberts 和 Simpson(1999)提出，旅游政策制定中相关主体的广泛参与仍未实现，并根据罗马尼亚和保加利亚的案例构建了由政府、私营部门、非政府组织、当地社区等多元化主体参与的整体性旅游伙伴关系模型；欧洲可持续城市旅游治理项目重视政府、私营部门、社会的三角伙伴关系，并提出了一个由框架性条件、伙伴关系进程与行动、可持续含义三个维度构成的整合性可持续城市旅游有效伙伴关系模型(Shapira，2003)。基于后者，Roberts 和 Simpson(1999)采用各主体对资源依赖的认知、利益获取的认知、决策能否得以实施的判断、利益相关者的参与范围、召集者的合法性、目标形成等维度对伙伴关系进行评价；Augustyn 和 Knowles(2000)则将专业化准备、适当的深层次目标、扩展性结构、效率和有效性、可持续性等视为旅游伙伴关系成功的主要因素，并对英国约克郡的旅游公私伙伴关系绩效进行了评估；March 和 Wilkinson (2009)将网络和利益相关者分析用做评估区域性旅游伙伴关系的概念性工具，并据此对澳大利亚 Hunter Valley 旅游区的旅游网络中组织与个体之间的关系进行评估，进而发现其中公共部门的参与具有主导性而私人部门参与不够；Kelly 等 (2012)构建了由背景、进程、结构三个要素构成的旅游伙伴关系有效性评价的概念模型，并提出了利益相关者代表性、问题领域的共识、对伙伴关系的忠诚、生产效率、社会学习等七个评价指标。

（七）目的地协作治理研究

协作治理的核心理念是将多元化利益相关者与公共部门聚集到一个共同平台以实现共识导向的治理(Ansell and Gash，2008)。基于此，Vernon 等(2005)分析了旅游政策制定中参与者的协作机制，以英国 Caradon 区议会 1991~2006 年的可持续旅游战略制定为案例研究了参与者的协作范围、协作强度、共识取得程度等，并强调治理中要重视政府部门在推动自下而上的治理中的角色、时间动态性进程及创新等；Robertson(2009)的案例研究表明，协作治理实施需要政府具有协作性，并以参与者而不是管理者的身份参与，而且协作中参与者的自我利益中心因素会导致"协作惰性"；Zeppel(2012)探讨了澳大利亚低碳旅游发展中的协作治理实践，并对不同部门行动倡议的责任性、透明性、参与性、结构、有效性和权力等进行了比较。

（八）目的地网络治理研究

网络是指能够影响政府、企业、公民社会之间协作行动的正式或非正式安排(Dredge，2006)。治理的多元行动者往往会形成网络结构，因此协作网络及网络治理也正在成为国外目的地治理研究的一个新主题。国外目的地网络治理研究主要关注目的地网络形成、构成要素及其结构特征。March 和 Wilkinson (2009)构建了澳大利亚 Hunter Valley 旅游区的商业网络，并分析了由消费者、供给者、竞争者、互补者及旅游区自身共同组成的价值网络；Robertson(2009)分析了巴西里约热内卢的 Rede Turis 协作网络的类型及其形成与发展，提出在旅游网络中利益相关者之间并没有必然的冲突；Öztürk 和 Eraydin(2010)构建了包括政策与规划网络、行动导向网络两个层面的可持续旅游网络模型，并以土耳其 Antalya 为案例进行了模型应用与检验；在提出用网络测量法来研究目的地治理(Baggio et al.，2010a)的基础上，Baggio 等(2010b)及 Cooper 等(2009)分别运用网络分析法对澳大利亚黄金海岸和意大利 Elta 区域旅游网络的等级(degree)、紧密度(closeness)、中间性(betweeness)、特征值(eigenvector)等进行了具体测量。

二、国内研究

(一)文献概况

通过中国学术期刊网、维普中文期刊全文库,以"旅游治理""目的地治理"为题名、主题和关键词进行搜索,共获得文献 133 篇(图 2.5,截止到 2013 年 2 月 15 日)。首先,剔除其中 8 篇非旅游治理研究文献,其研究主题是水治理、流域治理等。其次,按照文章的具体研究主题和内容对其余 125 篇文献进一步识别,其中 33 篇文献虽在标题或主题中使用治理一词,但它们均非"governance"的概念范畴而是诸如整治/整修/修理(renovation)、复原(rehabilitation)、控制(control/controlment)、管制(regulation/management)、对策(countermeasure)、解决方案(solution)、处理(treatment)等内涵;23 篇文献的研究主题是旅游公司治理,其中景区旅游公司的有 5 篇;另有 4 篇文献分别研究的是我国入境旅游全球价值链治理、旅游产业集群治理、文化旅游产业链治理等(任瀚,2007;戴春芳,2012;马剑平,2012;王克岭,2012)。剔除上述文献后,共获得符合目的地治理主题的文献 65 篇,其中 3 篇文献虽标题不属"governance"的范畴,但研究内容涉及利益相关者治理、共同治理等(严伟,2009;王汝辉和刘旺,2009;衣传华,2011)。再次,笔者还以"旅游+伙伴关系"进行相同搜索,获得 12 篇研究文献,但均非本书的目的地治理范畴。此外,有 1 篇文献虽标题和主题中未使用治理、伙伴关系,但研究内容涉及网络治理(王素洁,2009)。最后,本书共获得 66 篇国内目的地治理研究文献(图 2.5)。

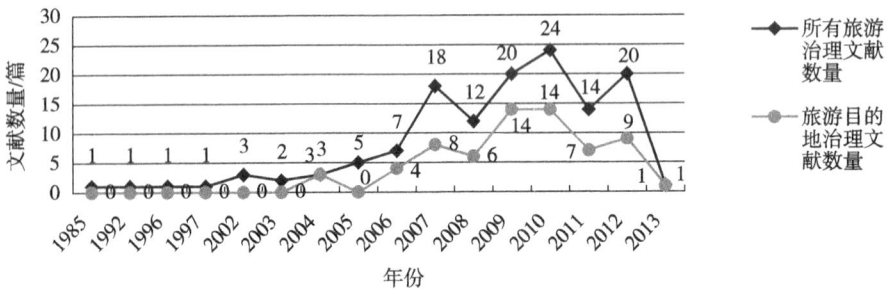

图 2.5　国内旅游目的地治理研究文献的时间分布

1. 文献的时间分布特征

治理一词在 20 世纪 80 年代中期就在国内旅游研究中使用,但基于"governance"内涵的国内旅游治理研究是在 2004 年以后才出现的。首先,公司治理理论被应用到目的地治理之中,利益相关者共同治理成为国内研究的重要主题。其次，全球治理委员会、罗西瑙、奥斯特罗姆等的治理概念也逐渐被引入，多中心治理、多层次治理、多元化治理等在最近几年逐渐成为国内目的地治理研究的新理念。

2. 文献研究对象的空间分布特征

国内研究最早关注的是旅游景区层面的治理，而后逐渐扩展到国家整体、区域、地方和社区等层面的目的地治理。具体来看，现有文献中国家整体层面研究的有 11 篇，跨行政界限的区域目的地有 3 篇，各级地方层面的有 7 篇，社区目的地的有 15 篇，旅游景区层面的有 20 篇。可见，国内研究主要关注小尺度范围目的地治理问题。

3. 文献使用的研究方法

国内现有研究大都是基于整体层面对旅游景区、社区等目的地治理的研究，此类研究文献有 32 篇。针对具体案例的研究文献较少，相对系统性的案例研究文献仅有 5 篇。国内现有 56 篇文献均为定性研究，其中部分文献进行了治理模式、结构等方面的概念性模型构建，但缺少对其进行实证研究。

(二)目的地治理的概念与内涵界定

国内研究尚未直接使用目的地治理一词，相关主题词有旅游景区治理、度假区治理、旅游地治理、风景名胜区治理、生态旅游/乡村旅游治理等。国内研究对治理概念与内涵的界定也包括政府管理、社会自组织治理、政府与社会共同治理三个方面。

基于政府管理的视角，前面所提到的控制、管制、对策、解决方案等治理概念实际上也大都是探讨在相关问题解决中政府的直接管理作用。国内目的地治理研究对政府管理层面治理的理解是管制、控制及政策规制。基于此，治理是指权力在特定领域中的运用，是管理者对行为主体进行支配、控制、协调和管辖(余述琼等，2007)；政府的直接管制是旅游目的地治理的主要手段之一，而且法律法规手段特别重要(孟华，2004)。

基于社会自组织治理的视角，国内目的地治理研究强调社区层面的乡村自治或社区自治等。社区目的地自组织治理是指依托社区旅游协会等社区自组织，通过民主表决来确定社区旅游开发中的行为规范，形成具有约束力的村规民约或乡规民约，并以其作为当地治理的规则(刘旺，2010)。进一步来看，社区目的地需要确立一个能让社区居民表达自己利益诉求的组织；根据当地地方规则和文化习俗，由社区居民共同制定使用村寨资源的规则；强化居民的内在激励和相互监督，促使居民将共享规范内在化(王汝辉和刘旺，2009)。而且，社区目的地自组织治理应该是一种超越传统村民自治的现代公民自治，即在公民意识形成和公民身份确立基础上的民主治理形式(郭凌, 2008)。

基于政府与社会共同治理的视角, 国内研究接受了全球治理委员会和奥斯特罗姆对治理概念的界定。基于此, 目的地治理是各种公共或私人机构共同管理其共同事务的诸多方式的总和, 是一个在空间、主体及运行方式等方面具有多层次、多中心特征的上下互动过程(陈芳, 2006)。目的地治理要以政府、社会、企业、公民为参与主体, 追求实现经济效益、社会效益、环境效益、文化效益等目标(阎友兵和肖瑶, 2007)。因此, 政府、私人机构、民间组织、社区居民、旅游企业等都是目的地治理的主体。目的地治理是多元化利益相关者共同参与的公共管理新模式, 即在目的地旅游决策中发挥全体利益相关者的作用, 并且决策结果要体现利益相关者的愿望与意志(阎友兵和肖瑶, 2007)。

(三)目的地治理模式研究

国内研究主要针对的是旅游景区层次目的地, 主要是针对解决我国公共性质旅游资源开发中的问题而提出有效配置所有权、管理权、经营权等多种权力以实现资源保护与利用关系协调的相关思路。针对我国过去政府单一中心的治理模式, 国内研究借鉴公司治理理论提出了旅游景区利益相关者共同治理模式(图 2.6)(乔晶, 2009), 强调旅游景区企业化治理模式的构建(谭星和黄大熹, 2011), 因此旅游景区要根据现代企业制度实现所有权与经营权的分离(苏甦, 2004)。而郭亚军通过对国内旅游景区所有权与经营权分离治理模式实践的研究提出, 我国应建立自上而下分级管理的多元化旅游景区治理模式(郭亚军, 2004)。基于此, 国内研究提出了旅游景区治理模式的多种观点, 主要有两模式、三模式、四模式、五模式等分类方法。

彭德成(2003)将我国旅游景区治理模式划分为企业化和非企业化治理两种类型, 并具体提出了整体租赁、上市股份制企业、非上市股份制企业、国有旅游企业、复合治理、自主开发等多种治理形式; 刘旺(2009)针对风景名胜区提出了中央政府集权治理、政府宏观调控下的企业主导、社区自主治理三种治理模式, 并提出治理模式选择要遵循风景名胜区等级越高、政府主导作用越强、市场作用越弱的原则; 张海霞(2010)基于国家公园也提出了三种治理模式, 即中央集权型、分散型、混合型; 木永跃(2010)借鉴美国学者盖伊·彼斯的观点, 提出了市场化、参与型、灵活型、解除规制型四种景区治理模式, 并强调在实践中四种模式可单独也可多种结合实行; 郭亚军等(2008)则将我国已在实践中的旅游景区治理模式归纳五种类型——碧峰峡模式(整体租赁)、黄山模式(上市公司)、富春江模式(股份制)、净月潭模式(建立旅游经济开发区)、陕西旅游集团公司模式(国有独资集团公司), 但这些模式中所有权与经营权大都未实现真正的分离。

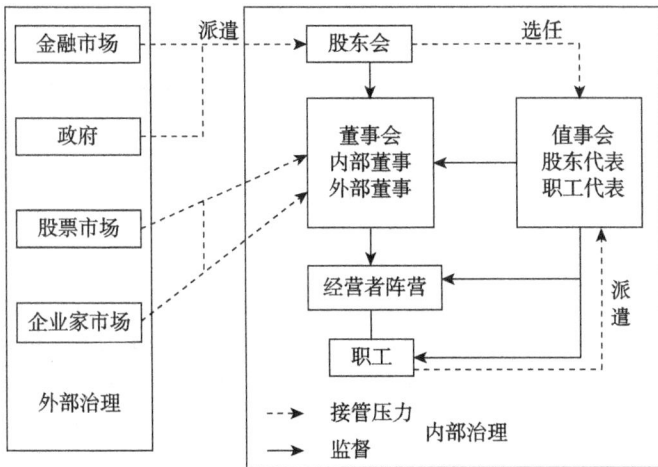

图 2.6 旅游景区利益相关者共同治理模式
资料来源：阎友兵，肖瑶. 旅游景区利益相关者共同治理的经济型治理模式研究.
社会科学家，2007，（3）：108-112

（四）目的地多层次治理研究

国内研究已经涉及了目的地的各个空间层次，但对社区和旅游景区层次目的地的研究较为关注。

1. 国家整体层次目的地治理

基于国家整体层面，国内研究已经明确认识到政府单一主体的治理模式是低效率的，因而要建立多元主体参与的多中心治理机制。具体研究内容包括两个方面，即我国目的地整体管理体制的构建、某一类型目的地或问题领域的治理机制。

基于前者，乔晶（2009）的研究发现，我国现有旅游管理体制存在管理主体单一、宏观管理缺位、微观管理越位、管理方式单向等问题，因此应建立以多元管理主体参与、多元效益为目标和公众满意度为评价标准的多元化治理机制；彭程甸和胡舜（2008）提出，我国政府主导型旅游治理存在着内部协调失灵、旅游政策失误等政府失灵现象，因而有效的治理机制要保障社区有效参与、重视旅游协会的作用、建立科学的旅游政策绩效评价体系；黄伟钊和江金波（2011）则基于由利益相关者构成的旅游业生态系统提出了旅游业整体治理机制，即制度创新、利益重构、资产整合、完善监督、公共服务与危机补救。

基于后者，易志斌（2010）针对生态旅游目的地强调，要重视参与式治理在我国的实践应用，并提出了由共同的视野和期望、政府的引导和控制、合适的制度和法律框架及不同角色之间的合作与协调等构成的目的地治理机制；俞海滨

（2011）基于可持续发展与环境善治（good environmental governance）理念提出了旅游环境治理的新模式——复合生态管理，并强调建立政府、企业、非政府组织、公众个体共同参与的旅游环境治理新模式；李永文和康宏成（2011）提出，旅游规划应遵循不同利益群体之间通过沟通和协调而使原本相互冲突的利益得以调和的治理理念，因此旅游规划治理机制应由政府、旅游开发商、旅游规划单位及评审主体、社区等多方治理构成。

2. 区域层次目的地治理

国内研究提出了跨界治理的理念，并针对具体案例构建了相应的治理机制。国内研究提出，在跨行政区的区域旅游合作中平行的政府关系会导致行政命令的传统治理方式难以实现，而治理则是特别适宜解决跨界矛盾和协调促进区域合作的重要手段（孙浩亮等，2011）。任鸣（2007）借鉴欧盟跨界治理的经验构建了区域旅游合作的跨界治理体系（图2.7）；黄爱莲（2010）针对北部湾区域旅游治理提出应该构建多层次纵向治理机制，并建立多中心的旅游政策网络，因而中央政府、地方政府、区域协会、利益集团、政策联盟、企业和居民等都应该参与到区域旅游目的地治理之中。

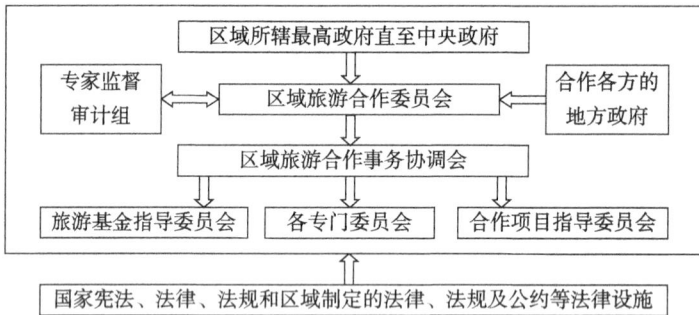

图 2.7　区域旅游合作跨界治理机制
资料来源：任鸣（2007）

3. 地方层次目的地治理

国内研究内容涉及省、地区层面目的地治理中的公共服务供给、政策制定、行业管理等。江珊（2010）基于全球治理委员会的共同治理理论提出了都市旅游目的地公共服务供给的三种机制——政府主导型、市场主导型、社会志愿型，并提出上海旅游集散中心和工业旅游促进中心分别属于"市场＋政府""社会＋政府"型治理机制；毛锦茹（2009a）基于桂林"七·二六"导游事件案例提出，适当的分权及必要的授权、放权能够实现公共权力的优化配置，并提出应推动政府、高校、企业、行业协会等多元主体参与到公共管理中以实现"善治"。

4. 社区层次目的地治理

国内研究大都强调社区利益相关者要参与目的地治理而实现多中心治理，部分研究还探讨了精英治理、社区自治等问题。

基于乡村旅游社区的公共池塘资源属性，李秋成（2009）提出应实现"单中心"管理向"多中心"治理模式的转变，从而通过政府的宏观引导职能、企业主体的能力培养、社区居民的深度参与和赋权、旅游者的负责任旅游及媒体与学者的支持监督来共同推动社区目的地的有效治理；王林（2009）则基于龙脊平安寨村案例提出了由乡村社区目的地自身成长起来的精英主导的村民自治模式，并强调该模式成功的关键因素是精英要在利用自身影响力推动形成社区共同特征的基础上重视乡村遗产的保护。

针对世界遗产地社区，木永跃（2010）的研究发现，丽江古城目前处于单一中心的政府治理模式，而且政府治理理念因缺少明确的价值导向而较为模糊；陆宇荣（2009）基于武陵源遗产地的研究则具体提出了政府治理主导的多层次、多类型治理模式，建议在遗产地合理功能分区基础上对核心区实施政府强权管理、实验区实行多中心自主治理、缓冲区则实行上市公司治理。

此外，房莹莹（2007）基于合伙人关系的视角提出，社区目的地应该采用共同治理的模式，邵秀英和田彬（2010）认为，古村落应建立以政府为主导的共同治理机制，而刘旺（2010）基于甲居藏寨的案例研究提出了政府主导下的社区目的地自主治理的观点。

5. 旅游景区层次目的地治理

国内研究的重点是治理模式选择与优化，除旅游景区治理模式类型的研究文献外，其他文献涉及了景区治理结构、治理模式选择等问题。刘俊（2007）基于对我国旅游度假区十多年来治理结构变迁的研究发现，其正在发生制度层面的适应性调整——管理委员会制度正在逐步向传统行政管理制度复归，而其中的原因是地方政府不同行政利益主体的博弈而导致的度假区对现实发展环境的不适应；陈芳（2006）则基于我国旅游景区由纯公益性向经营性转变过程中宏观制度供给不足的现状，提出应在政府主导基础上构建政府、市场、社会三维度下多方协同的景区治理新结构；张海霞（2010）则认为，国家公园应改变过去分而治之的治理格局，通过成立国务院直属的"资源与遗产管理局"实施中央政府直管。

（五）目的地协作治理与网络治理

国内现有研究中尚未直接使用协作治理作为主题词，但是已有少量研究涉及该主题。多中心治理的有效实现需要各参与主体之间形成职责明晰、差序互动、利益共享的协作机制（谭华云和王凯，2006）。基于此，陈芳（2006）提出，由于治理主体知识和资源的不足而产生的相互依赖会推动旅游景区治理中多元主体间的协作，而该协作意味着商议、参与、合作、信息的自由和无限制地传递，并以妥协和相互理解为基础建立各种契约，从而使权力和资源的分配与再分配更为公平；李秋成(2009)进一步强调，乡村旅游多中心治理中"官、产、民、媒、学"多元治理主体之间的相互协作能够强化利益主体追求可持续发展目标的积极行为，从而能够推动乡村旅游可持续发展的实现。而在跨界目的地治理中，纵向多层次主体之间及横向多类型主体之间的协作本身就是其核心内容。黄爱莲(2010)针对北部湾区域旅游治理的研究引入了 Gray 关于协作的观点，并对协作进程的特点及影响因素进行了具体的分析。此外，李永文和康宏成(2011)提出，旅游规划治理中需要各主体之间的协作。

国内目的地网络治理研究文献尚较少。王素洁(2009)针对乡村旅游地的案例研究发现，当前旅游决策网络中存在着大量结构洞，因此应通过教育培训、制度保障等推动多元利益相关者参与决策，并加强地方旅游协会、社区居民委员会等的建设以搭建利益相关者参与决策的"桥"；黄爱莲(2010)将政策网络视为区域旅游合作支持系统的重要内容，并提出应通过健全高效的合作政策体系与组织机构、建立明确的制度规则与审核监督机制、开放合作进程等来构建北部湾区域旅游政策网络；锁利铭等(2012)以常熟为案例，构建了由政府、非政府组织、私人部门、游客组成的社区旅游网络治理结构。

三、现有研究的总体评价

整体来看，国内外现有研究已经在目的地治理概念与内涵、模式构建等一些问题上取得一定共识。国外研究关注国家或地区重要旅游目的地的治理实践经验总结及其模式的优化，并特别重视地方层面和社区层面目的地的多元化治理模式的构建。从最新研究趋势来看，国外旅游目的地治理研究正在得到越来越多研究者的重视，而且目的地治理实践的空间范围正在由传统的中心区域欧洲向其他地区延伸。国内研究已表现出一定的国际化趋势，国内研究已经初步引入了治理理念，并形成了与国外基本相同的目的地治理内涵界定，从而明确提出目的地管理中权力应该是多中心的。目前，多中心治理、社区自治、公众参与等理念在国内目的地治理研究中均已有所涉及。

国外研究大都是案例研究，研究结论的个性显著，而相对缺少共性。而国内研究则多是整体层面的宏观性分析，研究结论尚显过于理论化和概念化。这表明，无论在国外还是在国内均未真正实现将目的地与治理两个概念转化为一个概念。因此尚需要更全面地引入治理理论，全面探讨治理与目的地复杂性之间的内在逻辑联系，构建目的地治理的概念、主体、客体、模式及评价指标等，并建立目的地治理的共同的概念性框架(Ruhanen et al.，2010)，从而真正将目的地与治理两个概念转化为一个概念。而且国内外研究都以决策性事务为中心，关注的领域是政策制定（Greenwood，1993；Vernon et al.，2005；Thomas H and Thomas R，1998；Dinica，2006）、旅游规划（Trousdale，1998，1999；Alipour et al.，2011）、战略制定（Vernon et al.，2005）等，而针对执行性事务的研究仅集中在目的地营销方面（Borg，2008；Mistilis and Daniele，2005；Elbel et al.，2009）。可见，国内外现有研究的领域尚较窄，治理客体尚未实现诸如 Cooper 等（2009）所提出的既包括决策性事务，又包括执行性事务。国内外研究均提出了多元化主体参与的理念，但治理理论尚未与公众参与理论实现有机结合。因此，目前国内外对如何让公众有序、有效地参与到目的地治理实践中，构建目的地治理中公众参与的可行性机制问题尚未进行整体性研究。

　　而且要注意的是，治理理论是在民主化程度、公众参与意识和参与能力均较高的发达国家所发展起来的一种理论，而发展中国家的情况与之差异较大。对我国来说，治理的权力多向度特征与我国政府主导旅游管理模式的契合性是首先要厘清的关键问题。进一步的研究要厘清两者之间的契合之处，并架构起我国政府主导下的多中心化、多元化目的地治理模式。

第二节　国内外公众参与旅游目的地公共事务研究

　　公众参与在 20 世纪 80 年代就已经成为国外旅游研究的主题之一。现有研究已经对公众参与旅游规划、旅游政策制定、目的地营销等进行了诸多专题性研究。国内对公众参与旅游目的地公共事务研究起步较晚，但也有一些研究和实践对公众参与旅游决策、旅游规划、目的地营销等进行了一定程度的探索。国内研究的主要内容是公众参与旅游决策、旅游政策制定、旅游规划、目的地营销、旅游公共服务等，其中对公众参与旅游规划专题的研究较为深入和全面。

一、国外研究

（一）文献概况

　　笔者通过 Science Direct 等国外文献数据库及 Google 学术搜索，以"tourism/destination"加"participation/involvement/engagement"为题名、主题、关键词进行搜索。通过分析所取得文献的主题，笔者识别出其中符合本书研究主题的文献共计 151 篇（图 2.8，截止到 2013 年 2 月 15 日）。文献类型共四类，即研究论文（期刊、论文集、会议论文）、研究报告、学位论文及著作专题章节。

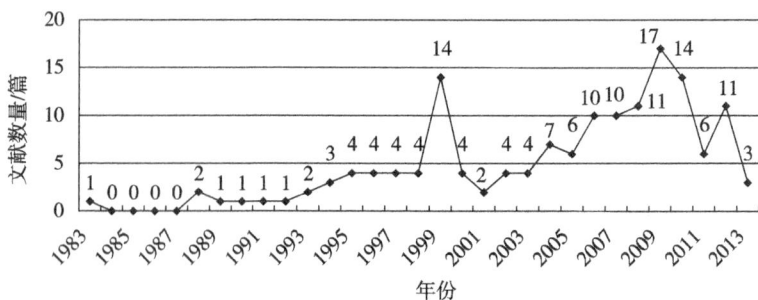

图 2.8　国外公众参与旅游目的地公共事务研究文献的时间分布

1. 文献的时间分布特征

国外研究者自 20 世纪 80 年代初期开始关注公众参与旅游规划问题，但是直至 90 年代初，其研究成果仍然较少；从 90 年代中期开始，国外该领域研究文献数量明显增加，而且研究主题也逐渐由目的地规划扩充到营销、基础设施管理等多个领域；最近几年，公众参与旅游目的地品牌化成为该领域研究的重要主题（图 2.8）。

2. 文献研究对象的空间分布特征

基于空间维度，上述研究文献中有 124 篇是针对具体某个或多个旅游目的地的研究。其研究对象主要集中在美洲和欧洲，具体空间分布情况如下：全球或跨洲目的地的有 13 篇、欧洲的有 38 篇（主要针对英国）、美洲的有 33 篇（主要针对加拿大、美国）、大洋洲的有 21 篇（主要针对澳大利亚和新西兰）、亚洲的有 16 篇、非洲的有 3 篇（图 2.9）。

3. 文献使用的研究方法

上述研究文献中理论研究有 27 篇，其余均为应用性研究。其中案例研究较多，主要是针对单个或少数几个目的地的研究，也有少数是针对某一类型目的地（如山地、海滨目的地）的研究。定性研究文献数量较多，具体研究方法主要有文献资料法、半结构式访谈法、名义小组技术法（Spencer，2010）、圆桌会议法（Ritchie，1999）、焦点小组访谈法（Claiborne，2010）、观察法（Williams et al.，1998）、扎根研究法（Stevenson et al.，2008）、民族志法（Gallardo and Stein，2007）、行动研究法（George et al.，2002）等；定量研究文献仅有 12 篇，研究方法有问卷调查及利用 SPSS 的计量分析法（Zhang，2010）、结构方程模型（structural equation modeling，SEM）构建法（Yuksel F and Yuksel A，2008）等，其中 1 篇文献使用了数学模型法（Blanco et al.，2009）。

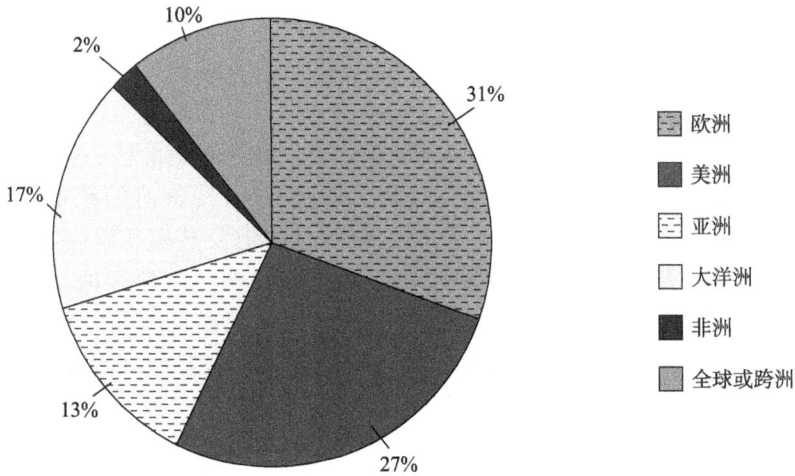

图 2.9　国内外公众参与旅游目的地公共事务研究对象的空间分布

（二）相关理论

国外研究主要借鉴了政治学、管理学、经济学等学科的理论，引入的相关理论主要有利益相关者理论、协作理论、新公共行政理论、治理理论等。

利益相关者理论是国外该领域研究的重要理论基础，目前已在公众参与旅游规划、目的地营销、目的地管理、节事活动、目的地品牌化等多个领域得到应用。协作理论在 20 世纪 90 年代初被引入旅游研究领域，但在此之前 Murphy（1985）等提出的社区旅游理念已经开始关注旅游规划等进程中的各主体之间的协作问题。最初国外研究主要是将该理论应用到旅游规划领域，后扩展到旅游政策制定、目的地营销、目的地品牌化、旅游研究等，并提出了协作性（collaborative）旅游规划、政策制定、目的地营销等概念。权力及其分配是协作理论的核心概念，具有合法权利的利益相关者参与是协作有效实施的标志（Wood and Gray，1991）。此外，国外关于目的地伙伴关系（Selin and Chavez，1995）、营销联盟（Palmer and Bejou，1995）等的研究也应用了协作理论，并提出了协作联盟等概念。

公众参与是新公共行政理论发展的内容之一，新公众参与运动即为西方国家新公共行政实践的主要方式。国外在 20 世纪 80 年代就将新公共行政理论引入旅游目的地规划研究中，从而形成了公众参与旅游目的地规划的理念（Loukissas，1983）。但是该领域研究大都未明确说明新公共行政理论为其理论基础，仅 Tosun 将其作为社区参与旅游规划的理论基础，并提出公众直接参与旅游决策等实质上也是政府自身的需要（Tosun，2000）。民主理论是国外该领域研究的最基本理论渊源。Grybovych 和 Hafermann(2010)基于协商民主理论框架检验了加拿大 Vancouver 岛社区参与旅游规划，并将其视为整合性旅游规划的"最佳实践"；Shani 和 Pizam(2012)则提出，公众参与旅游规划是植根于西方的直接民主理论的，并强调公众要拥有影响能够对其生活带来影响的决策的能力，从而使政治或经济弱势群体能够分享旅游业发展所带来的利益。治理理论的核心就是建立政府与社会的伙伴关系，善治是其目标，而公众参与则是善治的核心原则之一(Graham et al.，2003)。因此，公众参与旅游目的地公共事务研究实际上也属于目的地治理研究范畴。国外该领域的部分研究引入了治理理论，主要如下：Marien 和 Pizam(1997)提出，公众参与旅游规划体现出自下而上的决策模式，因此其与善治有密切联系；Vernon 等(2005)提出，公众参与旅游政策制定是自下而上治理的实现形式。

在旅游研究中，社会资本尚是一个相当新的概念(Okazaki，2008)，国外公众参与旅游目的地公共事务研究中引入社会资本理论则更晚。Wang 和 Xiang(2007)引入了 Granovetter(1985)对社会资本的界定，提出社会资本是协作性目的地营销的成果之一；Okazaki(2008)将社会资本与参与层次、权力再分配、协作进程等结合，构建了整合性社区旅游发展模型，并分析了在协作性目的地规划与决策等过程中利益相关者的内部(bonding/linking)社会资本和外部(bridging)社会资本的动态变化，从而提出社会资本是在参与过程中建立的，其能够通过整合社区内部及社区与其外部利益相关者来推动目的地的可持续发展；Claiborne(2010)引入 Krishna(2002)对社会资本的阐释，也将社会资本理论应用到社区参与目的地规划与决策的研究中。

(三)公众参与的相关概念界定

国外研究中常使用"participation"、"involvement"和"engagement"来表述参与一词。其中"participation"使用最多，且常与"involvement"并列或交替使用，并未对其进行区分。但 Ashley 和 Roe(1998)提出，前者比后者的参与程度要高，参与者更具有主动性，前者公众要参与到决策过程中，而后者公众多是被告知或者接受政策制定者的信息咨询。国外研究对"engagement"的使用较晚。2009 年欧洲旅游委员会(European Tourism Committee，ETC)和 UNWTO 在利益相关者参与目的地品牌化研究中强调该词关注参与者的意见、观点等在整个过程中的实际投入(input)(ETC and UNWTO，2009)。

国外现有研究尚未基于旅游领域而对公众及公众参与的概念进行专门界定，常使用的其他主题词还有社区参与/驱动(drive)/领导(lead)/基础(based)、当地(local)参与、土著(aboriginal)参与、居民参与、公民/市民参与、利益相关者参与，而且在很多文献中它们是交错使用的。从国外研究者对这些主题词的概念界定来看，其内涵与公众参与存在交叉，但并不完全相同。社区参与是指社区利益相关者的参与（Haywood，1988），其实现的是社区内部各利益相关者的利益（Rifkin et al.，1988），因此其应属于小空间尺度的公众参与；当地参与也是在限定空间范围内的公众参与，国外研究者又称之为当地社区参与（Garrod，2003）；土著参与、居民参与、公民/市民参与均属于公众参与，但它们的范围更小——前两者限于当地人，后者则限于法定公民/市民；利益相关者参与则比公众参与的范围要广，它还包括政府部门及其人员等的参与，但其中的居民、非政府组织等参与都属于公众参与范畴。

（四）公众参与旅游目的地公共事务的意义研究

公众参与对政府和公众的价值实现都起着重要作用。其中前者的体现是政府为解决自身财政限制而取得公众对旅游公共管理的资源支持（Tosun，2000）；后者的体现是公众取得话语权（Loukissas，1983）和政府回应公众需求（Haywood，1988）。同时，可持续发展理念则将政府与公众的价值整合为一体，从而公众参与成为可持续旅游发展的重要内容。

1. 实现政府与公众的双重价值

Loukissas（1983）提出，基于政府视角的公众参与是其取得行政目标的有效工具，而基于公众视角的则是公众能够取得真正权力和对政策制定控制的途径。具体来说，其认为 Glass（1979）提出的公众参与的信息交换、教育、建立支持等作用属于前者，而决策辅助、具有代表性的投入则属于后者。Marien 和 Pizam（1997）的研究也强调公众参与的双重价值，其认为基于政府角度的公众参与能够增强公众对政府的信任和信心；基于公众角度其能够使政府更好地回应公众价值并赋予公众真正的决策权力。基于此，公众参与能够取得公众投入以设计更好的和更成功的旅游规划，从而使该规划既能够回应公众需求，又易于为公众所接受（Loukissas，1983）。Simmons（1995）则更有针对性地提出，社区参与旅游规划基于两个因素——目的地当地是旅游影响的主要承担者，社区居民是目的地好客精神的必要组成部分。Tosun（2000）则进一步提出，目的地社区居民等本就是旅游产品的重要部分，旅游业实际是将社区视为资源和产品的。因此，公众参与兼具哲学和实用价值，其中前者是指基于政治民主理论层面公众有权对影响自己的事务的决策拥有发言权，后者是指公众参与能够解决以往规划失败和决策中不能准确判断公众偏好这两个问题（Tosun，2000）。Timothy（1999）则将公众参与的作用拓展到规划实施过程中，提出当地人参与是旅游规划得以成功实施的条件，否则再好的规划也会执行困难。F. Yuksel 和 A. Yuksel（2008）也强调个体公众参与规划或政策制定是其成功实施的必要条件。

2. 实现可持续发展的共同价值

可持续发展应强调当地人参与决策过程及他们有权力就可能对其福利造成影响的相关行动进行咨询(Wisansing，2008)。基于此，Getz 和 Jamal(1994)提出，认识到公共和私营部门、东道主社区及环境都是在复杂的旅游业环境中相互依赖的利益相关者，是实现可持续发展的基础，并据此强调旅游规划要由传统方法转向利益相关者动态性的协作方式以实现可持续旅游发展。进一步来看，公众参与旅游规划能够平衡旅游活动与社会关注、环境关注(Robson J and Robson I，1996)，因而其是整个目的地可持续发展的重要因素(Jamal and Getz，1995)。Simpson(2001)提出，利益相关者驱动的战略规划是可持续旅游发展的贡献者，Marien 和 Pizam(1997)进一步提出应通过社区参与旅游规划来推动可持续旅游发展的实施，Okazaki(2008)更是直接提出社区参与旅游规划是实现可持续旅游发展的一种途径。Tosun(2000)则更具体地提出参与性发展模式能够通过使当地人更平衡地取得本地旅游业发展的利益而促进可持续旅游发展原则的实施；将当地人隔离在旅游发展进程之外，则将给可持续发展带来社会、文化方面的负面影响。可见，目的地社区参与旅游决策、规划等对可持续发展的确具有重要作用(Bramwell，2010)。正如 Asker 等(2010)所提出的，社区参与旅游能够对可持续发展的三大支柱均有所贡献，有效的社区参与使旅游业能够更满足社会需求、促成更具可持续性的环境和实现更高的经济利益。

(五)公众参与旅游政策制定研究

国外现有研究主要是案例研究。Ritchie(1999)基于加拿大 Banff-Bow Valley 目的地在 1995～1996 年开展的长期保护与开发/不开发政策制定的案例，实践应用了政策制定的圆桌会议法。该研究中圆桌会议最终由私营部门、土著居民等 14 个利益部门组成，每个部门拥有 1 名负责人、1 个工作委员会及大量的支持者。在政策制定过程中，圆桌会议以"利益基础的协商"(interest based negotia-tion，IBN)为准则，让公众真正分担政策制定的责任而不是仅仅对其进行咨询，而且其任务团队不仅寻求一致性，还将相当比例的实际决策权转交给圆桌会议的成员。Jackson(1999)则基于《21 世纪议程》所提出的可持续发展与公众参与相结合的视角，探讨了目的地通过参与性和协作性政策制定来使当地社区界定自身的可持续发展方式，并基于英国国家层面的实践提出诸如自行车旅游等可持续旅游发展的实现途径。Bramwell 和 Sharman(1999)、Vernon 等(2005)分别基于英国的 Hope Valley 和 Caradon 的案例对目的地协作性政策的制定进行了分析和检验。前者提出了基于协作范围、协作强度、取得一致性程度 3 个维度共 19 个指标构成的协作性旅游政策制定评估体系，据其对 1993～1995 年 Hope Valley"游客管理计划"制订过程的研究发现，该过程中协作范围具有包容性，但只取得了部分一致性，而且项目小组未使用问卷调查、新闻邮件等参与技术而导致当地居民的参与不够(Bramwell and Sharman，1999)。后者利用与前者相同的 3 个维度分析了《Caradon 可持续旅游发展战略(1991—2006 年)》制定过程中企业、居民、政府等的协作过程，研究发现，参与者在该过程中的角色是动态的，政府在推动该战略制定中承担了重要角色(Vernon et al.，2005)。最近，Wang 和 Ap (2013)的研究主张制定协作性旅游政策，而且案例研究发现，政府与居民、消费者、环保人士等利益群体的关系会影响旅游政策的实施。

(六)公众参与旅游规划研究

该主题一直是国外研究的重点，现有研究提出了参与性、协作性、整合性旅游规划等概念，并对公众参与旅游规划的层次、技术、过程等进行了探讨。

1. 相关概念界定

参与性旅游规划是公众参与旅游规划的基本理念，其强调公众参与是旅游规划取得成功的核心条件(Loukissas，1983)。Timothy(1999)提出，参与性旅游规划涉及当地参与旅游决策(居民的期望及其对旅游业的期望、其他利益相关者的参与)、当地参与旅游利益分配(参与旅游利益分配、对当地居民开展旅游教育)等。Garrod(2003)接受该观点，并进一步提出，成功的参与性规划需要有效的领导者、社区增权、让当地利益相关者有机会参与到项目的所有阶段、当地参与监督与评估。而 Bahaire 和 Elliott-White(1999)则客观地指出参与性方法虽不是最彻底的方式，但其是在竞争性环境下目的地最能够实现的途径。

协作性旅游规划是一种与对抗式问题解决方式不同的旅游规划方法，其使利益相关者能够在互动基础上管理规划及其相关问题(Getz and Jamal，1994)。Jamal 和 Getz(1995)基于社区层面提出的协作性旅游规划是指在社区领域自主的、组织间的主要旅游利益相关者之间的共同决策进程，其目标是解决旅游规划中的问题和管理与规划相关的议题。有效的协作性旅游规划需要政府、社区组织、社会机构等利益相关者的参与。

整合性旅游规划也强调公众参与。整合性旅游规划的核心理念是与利益相关者进行协作，其关注当地居民的偏好、优先权及他们对旅游业影响的感知(Marcouiller，1997)。其能够解决以往自上而下的旅游规划经常缺少可行性而导致的无效和失败问题，而且整合性方法需要社区及多元利益相关者的参与(United Nations Economic and Social Commission for Asia and the Pacific，1999)。

2. 旅游规划参与主体界定

国外现有研究未对公众的范畴进行明确界定，但是多数案例研究中都明确提出了当地实践中的实际参与者。例如，Sautter 和 Leisen(1999)使用利益相关者参与作为推动规划中主要行动者合作的工具，并构建了以规划者为中心的旅游利益相关者构成模型，从而明确将居民、积极团体、企业、员工等公众纳入旅游规划进程之中；Harrill(2004)则提出应将居民对旅游业的态度研究应用到旅游规划之中，以识别对规划的关注人群和反对人群；Lee(1996)提出了公众参与旅游规划的伦理问题，即参与者的代表性问题；而 Gallardo 和 Stein(2007)对该问题的案例检验发现，美国中西部公众参与旅游规划中存在上述伦理问题。结合其他研究的结论来看，当地居民无疑是参与的重要主体。但是 Ruhanen(2004)基于澳大利亚昆士兰的 125 个当地社区目的地战略规划制定案例的研究发现，当地居民参与较少，将社区愿景和价值整合到规划之中的程度也较低。

　　3. 公众参与旅游规划的层次研究

　　国外公众参与旅游规划的层次研究主要是引入了 Arnstein(1969)的八层次模型和 Pretty(1995)的七层次模型，并对其进行修正和完善。Lee(1996)直接运用 Arnstein 的模型来分析公众参与区域旅游规划问题，并提出实际参与过程中不同参与层次之间并非简单的线性关系，而可能出现重叠；Okazaki（2008）将 Arnstein(1969)的模型与 Selin 和 Chavez(1995)的旅游伙伴关系进程模型相整合，从而构建了社区旅游规划中公众参与层次模型(图 2.10)，而基于菲律宾 Coron 的案例研究发现，当地居民处在非参与层次。Tosun(1999)基于社区层面建立了公众参与旅游规划的三层次模型，将参与划分为强制性参与、诱导性参与和自主性参与；在此基础上，他又将八层次模型、七层次模型、三层次模型进行对比，并建立了各模型不同参与层次之间的对应关系；他基于土耳其 Urgup 的案例研究则发现，目的地不同的利益相关者期望不同的参与层次。

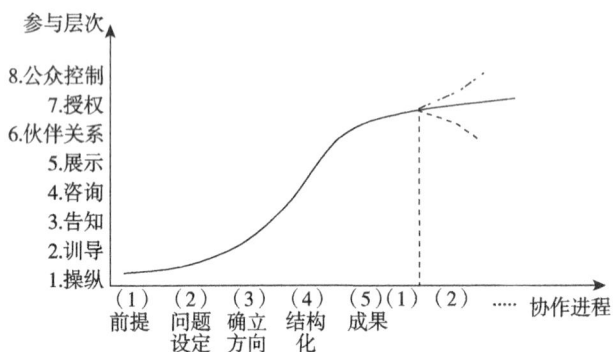

图 2.10　旅游规划中公众参与层次模型

资料来源：Okazaki(2008)

　　4. 公众参与旅游规划技术研究

　　国外研究主要涉及两个层面，即整体性参与技术、具体参与技术应用。

基于前者，Simmons(1995)提出，当时社区参与旅游规划实践中没有很好地考虑其他规划领域参与技术的进步；随后，Jamal 和 Getz(1995)将公众参与技术区分为被动性和主动性两种类型，被动性技术(如邮寄调查)适用于收集居民对旅游业的态度与感知，但其没有对主动性技术进行具体阐释；Lee(1996)结合其他领域的研究将公众参与旅游规划技术划分为四类——非结构性技术(如邻里会议、医护中心、听证会)、结构性技术(如公民咨询委员会、公民审查委员会、公民任务团队)、主动性过程技术(如名义小组、价值分析)、被动性过程技术(如公众调查、德尔菲法)，并提出了 12 种常用的公众参与技术；Shani 和 Pizam(2012)则根据参与技术的功能将其分为两种类型——发展(管理)目标导向型、社区(公民)目标导向型，其中前者包括信息交换、教育与建立支持两亚类共 11 种技术，后者包括决策辅助、代表性投入(主动)、代表性投入(被动)三亚类共 10 种技术。

基于后者，Loukissas(1983)探讨了游戏模拟法在公众参与旅游规划中的应用，并采用旅游活动游戏(tourism activity game，TAG)来模拟旅游业发展对小型社区的经济和环境影响，从而推动企业、公众与规划者之间的合作与观点沟通；Murphy(1988)基于加拿大哥伦比亚省的社区旅游规划案例，运用工作论坛方法来推动有效的社区合作；Poitras 和 Getz(2006)则运用社区调查法来收集当地利益相关者对目的地可持续旅游发展及战略规划的观点；Yuksel 等(1999)通过利益相关者访谈法在土耳其 Pamukkale 世界遗产地的实践应用中提出，该方法在监测利益相关者对当地遗产旅游与保护的观点、获取他们对规划的建议及推动规划实施等方面具有较强的应用价值，并探讨了影响该方法应用的 7 个因素；Spencer(2010)基于美国印第安保留地案例探讨了名义小组技术在旅游规划中的应用，并提出了影响该技术成功运用的 12 个因素。

5. 公众参与旅游规划过程研究

公众参与是一个连续性过程，在旅游规划的最早阶段就要让那些被影响者参与进来，否则该规划就难以取得任何成果(Gunn，1994)。而且，还必须要保证公众能够参与到旅游规划整个进程的所有阶段，因为公众若在前面阶段被排斥则往往难以使他们再参与到后面阶段的行动(Tosun，2006)。Jamal 和 Getz(1995)的研究构建了基于利益相关者协作的旅游规划三阶段模型，从而将公众参与延伸到旅游规划的实施阶段。Mitchell 和 Reid(2001)则更进一步地将由权力关系、社区一致性和社区意识构成的"公众参与三角"纳入规划制定及其实施进程的前导阶段之中。在前述研究基础上，Wanarat 和 Nuanwan(2010)则基于泰国的 Koh Mudsum 旅游规划中公众参与案例研究，探讨了当地所实施的连续性、互动性和参与性旅游规划方法，并构建了一个包括五个阶段、涉及多次公众参与行动的旅游规划模型。

6. 公众参与旅游规划的影响因素研究

国外研究主要是从公众层面和综合性层面两个角度的研究，其中对后者的研究较多。

基于公众层面，F. Yuksel 和 A. Yuksel(2008)通过对土耳其的实证研究验证了感知的顾客主义强度、对公共服务的评价两个因素对居民参与倾向的影响，研究表明，感知的顾客主义强度越大则居民对公共服务的评价越低，进而会降低他们的参与倾向。而 Zhang(2010)通过对美国中西部居民的调查发现，公众的参与偏好不同，其影响因素也不相同：主动性参与偏好受感知的经济利益及其对旅游业就业态度的影响；诱导性参与偏好则受环境可持续的影响，而且拥有较多旅游知识的居民的主动性参与偏好还会受到其对当前社区参与规划现状评价的影响。Eshliki 和 Kaboudi(2012)的研究则发现，旅游业的经济、社会、文化影响与当地人参与旅游规划的程度显著相关。

基于综合性因素层面，Getz 和 Jamal(1994)认识到，无论是在制定阶段还是在实施阶段，协作性旅游规划都经常会因交易成本较高而导致无效。Lee(1996)则更加具体地提出，基于组织者角度的公众参与会延长规划进程，因而其会受到时间和财政资源配置的影响；基于公众角度的则时间与承担义务要求、事务的重要性、公众知识、投入对结果的影响四个因素会对参与产生影响。而在发展中国家，公众参与旅游规划则存在更多的限制因素。Timothy(1999)通过对印度尼西亚 Yogyakarta 的参与性旅游规划案例研究，发现了四个限制因素，即文化与政治传统、落后的经济状况、规划官员缺少专业知识、居民缺少对旅游业的理解；Tosun(2000)则进一步从发展中国家整体层面提出了执行性、结构性和文化性三个层次的限制性因素，并分析了其中的 12 个具体因素及其产生影响的机理。以此为基础，Aref 和 Redzuan(2008)分析了伊朗 Shiraz 社区参与旅游规划等过程中这三个因素的具体体现。

此外，国外还有研究表明，权力关系也是影响公众参与旅游规划的重要因素。Reed(1997)根据 Dye(1986)的发展性、配置性和组织性三个政策领域权力关系模型，检验了加拿大 Squamish 公众参与旅游规划中的权力关系及其影响，并发现行动者使用了多元化策略来影响该协作行动；而 Gallardo 和 Stein(2007)针对美国 Hamilton 的研究发现，历史上已形成的权力关系导致非裔美国人在公众参与旅游规划中没有得到参与，因此要改变这种权力关系才能进一步推动该协作进程。

(七)公众参与旅游目的地营销研究

针对公众参与旅游目的地营销，国外研究主要涉及协作性目的地营销和公众参与目的地品牌化两大主题。

1. 协作性目的地营销研究

单个组织营销对市场影响力的不足、目的地提供产品的复杂性及利益相关者之间的资源依赖等因素决定了目的地营销中各主体间必须要协作(Palmer and Bejou, 1995)，因而建立营销联盟、实施协作性目的地营销是目的地营销组织的有效战略选择。Palmer和Bejou(1995)通过对英国与美国营销联盟的覆盖范围、形式、模式及动机的比较提出，营销联盟必须要关注利益相关者的需求和所处环境的限制。Wang和Xiang(2007)进一步分析了协作性目的地营销的概念与内涵，将其界定为所有利益相关者来共同制定营销决策，并提出了一个涵盖前提条件、动机、进程(包括启动、梳理、实施、评估及转化共五个阶段)、成果四个维度的协作性目的地营销模型(图2.11)。以此为基础，Wang和Fesenmaier(2007)以美国印第安纳州的Elkhart County为案例对当地会议与旅游局(Couvention and Visitors Bureau，CVB)和住宿、景点、零售商、文化艺术及节庆活动组织者等之间的协作营销进行了检验，并提出应强化公共、私营及志愿部门的协作和建立一个更整合性的分析框架以更好理解、解释协作营销的本质与动态性。同时，Angella和Go(2009)根据Friedman和Miles(2002)的利益相关者配置模型对巴塞罗那和维也纳的案例研究发现，其目的地营销中均有目的地管理组织、旅游企业及市民之间的协作，并提出社会包容性是协作的重要前提条件。

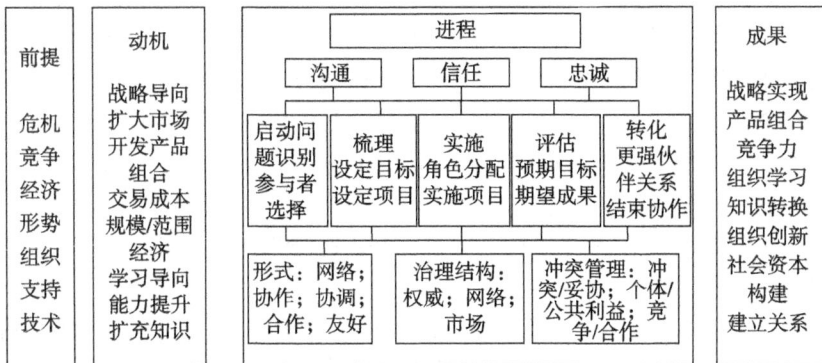

图 2.11　协作性目的地营销模型
资料来源：Wang 和 Xiang(2007)

此外，目前网络营销系统已经成为目的地营销的战略性工具，国外研究者对此领域的公众参与也已经有所关注。R. J. B. Ritchie 和 J. R. B. Ritchie(2002)以加拿大 Alberta 为案例构建了当地旅游经营者参与目的地营销系统的框架体系。Bhat 和 Milne(2008)的案例研究则发现，受当地原有的政府中心化的社会网络结构的影响，1999 年新西兰国家旅游网站建设是一个国家旅游组织(national tourism organization，NTO)的单边行动，而并非协作进程，但目前在目的地营销中国家旅游组织的地位已经受到挑战。

2. 公众参与目的地品牌化研究

品牌化是当前目的地营销的重要战略，公众参与目的地品牌化也已成为国外研究的重要主题。国外现有研究主题涉及三个方面，即参与的必要性、参与方式与方法、权力关系。

公民、非政府组织、私营部门都是目的地品牌化的利益相关者，因此都应参与到品牌化过程中（Dinnie and Fola，2009）。Morgan 等（2003）基于新西兰"100％纯净新西兰"品牌化案例的研究提出，利益相关者在传递品牌中的作用十分重要，因此目的地品牌化应是一场整合性品牌战役，而且品牌愿景必须要体现利益相关者的"未来之梦"。Pike(2005)更是明确提出，过去自上而下的品牌实施是失败的，因为目的地管理组织对社区传递目的地品牌承诺是无法控制的，因此要重视社区参与品牌化从而创建基于社区的目的地品牌资产。更进一步来看，品牌不仅在最终消费者处创造价值，也在营销网络之中的其他利益相关者处创造价值(Jones，2005)，因此要依靠利益相关者来共同创造目的地品牌资产（García et al.，2012）。Choo 和 Park(2009)基于对美国夏威夷 371 名居民的调查发现，居民在目的地品牌化中起到多元化作用（如提高游客满意度与体验、传播积极的口碑、参与旅游与休闲活动），所以应将居民纳入品牌化战略之中。Ruzzier 和 Chernatony(2010)基于斯洛文尼亚的国家品牌化提出，主要专家、意见领袖、居民等不仅对品牌有影响，而且是传递品牌的关键；居民只有相信国家品牌，才会持续地活化品牌，因此国家品牌化应采取整体化方法。从整合性的角度来看，基于利益相关者的协作性目的地品牌化能够推动目的地建立共同形象和实现进程本身的包容性，从而实现工具理性与民主价值的统一(Marzano，2006)。

国外现有研究提出的公众参与目的地品牌化途径有共同/协作性品牌设计、内部品牌化和品牌绩效评估。首先，Hankison(2007)提出，品牌设计应是一个基于利益相关者网络的交互性进程，品牌设计中要与利益相关者进行多方沟通；Taboada(2008，2009)则进一步提出，应让东道主等利益相关者参与到品牌设计的所有阶段，其案例中社区成员的具体参与形式主要是与设计者谈话、自愿参加设计会议等；Antonsen(2010)则具体分析了巴西国家品牌设计中使用的公开会议、内部会议及利益相关者调查等公众参与方式。其次，Bregoli(2011)提出，内部品牌力量是利益相关者在目的地品牌化作用的重要体现，而品牌承诺(brand commitment)和品牌公民行为则是其两大要素，基于英国爱丁堡的实地调查表明：67.3％的受访利益相关者拥有品牌承诺；63.6％的受访者意识到通过自身行为传播品牌信息，但他们并非全部已将其付诸实践。同时，García 等(2012)使用问卷调查技术让企业负责人、当地人和游客参与到西班牙 Castilla-La Mancha 品牌化成功程度测量过程中，并强调目的地战略制定中不能忽略当地人和企业的目标。

目的地品牌化是一项涉及多个利益相关者的高度复杂性和政治化的活动（Marzano，2006），因此权力和权力关系会对其结果产生重要影响。Marzano（2006）提出，目的地品牌化中的权力是指不同的利益相关者将相互抵触的价值和利益纳入品牌化进程中，以对目的地如何被描述产生影响的能力，并将Wester-heijden（1987）的权力测量模型引入目的地品牌化研究之中。Marzano和Scott对澳大利亚黄金海岸目的地的案例研究发现，在目的地品牌化过程中，当地利益相关者主要使用的权力形式是劝说和权威，而且强有力的利益相关者会利用自己的权力来影响其他人而将其排斥在决策过程之外，因此，以往研究所强调的协作一致性（unity）并不能完全解释旅游领域的问题（Marzano and Scott，2009）。

（八）公众参与其他目的地公共事务研究

国外研究还涉及了公众参与旅游基础设施管理、旅游节事管理、公共项目、旅游研究及志愿性参与等问题，但各主题的研究文献均不多。

关于公众参与旅游基础设施管理，国外研究均为案例研究。Wood（1998）基于对厄瓜多尔五个生态旅游社区目的地的案例研究发现，虽然非政府组织在发展中国家生态旅游发展中的作用越来越重要，但是其参与基础设施建设（特别是在其享受免税优惠政策时）会导致不公平竞争；Fallon和Kriwoken（2003）基于澳大利亚Strahan游客中心案例研究提出，游客中心也要考虑经营者、当地人及社区的需要，并且在游客中心的规划、设计与运营过程中要采用咨询性方法并让利益相关者参与；Daldeniz和Hampton（2011）基于马来西亚三个潜水旅游目的地的研究发现，旅游基础设施决策由州政府决定而不是社区自己决定。

关于公众参与旅游节事管理，Misener和Mason（2006）提出，体育赛事的组织和管理中居民与志愿者的参与会对当地旅游形象塑造起到重要作用，而且居民的建议往往会被旅游者视为专家建议；McKenna（2010）的研究表明，加拿大温哥华在2010年冬季奥运会规划与接待中的当地参与达到了前所未有的层次，但要加强对普通公众进行关于参与的教育以提高其参与意识；Todd（2010）基于对英国爱丁堡艺穗节的利益相关者的识别，将东道主社区、媒体、观众等界定为主要行动者；Patrícia等（2012）基于葡萄牙Allgarve节事的研究发现，居民参与能够支持目的地形象战略的重新定位。

关于公众参与旅游公共项目，Brandon（1993）通过对尼泊尔和墨西哥的生态旅游项目的案例分析提出，只有少数项目将其决策对公众开放，而较少的当地参与正是生态旅游项目难以实现经济增长、环境保护等目标的原因所在。

关于公众参与旅游研究，Beesley（2005）通过对一个为期三年的由政府、企业、学校共同参与的协作性旅游研究项目的研究发现，沟通、个人认知、社会权变、情感和价值观五个因素会对协作研究的最终成果产生影响。

此外，国外还有研究涉及了公众的志愿性参与问题，Blanco 等（2009）基于公地悲剧理论对目的地旅游企业的志愿性环境管理行动进行了分析，并提出政策制定者应改变传统的命令和控制方式而采取推动个体和集体环境行动的治理模式；Daldeniz 和 Hampton（2011）分析了志愿者对目的地居民开展旅游教育的实践；而 Albrecht（2010）则关注了新西兰 Stewart 岛旅游战略实施中的志愿者参与的挑战。

二、国内研究

（一）文献概况

笔者通过中国学术期刊网、维普中文期刊全文库以"旅游参与""目的地参与"为题名、主题和关键词进行搜索，然后逐篇识别其研究内容是否属于或涉及旅游目的地公共事务，共获得符合本书研究主题的文献 148 篇（图 2.12，截止到 2013 年 2 月 15 日）。其中专门研究该主题的文献较少，大部分文献是在相关研究中涉及该主题，而且有 50 多篇仅是在研究结论或对策建议中的简单提及。此外，张俐俐和蔡利平（2009）的《旅游公共管理》一书，构建了旅游公共管理的整体框架，并提出了其主体多元化的观点；吴必虎和宋子千（2009）的《旅游学概论》还设置了专题章节"旅游公共管理"。

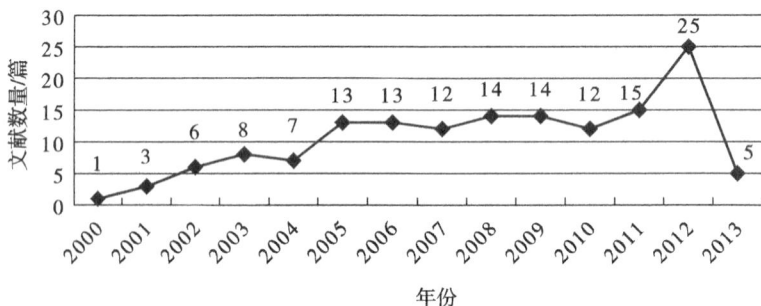

图 2.12　国内公众参与旅游目的地公共事务研究文献的时间分布

1. 文献的时间分布特征

根据上述文献，国内对该主题的研究开始于 21 世纪之初。近十多年来，研究文献数量逐渐增加，公众参与旅游规划是国内研究的最早关注点，2004 年国内开始关注目的地营销、公共政策、环境保护、公共服务等更广泛的公共事务中的公众参与。最近几年国内该主题的研究文献数量稳步增加，而且"公众参与"作为主题词在政策制定（刘婷和蔡君，2009；李直蓉等，2010；施德群，2012）、旅游规划研究中得到直接使用(图 2.12)。

2. 文献研究对象的空间分布特征

国内现有研究的主要空间层次是社区,这主要是因为关于该主题的很多国内文献都是在社区参与旅游发展范畴中的研究。具体来看,国内研究主要涉及了世界遗产地、古村落、民族村寨/社区、自然保护区、度假区、地质公园、生态旅游社区等,另有部分研究涉及了区域层次旅游目的地规划(俞金国和王丽华,2008,文彤和陈杰忻,2009)、公共营销(熊元斌和蒋昕,2010)等旅游目的地公共事务中的公众参与问题。

3. 文献使用的研究方法

国内研究以定性研究为主,使用定量研究方法的仅有 18 篇。定性研究文献中除学位论文使用了比较分析法、访谈法等相对多元化研究方法外,大都是简单的推理性分析。定量研究主要是在问卷调查基础上的 SPSS 计量分析、结构方程模型构建(杨兴柱等,2005;侯国林,2006)等。国内现有文献中使用案例的很多,但规范和系统的案例研究还很少。

(二)相关理论

国内现有研究主要借鉴和引入了政治学、社会学、经济学、人类学等学科的相关理论。

现代民主理论是公众参与的理论前提和依据,公众参与本身就是民主的实现途径和民主化进程的重要标志,因此民主决策是国内该领域研究的核心观点(黎洁和赵西萍,2001)。更进一步来看,民主理论是推动国内公众对自身社会主体地位认知、增强其参与意识及意愿的基础(王瑞红,2008)。而基于社区理论和参与式发展理论的社区旅游理论一直是国内该领域研究的重要理论支撑,社区参与决策、社区参与旅游规划等都是国内基于该理论的实践应用。同时,人类学理论提供了一种以人为本的规划哲学,其能够推动旅游规划与可持续旅游发展目标的有机融合(孙九霞,2005)。从更整合性视角来看,人类学理论要求旅游业发展要将公众作为旅游开发主体和参与主体,并追求在可持续旅游发展基础上实现社区的全面发展(王春雷和周霄,2003)。

利益相关者理论是国内现有研究对参与主体范畴界定的主要理论依据。基于该理论,目的地应构建以居民为核心的利益相关者构成机制(李颖,2007),居民、非政府组织、企业、媒体、旅游者等公众范畴的利益相关者都可能是旅游规划、目的地营销等公共事务的承担者与参与者(张舒,2007;熊元斌和黄颖斌,2011;张翔,2007)。而且基于国内目的地的很多旅游资源都属于公共资源,公共选择理论也是国内该领域研究的重要理论。基于该理论,国内研究主要探讨了如何通过有效的治理来实现保护与旅游开发的协调，从而避免公地悲剧(陆宇荣，2009)。此外，社会学理论中的社会交换理论(肖富群，2004；杨兴柱等，2005)及社会表征(social representation)理论(唐玲萍，2008；佟敏，2005)也被少数研究者作为分析公众参与目的地公共事务的影响因素等的理论基础和研究方法。

(三)公众参与的概念界定

与国外研究近同，国内常使用的与公众参与相关的概念也是社区参与、居民参与、公民参与、利益相关者参与等。张骁鸣提出，社区参与和居民参与属于交叉关系，都可归属到公众参与范畴(张骁鸣，2007)。要注意的是，社区参与虽强调社区居民的参与，但社区当地政府也是重要的参与主体(王瑞红和陶犁，2004；张波，2006)。

国内研究也尚未对公众参与旅游目的地公共事务的概念进行直接界定，但社区参与旅游等相关研究已涉及其内涵。据此，公众参与将公众视为旅游发展的主体，并使其参与到旅游规划、旅游开发等旅游业发展重要问题的决策与执行体系中(刘纬华，2000)。因为公众既是旅游业发展的受益者，也是旅游资源的一部分(保继刚和孙九霞，2003)。这就要求旅游业发展过程中要充分尊重公众的主人地位(王春雷和周霄，2003)。更进一步来看，作为社会民主化的结果，公众参与强调公众有权力且有责任提出自己的需要和相应的解决问题的办法，即在旅游决策与规划、旅游管理与监督等过程中要充分考虑公众的意见和需要，并使其成为旅游开发主体和参与主体(孙九霞，2005)。

国内研究也大都将公众参与视为旅游业可持续发展的重要机制(胡志毅和张兆干，2002；张沛东和郭克莎，2011)。保继刚和孙九霞(2003)基于风景区所在的社区居民参与旅游规划与决策等提出，居民参与是社区与旅游业可持续发展的共同需求，因为其既有助于目的地在面对现代化主流文化的冲击时保持本社区的文化资源优势，又有助于实现旅游发展与社区发展两者目标的一致性，能够真正实现旅游发展的"以人为本"；刘婷和蔡君(2009)基于旅游政策制定的视角也提出，公众参与既是实现民主与法治和提高政策接受性的要求，又是实现旅游可持续发展的需要。更具体来说，公众参与旅游规划决策、监督管理等能够进一步推动其参与旅游利益分配的实现(冯丹和苏小燕，2005)，同时还能够提高游客体验的真实性、当地社会文化的保护与发展(宫晓玲，2005)，从而提高公众在旅游业发展中的主体心态、自我认同及公共参与精神(张金凤和李亚，2009)。但是，国内也有研究对前述公众参与旅游决策与参与旅游利益分配的关系提出质疑，Li(2006)基于九寨沟的居民调查发现，当地居民很少参与旅游决策，但他们对现有旅游收入获取是满意的。对此，要注意的是对公众参与旅游意义的认识不能停留在经济利益方面，要基于综合利益、整体利益和可持续发展的整合性视角，从涵盖经济、社会、文化、环境等维度的更广的理论视野(刘纬华,2002)和宽语境(唐玲萍,2008)来对其全面评估。

(四)公众参与旅游决策的整体性研究

参与决策不仅是公众参与旅游业发展的内容,更是其实现的重要标志。居民是目的地的真正主人,他们应该对当地旅游业发展的决策具有发言权(佟敏,2005)。基于此,刘纬华(2002)提出,参与旅游决策是社区居民参与旅游的三大核心内容之一,郭凌(2008)也特别强调乡村旅游发展中居民参与旅游决策是社区参与的最重要内容。但是我们要看到,居民参与旅游决策的实现首先要解决的问题就是居民个人偏好转化为社会决策的机制或程序,而在此过程中会存在居民偏好显示及其加总问题(黎洁和赵西萍,2001)。

公众参与当地旅游业发展的相关决策是公众整体及其个人政治权利得以实现的直接体现(尚前浪,2011),也是公众在当地旅游业发展中能否真正实现其政治参与的重要体现(欧恒春,2004)。因此,如果在旅游业发展决策中公众得不到参与或被排斥就会出现政治失权现象(朱玉熹,2011)。但是,王汝辉和刘旺(2009)、郭华和甘巧林(2011)的案例研究发现,在我国民族村寨和古村落旅游发展中公众并未因真正取得决策参与权而出现严重的决策排斥现象。

目前,国内已经有研究对公众参与旅游决策的实现机制进行了初步思考。佟敏(2005)构建了基于生态社区目的地的公众参与旅游决策机制,即建立社区与旅游经营者之间的有效沟通渠道、成立当地各阶层参加的旅游行业组织、形成旅游发展与规划重大事宜的通报制度和协商制度、做到任何旅游决策方案都要经各方讨论;肖玲(2006)则具体提出,应成立由居民、社区组织、旅游企业及政府组成的联合委员会,并通过社区代表会议和核心小组来进行旅游决策。

同时,国内还有学者通过实证研究,采用定量方法验证了旅游感知等因素对公众参与旅游决策的影响。杨兴柱等(2005)的研究发现,居民的旅游开发基础认知、旅游地归属感、旅游开发影响感知会对其参与旅游的态度产生显著影响,进而会显著影响居民参与旅游决策行为。侯国林(2006)的研究也得出了与之相同的结论。卢小丽(2006)的研究则发现,仅居民对旅游影响的正面感知强才能够对其参与决策产生显著的正向影响。

(五)公众参与旅游政策制定研究

公众参与旅游政策制定是一种新型的民主化决策方式(黎洁和赵西萍,2001),其要求突破传统的自上而下的政策制定程序。王如东(2005)提出,旅游社会组织、旅游企业、旅游者等也应成为旅游管理主体,并应实现政府、社会和市场多方共同参与旅游公共政策的制定。孙九霞(2005)则更具体地提出,基于国内政府旅游公共政策执行中的困境，政策制定中应该平等看待社区居民，给其平等的意愿表达机会，并在最终政策中体现公众的声音，从而实现由自上而下转向自下而上的旅游政策制定过程。这对提高旅游政策制定过程的民主化、提高其合法性或公众接受性、确保其公共性及其具体实施等都具有重要的意义(李直蓉等，2010)。

但是，目前我国仅少数专家学者得到有限的参与机会，普通民众参与机会很少，而且现有的公众参与活动有很多仅是具有象征意义的政府推行自己意志的工具(刘婷和蔡君，2009)。若与政府意愿分歧，公众意见往往只是一种形式上的发言权，而对最终政策结果难以产生影响力(刘婷和蔡君，2009)。因此我国公众参与旅游政策制定的倾向较低，侯国林(2006)通过对盐城湿地自然保护区的研究发现，居民参与旅游政策制定的意愿值(3.57)要低于参与旅游开发的意愿值(4)，而且受访者对其赞成率(63.4%)是8个参与意愿测量项中最低者(参与旅游开发赞成率达到81%)。因此，公众参与旅游政策制定尚需建立更为有效的实现模式，国内已有研究对此进行初步探索，但尚未提出整体性机制和实践体系。例如，贾婷婷(2009)基于政府主动推动视角提出了包括信息发布、信息反馈、反馈信息汇总、与公众进行信息交流、决策等步骤的公众参与政策制定实施机制。

(六)公众参与旅游规划研究

国内旅游规划研究最早直接使用"公众参与"主题词，其研究内容涉及了参与主体、参与技术、参与过程及参与影响因素等。

1. 旅游规划参与主体界定

长期以来，我国旅游规划是由行政系统与精英规划系统来制定并实施的，专家规划、专家论证、专家评审、政府决策是主要模式，但在实践中这些模式会因对大众需求把握不准等而导致规划偏差的出现(薛莹，2011)。因此，旅游规划制定中要识别其利益相关者，并通过调研获取他们对旅游业发展的观点、意见与要求，实现旅游规划参与主体的多元化(张伟和吴必虎，2002)。其中公众参与尤为重要，而居民完全参与到旅游规划之中是其核心(刘德云，2008)。因为旅游规划充分考虑居民等公众的想法和对旅游的态度，有助于减少他们对旅游的负面行为，从而有利于该规划的实施(缪芳，2009)。因此，公众应成为旅游规划编制的主体，以形成更科学和合理的旅游规划，并确保其能够得到有效的执行与实施(蔺勇，2011)。基于此，李永文和康宏成提出，社区居民、积极团体(如环保组织、发展组织)、旅游者、当地旅游企业、媒体与中介组织、学术专家及其他社会公众等都是旅游规划的参与主体(李永文和蔡宏成，2011)。但是，我国居民自下而上的民主参与意识不足(蔺勇，2011)，其参与旅游规划的意识尚很薄弱，其实际参与也还很少(湛静和李少游，2007)。

2. 公众参与旅游规划技术研究

多元化的参与技术已经被国内研究者引入旅游规划理论与实践之中，现有研究包括两个层次，即参与技术整体、具体参与技术的应用。

基于前者，杨兴柱等(2006)将国外其他领域已使用的互联网、交互式地理系统、团体会议、公共听证、公民价值评估等 24 种公众参与技术引入旅游规划领域；唐玲萍(2008)在构建社区公众参与的"计划—监控—评价过程"系统中，引入了国外社区参与旅游研究中的社区委员会、调查、提名利益相关者、认定核心利益相关者、调解、模拟演练、设立意见反映处、公布代理处名单、德尔菲法、社区社会表象确认 10 种公众参与技术；而侯国林(2006)则将公众参与旅游规划技术划分为 7 种类型，即信息传播技术、信息收集技术、规划启动技术、计划反映技术、决策技术、参与过程的支持技术、冲突管理和争执化解技术，并提出了与之相对应的 32 种具体参与方法。此外，针对我国的实际情况，蔺勇(2011)提出了规划信息公示、公众意见征集、规划听证等切实可行的公众参与旅游规划技术；李树信和陈学华(2006)则建议，在规划初期要采用咨询与投票、农户拜访、村民会议等参与方法；房莹莹(2007)还提出应由居民、企业与政府组成社区旅游合伙结构来管理旅游规划等旅游公共事务。

基于后者，国内研究结合具体案例对几种常见的参与技术进行了实践和探索。张伟和吴必虎(2002)在乐山市旅游规划中实践应用了圆桌会议、入户访问和问卷调查参与技术，并发现此三种方法的组合使用效果要比单一的提名代表程序法或访谈法具有更明显的优势；王群和章锦河(2007)具体分析了居民感知调查法在旅游规划中的应用，并提出了问卷调查、居民会议、规划信息中心等公众参与方式；李光中等(2005)则基于协同规划理论对社区参与论坛在国家公园生态旅游规划中的应用进行了具体分析，提出了包括评估现有参与机制、规划与筹备、实施、建立与修改合作关系、获得成果和撰写研究报告六个阶段的社区参与论坛实施机制。

3. 公众参与旅游规划过程研究

参与旅游规划是公众参与旅游业发展的高级层次的表现，其追求的是旅游规划过程中各主体权力的重新平衡，从而实现目的地整体的综合利益(李东和等，2004)。但公众参与旅游规划本身也会因参与程度的不同而呈现出不同的具体模式。杨兴柱等(2006)将公众参与旅游规划模式划分为传统型、行政主导型、公众与政府共同参与型、公众全过程主导参与型，并提出四种模式之间呈现出公众参与程度由低到高的动态发展过程。

全过程参与是公众参与旅游规划的发展方向。基于此，公众要参与到从初期阶段的社区评估到规划推进，再到实施监督等旅游规划的各个阶段，如此才能提高公众对旅游规划的支持率，进而实现规划的有效实施和当地旅游业的可持续发展(张朋和王波，2008)。对此，国内研究根据世界旅游组织基于旅游业可持续发展提出的地方旅游规划指南(世界旅游组织，1997)，构建了一个包括八个阶段的居民全过程参与旅游规划模型(王春雷和周宵，2003)，从而为公众参与旅游规划研究与实践提供了重要的参考。此外，刘德云(2008)还基于案例研究提出了由组织、汇集、整理、规划、行动、可持续共六个具体操作步骤构成的参与型旅游规划过程模型，并针对每个步骤中居民等主体的参与进行了具体的机制构建。但是，诸多案例研究却发现，我国很多旅游规划中都未实现公众的全程参与，这导致旅游规划在实施中遭遇居民抵抗而执行受挫。文彤和陈杰忻(2009)对香港大澳古渔村当地居民、游客及潜在游客的实证研究发现，《重整大澳发展研究》规划在后期未采纳公众意见而导致实施遇到困难，因此其提出应让公众能够动态持续性地参与到旅游规划的前期、中期及后期。

　　4. 公众参与旅游规划的影响因素研究

　　国内研究已经提出，利益获取是居民参与旅游规划的前提(石美玉，2008)，社会民主化程度、经济主导型旅游发展观及社区结构会导致公众参与的被动性(叶俊，2009)，居民的社会经济地位低和参与意识薄弱也会直接导致其未能实现参与(张荆艳，2009)。左冰和保继刚(2008)通过国外对社区参与旅游中旅游增权理论研究的整体分析提出，应重视政治与权力关系的重要性，实现由社区参与走向社区增权。基于此，公众参与旅游规划不是简单地参与到规划之中，而是要通过增权来改变公众在权力结构中的弱势地位(朱玉熹，2011)，从而实现公众在旅游业发展中应有的权利。

　　(七)公众参与目的地营销研究

　　国内研究已经认识到政府单一主体下的目的地营销模式存在着盲目性、趋同性与随意性等缺陷(伍延基，2006)，因此应该重视公民、旅游企业、行业协会等参与目的地营销活动(王瑞红和陶犁，2004)。具体来看，目的地品牌和形象、主导或标志性旅游产品(景区)、旅游节事活动、旅游环境等都是公众应参与的目的地营销事务(朱孔山，2009；熊元斌和蒋昕，2010)。

　　广义的目的地营销包括目的地整体营销(即公共营销)和产品营销两个层面(密德尔顿，2001)。目前国内研究大都认可，公共营销需要实现营销主体的多元化，政府单一主体模式应转向企业、第三部门(如行业协会)、国际组织、区域组织等共同参与的多元化主体模式(范琳琳和马波，2004)。基于此，熊元斌和黄颖斌(2011)提出，目的地公共营销应构建以政府为核心主体，整合行业组织、企业、社区与居民、媒介等相关群体和个体的组织体系；朱孔山和高秀英(2010)则进一步提出，应成立旅游主管部门主导，旅游企业、旅游行业协会、国际组织、区域组织及社区居民等共同参与的旅游公共营销专业委员会；而高静和章勇刚(2007)则更进一步构建了政府、旅游企业、行业协会、旅游目的地营销机构、专门的市场营销机构共同参与的多元化目的地营销主体协同机制。同时，基于目的地利益相关者整合的视角，张翔(2007)构建了由调控层、决策层和执行层构成的旅游目的地营销治理机制(图 2.13)；梅楠和杨鹏鹏(2010)构建了目的地政府、旅游企业、行业协会等各主体协作的联合营销网络，并提出了该网络组建、运作、成果取得、更新等阶段的具体实施机制。此外，章勇刚(2006)基于国内外五个案例的研究提出，政府与市场合作是旅游目的地营销系统运营的最佳模式，因而应将多元化主体模式应用到目的地营销系统管理中。

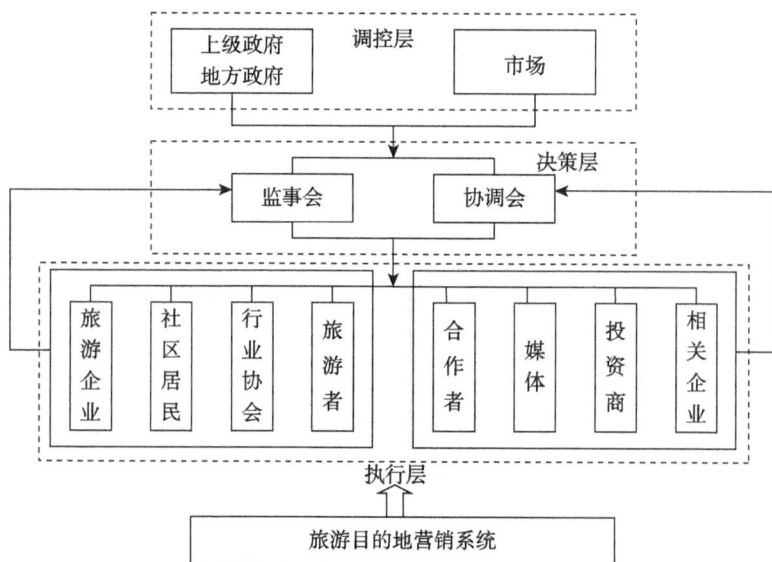

图 2.13　基于利益相关者的旅游目的地营销治理模型

资料来源：张翔(2007)

(八)公众参与旅游公共服务供给研究

基于效率与公平的双重目标，旅游公共服务供给主体需要由单一的政府主体转向政府、企业、非营利组织等多元化主体，从而建立政府、市场与社会合作互补的多元化旅游公共服务供给机制(李爽等，2012)。其中，第三部门供给旅游公共服务相比政府具有低成本、高效率、灵活多变等优势，其可以补充政府旅游公共服务供给数量的不足和企业供给的缺陷，是旅游公共服务供给的一种新机制(李建中等，2009)。在此基础上，李爽等(2012)提出了政府主导、市场主动、社会资源供给、三元主体联动共四种类型九种具体旅游公共服务供给模式。江珊(2010)与章皙妮(2011)对此持相同看法，其案例研究发现，旅游公共服务的多元化供给模式在我国实践中已经出现。其中，江珊（2010）提出，上海旅游集散中心和工业旅游促进中心已分别采用"市场＋政府"和"社会＋政府"的运营模式；而章哲妮（2011）则认为，上海旅游集散中心属于市场主导型运营模式，上海旅游咨询服务中心和上海世博会志愿者分别属于政府主导型和社会支援型运营模式，并基于"畅游北京"旅游公共服务信息网的案例进一步提出了旅游公共服务供给的伙伴关系模式。

这些研究虽然提到个体公众的志愿性参与旅游公共服务问题（李爽，2008；李建中等，2009），但大都未将其视为重要的供给主体。而应该这样说，居民等个体公众也是目的地旅游公共服务的重要供给者，他们在信息咨询、交通引导、好客精神等随机性的互动中会实现与旅游者的服务接触，这将对旅游者的服务质量感知及公众自身的主人感、责任感产生重要影响（王京传，2012）。

（九）公众参与旅游环境保护研究

参与环境保护是当地居民、企业等参与旅游业发展的重要内容之一（胡志毅和张兆干，2002；王瑞红和陶犁，2004）。杨桂红（2001）通过对碧塔海旅游景区的案例研究发现，当地居民已经通过自觉清扫景区垃圾、自觉担任环保义务宣传员和森林防火人员等途径参与到目的地环境保护行动之中。但是，孟华和焦春光（2009）针对世界遗产地泰山的研究发现，有相当一部分居民拥有参与目的地环境志愿者服务的意愿，但由于当地缺少有效的组织机构而导致目前的志愿性环境参与较为零散。因此，公众参与旅游环境保护尚需充分利用群众组织、社区组织（如居委会、村委会等）、各类非政府组织（尤其是环保非政府组织）等社会力量，并对其加以引导和有效组织（俞海滨，2011）。保继刚和孙九霞（2008）针对雨崩村社区主动参与旅游业发展的案例则发现，当地在非政府组织美国大自然保护协会的帮助下已经建立了一套居民参与环境保护与维护的管理制度；该制度是基于村民协商一致的原则而制定的，一开始其执行很有效，但目前执行中也出现了居民主动性下降的趋势。这就迫切要求进一步探索目的地环境保护公众参与的实现机制。对此，龙良富等（2010）基于人权视角提出，环境人权是人的基本权利，因此公众特别是目的地居民应该拥有环境决策权、知情权、监督权和赔偿权；陈香兰等（2012）针对我国乡村旅游地提出了由公众参与环境决策制度、环境信息公开制度、公众环境投诉及时处理与回复制度构成的公众参与环境保护机制。

此外，张沛东和郭克莎（2011）针对旅游企业自愿环保战略决策的研究提出，由于经济利益和企业社会责任等，旅游企业会主动开展环保行动，但这要受到企业的行业特征、战略能力及其他利益相关者的环保倾向或行动的直接影响；于萍（2012）分析了旅游者在旅游过程中的环境保护行为，并提出了加强监督、激励等强化手段。

(十)公众参与目的地文化保护研究

国内研究强调，文化保护是公众参与旅游业发展的主要内容之一(胡志毅和张兆干，2002)，并提出其应成为公众的自觉行动(孙诗靓和马波，2007)。对此，刘旺和王汝辉(2008)基于文化权理论提出，应强化社区居民对当地文化的拥有与认同，从而使居民能够主动保护和传承民族文化。实际上国内研究者针对多个目的地案例的研究已发现，我国目的地文化保护中公众参与的实践已经出现。陈庚(2009)对李坑古村落居民的调研发现，78.2%的居民认为古村落保护的第一责任人应是当地居民，这表明国内公众文化保护的主体意识和责任意识已经出现，他据此提出应建立以居民为核心、多元利益主体参与的古村落保护体系；周春发(2012)对徽村案例的研究发现，部分富有远见的村民已经自发签订了"古民居管理公约"，并提出了一系列的保护措施，但是尚有村民因对旅游分红不满、期望居住条件改善等原因而拆除古民居、建新房；王林(2008)的研究发现，非体制精英在社区文化遗产保护中具有引领作用，并能够推动目的地形成"文化自觉"而强化居民的保护意识和行动。

(十一)公众参与旅游节事活动研究

国内研究提出，公众参与是旅游节事活动成功的重要标志，这主要基于两个方面，即作为组织者参与、作为参加者参与。基于前者，国内研究者提出，旅游节事活动应该尽快实现由政府主导向市场主导转变，推动企业由目前的被动参与转向主动参与(辜应康等，2005；李存英，2010)，并提出了从"政府主导、市场配合"到"政府—市场过渡型"再到"市场主导、政府配合型"的旅游节事活动市场化路径(郭训，2008)；要重视吸引民众参与办节(周永广，2005；唐峰陵，2011)并强化民众的志愿性参与(郭胜，2005)；有学者针对泰安市区居民的调查发现，受访者中62%的人愿意成为当地庙会的志愿者，但研究者未对居民的实际参与情况进行研究(陈方英等，2009)。基于后者，王艳丽(2011)针对西安城墙国际马拉松活动的调查发现，居民参加该活动的意愿较强，但实际参与度还较低；姚海琴(2005)基于对湖州笔文化节的调查则发现，旅游节庆主题和民俗文化的丰富程度是影响大众参加的最重要因素。

三、现有研究的总体评价

整体来看，国外该领域研究的主题在不断拓展，研究视角越来越多元化。同时许多国家或地区特别是美洲、欧洲国家或地区的相应实践已经渐趋深化，而且许多案例还表明发展中国家的实践也已开始并日益增加。但是，目前该领域的理论体系尚不完善，表现在两个方面：一是现有文献中即使是直接以公众参与为主题的，也未对公众的概念和内涵进行清晰界定，在许多文献中其与社区、当地、利益相关者等经常交替使用；二是较多研究对公众参与旅游公共事务和营利性旅游私人事务未加区分，而实际上公众参与此两类事务的动机、方式等均有较大不同。

国内研究的范畴与国外近同，而且较多地借鉴和引用了国外相关理论及研究成果，这表明该领域研究的国际化趋势较为明显。但与国外研究相比，国内研究中简单的说理性泛论现象显著，针对我国本土的系统化案例研究相对不足，因而其研究结论的创新性尚需提高。与国外研究相同，国内研究也主要从社区参与旅游入手，但其更侧重经济利益的获取问题。很多国内研究的视角都是公众参与旅游公共事务以获取旅游收入分配的经济利益层面（杨桂红，2001），对旅游公共利益及公众自身责任的研究尚很少。

国内外现有研究多是针对单项旅游目的地公共事务的研究，其假设是公众应该参与该公共事务。而实际上，基于目的地的复杂性和动态性，目的地管理者首先要根据事务的属性及目的地内外环境的变化判断该事务是否需要公众参与、公众是否愿意参与。可见，对目的地管理者来说，其所面临的问题首先是哪些旅游目的地公共事务需要公众参与、需要哪些公众参与、需要什么层次和方式的参与及如何组织参与过程等整体性问题。但是，国内外现有研究均未将公众参与旅游目的地公共事务作为一个整体性研究主题而直接提出，更未基于政府与公众的双重视角来有效构建公众参与旅游目的地公共事务的实现机制。

第三节　旅游目的地治理中公众参与机制研究的理论基础

新公共管理理论为私营部门参与旅游目的地公共事务提供了理论依据，在其基础上发展形成的治理理论则为公民社会组织（主要是指非政府组织，又称非营利性组织、第三部门等）、个体公众等参与旅游目的地公共事务提供了直接的理论基础，而公众参与的相关理论则是本书的直接理论来源。同时，利益相关者理论也为本书研究中参与主体与客体的界定、参与层次与方式选择等提供了重要的理论依据（图 2.14）。

一、新公共管理理论

新公共管理理论是 20 世纪七八十年代西方国家对传统公共行政理论及实践的反思与批判而形成的公共管理新理论。其又称新管理主义理论，是将经济学中的公共选择理论、交易成本理论及委托-代理理论相结合而形成新管理主义（休斯，2007）。其主要观点是公共部门管理者的专业化、明确的绩效标准与测量、

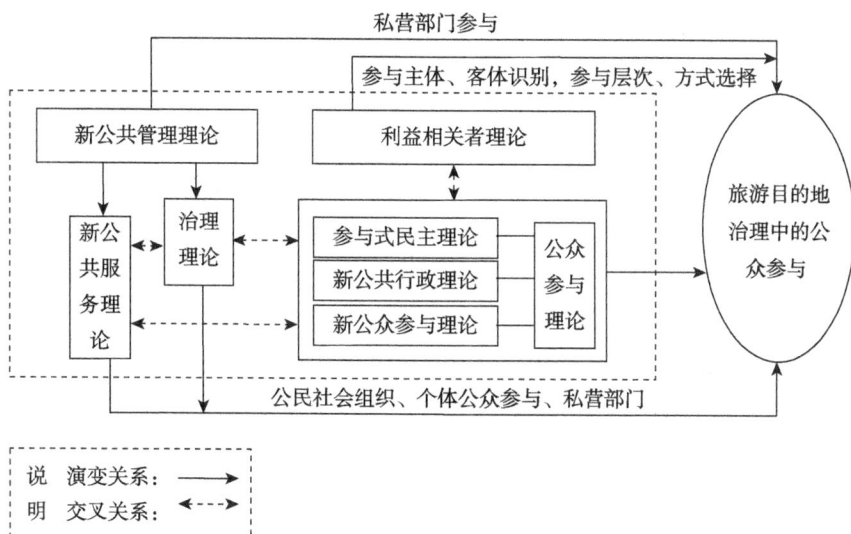

图 2.14　本书研究的理论基础

重视产出而非过程、打破传统官僚体制、提高公共部门中的竞争、强化私营部门模式的应用、注重资源使用约束与节省(Hood，1991)。其主张弱化公共与私营部门的界限并用私营部门的方法来改造公共部门，强调削减政府机构和人员而实现"最小化国家"，追求"少花钱多办事"(do more with less)，注重公共管理的科学性、实用性与工艺性(曾峻，2006)。基于实践的视角，新公共管理的主要实践形式是民营化(公共企业私有化、政府放松管制和公共服务市场化)和重塑政府(掌舵与划桨分开、结果导向、运用现代管理技术等)(黄建荣，2005)。新公共管理理论强调公共服务生产与提供的分离，从而私营部门可以通过特许权、合同外包等多种形式来生产公共服务而参与到公共管理之中。概括来看，用企业精神改造政府(奥斯本和盖贝勒，1998)是新公共管理的重要理念，公共管理市场化是其实践方式，经济(economy)、效率(efficiency)和效能(effectiveness)(即 3E)是其目标。基于此，新公共管理理论对相关主体的定位是政府"掌舵"、市场"划桨"、公民是"顾客"(黄建荣，2005)。

新公共管理理论打破了公共行政体系中政府兼当掌舵者和划桨者的传统模式，将私营部门纳入公共管理之中，有助于提高公共管理的效率。但其过分注重技术理性而对价值理性关注较少，导致其在实践中公共性缺失；其对公民"顾客"角色的界定，抹杀了公民角色的多元化，因而导致政府与公民关系的不健全(张成福，2001)。

二、治理理论

治理理论是 20 世纪 90 年代西方国家基于全球化、民主化和分权化的社会背景，在对新公共管理理论借鉴和批评基础上发展起来的公共管理新理论。治理理论既继承了新公共管理理论对工具理性的追求，又引入了价值理性(即政治价值、民主价值或公共价值)的内涵，体现出公共管理的公共性与技术性的有机统一。

治理理论的主要观点如下：治理包括政府机制，也包括非正式和非政府机制；治理主体不局限于政府，还包括其他能够取得公众认可的任何私营部门、社会组织及个人；治理发挥作用依靠的是多种相互发生影响的行为者之间基于共同目标支撑的互动(孙柏瑛，2004)；治理意味着办好事情的能力不仅依靠政府的发号施令，其他管理方法与技术(如合作、协商、伙伴关系)也是公共管理的有效工具；治理还意味着参与者最终可形成一个自主网络，从而在特定领域内分担公共管理职能(俞可平，2002)。治理理论倡导政府与私营部门及公民社会的伙伴关系，主张政府、市场、公民社会组织及个体公众共同参与管理一定范围内的公共事务，追求实现经济(economy)、效率(efficiency)、效能(effectiveness)、公平(equity)的 4E 目标(黄建荣，2005；曾峻，2006)。治理理论的核心理念是公共管理中多元权力主体并存和多向度权力运行机制，其实现了公共领域与私人领域的渗透、外部理性化与内部经济化的整合、政治价值与工具理性的互补(李德国和蔡晶晶，2004)。治理推动公共管理模式由市场化政府模式向共同治理或多中心治理模式转变。

基于实践的视角，治理是对政府失灵、市场失灵、社会失灵的多重回应，但治理也会出现失灵(曾峻，2006)。"善治"便是对治理失灵的回应。因此，治理理论强调治理的最佳状态是"善治"——要实现政府与公民对公共生活的合作管理，从而使治理成为实现公共利益最大化的过程(俞可平，2002)。治理理论要求公共管理实践由统治转向治理，而治理的优势主要体现在应对社会的复杂性、多元性和动态性方面(Duit and Galaz，2008)。旅游业发展环境是动荡多变的(Stevenson et al.，2008)，同时目的地的构成要素、利益主体及其利益诉求等也都具有多元性。因此，治理正是在日益全球化和复杂性的变动环境中旅游目的地管理创新的重要模式。根据治理理论，旅游目的地管理需要多元化主体的参与，政府、私营部门、第三部门及个体公众都应成为旅游目的地管理的参与者。

三、新公共服务理论

新公共服务理论也是国外在对管理主义批评基础上提出的新理论，由美国的登哈特夫妇于 2000 年提出。其阐释的核心问题是在将公共服务、民主治理理论和公民参与置于中心地位的治理系统中公共行政人员所扮演的角色问题，其强调追求公共利益(登哈特 J 和登哈特 R，2004)。

新公共服务理论强调应以服务和公众增权为中心，公众参与是政策执行必要的组成部分。其主要观点包括以下几个方面：政府的职能是服务而不是掌舵，即行政人员日益重要的角色是帮助公众实现共同利益而不是控制和掌控社会；公共利益是目标，而不是副产品；战略性思考、民主化行动、集体努力和协作进程是满足公共需要的政策与项目实施的最有效、最负责任的途径；为公民服务，而不是顾客；关注人，而不只是生产率；公民权和公共服务比企业家精神更重要(Denhardt R B and Denhardt J V，2000)。新公共服务理论认为公共利益是共同价值进行对话的产物，要求在公共服务供给过程中建立公共、私人及非营利性组织之间的联盟。根据新公共服务理论，旅游目的地治理中政府的责任是公共服务供给，但其并非是唯一的行动者，公众参与才是旅游公共利益得以真正实现的有效途径。

四、公众参与理论

公众参与理论涉及参与式民主理论、新公共行政理论、新公众参与理论，其适用于政治、经济、社会等领域。参与式民主理论是 20 世纪六七十年代西方国家兴起的民主理论，其批判传统的代议制民主，主张"凡生活受到某项决策影响的人，就应该参与那些决策的制定过程"(奈斯比特，1984)，以及实现公民最大限度地参与他们的自治，而且公民参与要扩展到非政治部门，尤其是要参与社会的其他部门。新公共行政理论也是 20 世纪六七十年代西方国家公共管理体制创新而兴起的一种新理论。其批评传统公共行政理论的政治-行政二分法和效率中心思想，倡导公共管理的公共性，主张政治与行政、事实与价值的关联。新公共行政强调价值理性，其主要观点是追求社会公平，提供平等的公共服务；提倡社会多元化，提高公众的代表性；增强政府对公众需求的响应性；公共事务中公民参与广泛，公民与公务员合作并成为积极的联合体；公务员应具备社会责任感，理解公众需求且以公众的利益为目标，从而创造高效而平等的公共服务(希尔墨，2010)。

参与式民主和新公共行政理论都从理论与实践两个层面指向了公众参与公共事务。新公众参与理论强调政府要"与公民一起工作"，并要实现社会公正。西方国家由此兴起了新公众参与运动，其在参与主体与客体两个方面深化了公众参与的理论与实践。首先，在参与主体方面，新公众参与强调突破传统的精英主义，要求低收入者等更多的群体和公民组织参与公共事务；其次，在参与客体方面，新公众参与不仅提出公众要参与政策制定与决策，更加强调公众对政策执行的参与，从而公众能够进入公共项目的实际管理过程(托马斯，2001)。

在公共管理领域，公众参与理论最早主要应用在城乡规划、环境评价领域中，其目前已经在公共决策、环境保护、文化保护、重大事件管理、公共项目管理等诸多领域得到应用。而且基于实践的许多理论模型也得以建立，如 Arnstein (1969)的公众参与阶梯模型、Thomas(1995)的有效决策模型。

五、利益相关者理论

利益相关者理论于 20 世纪 60 年代在企业管理领域中被正式提出，而后逐渐被应用到多学科领域之中。Freeman(1984)将利益相关者界定为"能够影响一个组织目标的实现，或者受到一个组织实现其目标过程影响的所有个体和群体"，并进一步明确了利益相关者理论的核心理念——由股东利益至上转变为关注利益相关者的整体利益。

利益相关者理论的基本内容包括两个方面：一是利益相关者的识别，其解决谁是利益相关者问题；二是利益相关者属性或类别，其解决管理者应针对不同利益相关者施加何种程度的关注问题。针对前者，较早的研究，如斯坦福国际咨询研究所基于狭义视角将利益相关者界定为"没有他们的支持组织就不再存在的团体"(弗里曼，2006)，而 Freeman(1984)的定义则属于广义范畴。在此基础上，Clarkson(1994)引入了专用性投资的概念而对利益相关者进行了较为具体的界定，因此利益相关者是指在企业中投入一定的资本(实物、人力、财务等形式)，并由此而要承担企业经营管理风险的主体。针对后者，Clarkson(1994)将利益相关者划分为主动与被动、主要与次要(李洋和王辉，2004)；Mendelow(1991)提出的权力-利益矩阵将利益相关者划分为四种类型，即主要行动者、确保满意者、确保告知者、减少投入者；Mitchell 等(1997)根据影响力、合法性、紧迫性将其分为确定性、预期性、潜在性三个层次，并强调利益相关者重要性和层次归属动态性；Wheeler 根据社会性与紧密性将利益相关者划分为一级社会性、二级社会性、一级非社会性、二级非社会性四个类型(冯俊华和张龙，2009)；还有学者提出了直接与间接利益相关者、潜在利益相关者、契约型与公众型利益相关者等概念(李洋和王辉，2004；冯俊华和张龙，2009)。

利益相关者理论从 20 世纪 80 年代末期开始被引入旅游研究中(郭华，2008；Haywood，1988)，目前已经在旅游规划、目的地营销、社区旅游发展、可持续旅游发展等多个领域中得到广泛应用。利益相关者理论在公共管理中也已得到广泛应用，具体到公众参与理论与实践，其价值表现在如下两个方面：对公众而言，其参与公共事务本身是有时间、经济等方面成本的，因此其不会参与那些与自己利益无关或不重要的事务(特劳普-梅茨，2009)；对政府而言，准确界定利益相关者及其层次可避免因参与者过泛导致利益众多而给公共管理带来不必要的复杂性(托马斯，2001)。

第三章　旅游目的地治理中公众参与机制相关概念的界定

第一节　旅游目的地公共事务的界定

一、公共事务

1. 事务

根据《现代汉语词典》的解释，事务是指"要做的或所做的事情"（中国社会科学院语言研究所词典编辑室，1996）。与事务对应的英文词语是"affair"（国外文献中多用复数"affairs"），含义是已经做的或将要做的事情及需要行动的事情。其涵盖个人事务、组织事务、地区事务、国家事务、全球事务等多个层面，涉及政治、经济、社会、文化等多个领域。

2. 公共事务

按照涉及的主体范围和结果的影响范围，事务包括两种类型，即公共事务与私人事务。其中，前者针对的是个体集合而形成的社会公共领域，其目标是实现公共利益；后者针对的是个人、家庭私人领域，其目标是实现私人利益。

公共管理研究中对公共事务界定的核心依据是公共性。公共事务的主体、表现形式和目标都具有公共性，其要解决公共问题、满足公共需要、实现公共利益。公共事务的表现形式是公共产品与服务，它是生产和提供相应公共产品与服务的活动。也就是说，公共事务实际上就是个人、家庭及企业等基于理性经济人角度不愿独自承担也不具备能力独自承担的那些事务。同时，相对性是理解公共事务概念与内涵的关键点，其是指公共性本身就是一个相对的概念。公共事务相对性的集中体现就是公共利益的层次性。作为能够为社会成员所共享的那些资源与条件（陈庆云，2000a），公共利益可简单分为两个层次：一是纯公共利益，即全社会或绝大多数人的公共利益；二是准公共利益，即一定范围内共同体成员的公共利益（陈振明等，2011），但要以不损害其他个体或组织的正当利益为前提。

基于此，公共事务的概念也要包括两个层次，即社会整体层面、限制在一定范围的共同体层面。基于前者，公共事务是指那些涉及全体社会成员的共同利益、满足其共同要求、关系到其整体生活质量的一系列活动(汪玉凯,2001)。在此层面,一般情况下公共事务可按照具体领域划分为政治性、经济性和社会性公共事务(周义程,2007)。基于后者,公共事务是指一定范围内共同体的共同事务,其以该共同体的所有成员为直接服务对象并以实现该共同体的公共利益为目标,且不会对该共同体以外的其他个体或组织的正当利益造成负面影响。在此层面,可根据地域层次、成员性质、成员范围等标准对其进行分类。例如,根据地域层次标准,公共事务可理解为与一定地域的共同体成员公共利益相关的事务(颜振军,2009),可划分为相应的多个层次,即全球性、全国性、各级地方(包括省、市、县、乡)性、基层(街道、社区、村)性(周义程,2007)。

3. 公共事务与公共事业、政府事务

公共事业是指以满足社会公共需要为目标,直接为社会经济发展和人民生活提高创造条件或提供服务的非营利性社会活动(徐双敏和张远凤,2007)。公共事业的表现形式主要是准公共产品,还涉及少数纯公共产品,其中包括教育、科学、文化、卫生、体育、人口、资源与环境保护及公用事业(包括通讯、邮电、公共交通、水、电、煤气等)(崔运武,2006)。从构成要素来看,公共事业主要是社会性公共事务,还涉及少部分经济性公共事务,但不包括政治性公共事务(陈潴等,2007)。

政府事务是指各级政府所承担或从事的相关事务,其包括两个层次,即政府内部事务、政府外部事务。其中前者属于部门事务,我国又称之为机关事务,是指政府部门为维持运行而进行的内部管理活动。政府作为一个特殊的公共组织,其内部管理的过程及其投入(特别是所需投入经费)和收益(如工作效率和能力)都与社会整体利益密切相关。这就决定了以政府为名义的所有行动都应被视为“公域”,而不是“私域”,“政府自利”不是政府应有的现象,而只是其不成熟的表现(任晓林和谢斌,2003)。因此,政府内部事务也要归属到公共事务范畴,但其不属于公共事业。后者是指政府作为公共管理主体实际承担的那部分公共事务,其中大部分公共事业属于此范畴。但是,要注意的是在当前政府职能改革背景下,公共事业和公共事务均不是全部属于政府事务的,两者中都有许多事务实际上是由私营部门和非营利性部门或个人等来承担的。基于此,公共事务与公共事业、政府事务的关系可概括为图3.1。

二、旅游目的地公共事务

(一)旅游目的地公共事务的概念

1. 旅游目的地

旅游业提供的最基本产品就是目的地体验,其竞争的核心也是目的地层面的

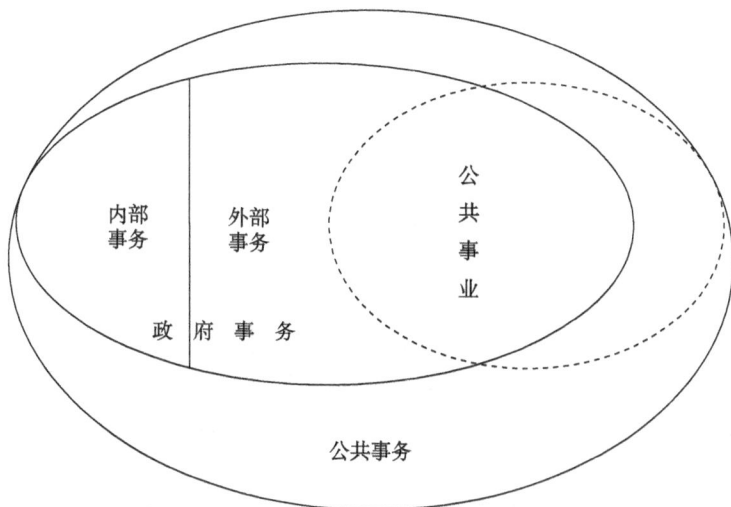

图 3.1　公共事务与公共事业、政府事务的关系

竞争（Ritchie and Crouch，2000）。因此，旅游目的地是整个旅游系统的核心要素。但是，旅游目的地不仅是能够提供给旅游者的整体性旅游产品，更是旅游产品生产、交换及消费的地理区域（French et al.，2000）。旅游者的旅游需求实现、旅游体验过程等都必须以目的地为空间载体而实现。但是此区域边界的确定并不是以传统的行政管辖范围、地理界限为依据的，而是基于旅游者视角以其旅游需求为界定标准。基于此，旅游目的地又是一个基于旅游者感知的概念，旅游者通常会根据各自的行程、文化背景、旅游目的、教育水平及已有的旅游经验对其进行主观性阐释和界定（Buhalis，2000），并由此形成与当地已有的行政边界和地理边界不一定重合的特殊地理区域。

2. 旅游目的地公共事务

旅游目的地公共事务是一定地理区域作为旅游目的地而产生的公共事务，或者说能够推动一定地理区域作为旅游目的地而进行发展的公共事务。其与旅游目的地所有相关主体的利益密切相关，是实现旅游目的地公共利益、推动可持续旅游发展，从而实现旅游目的地成功发展的一系列事务。旅游目的地公共事务的表现形式是旅游公共产品与服务，因此也就体现为生产和提供这些公共产品与服务的相关活动。总体来说，旅游目的地公共利益主要属于准公共利益范畴，但一些特殊类型的目的地（如世界遗产地）也包括纯公共利益①。相应的，旅游目的地公

---

① 国外学者将旅游公共利益划分为利益、价值、空间分配、进程、地点依附共五个维度，并具体包括当前/未来利益/影响/空间分配、公平、包容性、透明性等 16 个次维度（Dredge D. Place change and tourism development conflict：evaluating public interest. Tourism Management，2010，31(1)：104-112）。

共事务也主要是一定范围内，即目的地所涉及的相关主体的公共事务，并包括一部分全社会性公共事务。

　　旅游目的地应对包括旅游者、企业、市民在内的所有利益相关者都具有吸引力(Shapira，2007)。因此，其成功发展的基本衡量标准是提供令顾客满意的旅游体验、能够维护和改善当地居民的生活质量、能够使当地环境得到保护，以及能够为旅游企业带来利润(Davidson and Maitland，1997)。基于此，能够推动旅游目的地实现成功发展的公共事务要兼具内部导向和外部导向。具体来说，基于旅游产品集合视角，旅游目的地是因旅游者及其旅游需求而得以形成与发展的，因此，旅游目的地公共事务要具有外部导向来满足旅游者的公共需求、实现他们的公共利益；基于地域和空间视角，旅游目的地要依托其所属地理区域的企业、居民及其他主体而存在并向旅游者提供旅游产品，因此，旅游目的地公共事务要具有内部导向来实现旅游目的地内部各主体的公共利益。可见，旅游目的地公共事务是内部导向性与外部导向性公共事务的有机统一，而可持续旅游发展则是整合性视角的旅游目的地公共事务。

　　旅游需求的综合性要求旅游目的地提供给旅游者的是涉及多种单项产品与服务、能够满足旅游者整体需求的整合性旅游产品。这就决定了旅游目的地公共事务要涉及多元化主体，涵盖多个部门和领域。具体来说，旅游目的地公共事务要指向旅游者及其旅游需求，但其范畴不仅局限于直接为旅游者的旅游活动提供相关服务和便利条件的那些公共事务，还包括为当地旅游经营者及居民等非经营者提供公共产品与服务，并有助于旅游者旅游活动开展和旅游需求实现的那些公共事务，如旅游政策制定、目的地营销、环境保护等。

　　3. 旅游目的地公共事务与地区公共事务、公共事业、政府事务

　　从概念关系层面来看，旅游目的地公共事务应属于公共事务范畴，并与公共事业和政府事务形成交叉关系。但从具体地域来看，旅游目的地公共事务与地区公共事务存在着一个从交叉到被后者涵盖的转变过程，但其与地区公共事业、政府事务仍是交叉关系。

　　首先，从概念关系层面来看，它们的关系如图 3.2(a)所示。旅游目的地公共事务是公共事务在特定载体的表现形式，是追求旅游目的地公共利益的特殊公共事务。因而，旅游目的地公共事务从属于公共事务范畴，是公共事务的一个分支领域。同时，旅游目的地公共事务也涉及公共事业的部分内容，如教育、环保、文化等，因此两者形成一定程度的交叉关系。因而，旅游目的地公共事务与政府事务也形成交叉关系。

　　其次，从具体地域来看，旅游目的地存在的空间形态主要有两种：不跨界目的地，即目的地边界不超越当地行政管辖界限；跨界目的地，即目的地边界跨越当地行政管辖界限而分布在不同行政区域内。

　　旅游目的地公共事务与地区公共事务、政府事务的关系具有动态性。地区公共事务是指一定地域内社会公众的共同事务，其侧重内部导向性。旅游目的地的内部导向性公共事务从属于地区公共事务，是地区公共事务在特定领域的实践形式。其外部导向性公共事务则一部分要依托和从属于地区公共事务，如基础设施、公共交通、环境保护；另一部分则是直接指向外部消费者的特殊事务，如旅游公共信息在旅游目的地发展初期并非是地区公共事务中已有的内容。因此，在发展的初期阶段，旅游目的地公共事务并非全部都可归属地区公共事务，从而两者表现为交叉关系。而且在此阶段，政府的主导性一般较为显著，旅游目的地公共事务往往由政府负责，因而大都属于政府事务。但是随着旅游目的地发展的不断成熟，旅游业会与其他产业逐渐融合，目的地与所在地区社会的各领域也将逐渐融为一体。此时，旅游目的地公共事务将成为地区公共事务的重要内容，即其均可归属到地区公共事务范畴，从而使当地社会公众可共享其直接结果（目的地公共事务执行所生产和提供的具体公共产品与服务）和间接结果（目的地生产和提供公共产品与服务给外部旅游者所取得的综合利益）。同时在此阶段，政府的主导性往往减弱，市场主体及非政府部门的作用逐渐提高，因而旅游目的地公共事务中属于政府事务的内容相对减少。基于以上分析，不跨界旅游目的地公共事务与地区公共事务、公共事业的关系见图 3.2(b)，而跨界旅游目的地公共事务则要涉及共同构成该目的地的多个地区的公共事务和公共事业，它们之间的关系如图 3.2(c)所示。

　　（二）旅游目的地公共事务的产生机制

　　国内外关于公共管理逻辑起点的问题研究提出了社会问题（陈庆云，2000b）、公共问题（张庆东，2001a）、公共利益（汪辉勇，2003）、公共物品（曾峻，2006）等观点，而这正是与公共事务产生机制密切相关的概念。旅游目的地公共事务是目的地相关主体的共同事务，其指向这些主体的公共需要和公共利益。

　　旅游目的地公共事务的产生开始于公共需要。而其中外部旅游者的公共需要是当地能够成为旅游目的地及形成相应的公共事务的前提与基础，同时内部主体在旅游业发展中也会因实际情形与预期的差异而形成相应的公共需要。但是要注意的是，这些公共需要未必一开始都会成为旅游目的地发展中的公共问题。公共需要成为公共问题的条件是这些公共需要需通过一定的形式表现出来，并对相关主体开展旅游业相关活动的影响程度较大，从而能够引起他们的广泛关注。随着公共问题的确立，旅游公共利益也随之形成并得以明确，由此为实现公共利益就需要具体的行动——公共事务。作为行动过程，旅游目的地公共事务实际上就是生产和提供旅游公共产品与服务的进程，从而为目的地相关主体供给公共消费的

（a）概念关系　　　　　　　　　　　　　　（b）不跨界目的地

（c）跨界目的地

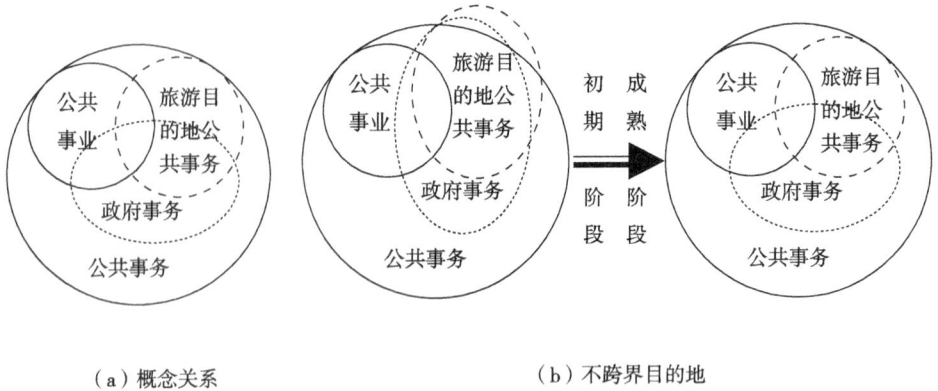

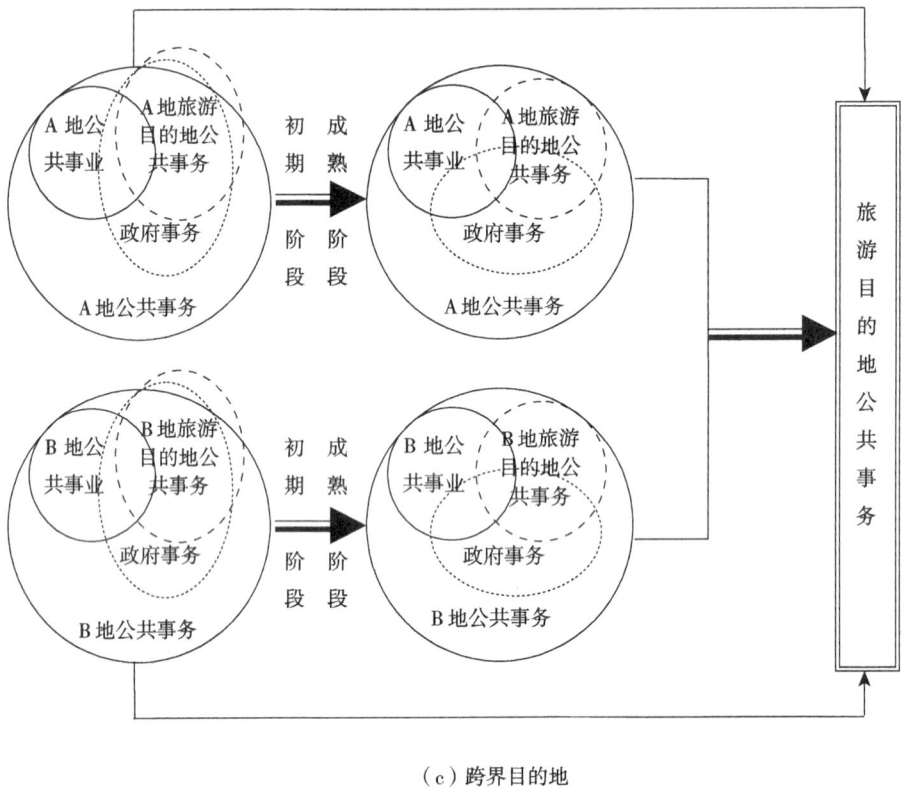

图 3.2　旅游目的地公共事务与公共事务、公共事业、政府事务的关系

对象。在此基础上，旅游目的地相关主体通过非排他性的公共消费来满足公共需要、解决公共问题，进而实现公共利益。在此过程中，若公共需要得不到全部满足或者又产生新的公共需要，则又会推动产生新的旅游目的地公共事务。基于以

上分析，旅游目的地公共事务的产生机制可概括为公共需要识别、公共问题确立、公共利益形成、公共事务产生与执行、公共产品与服务的供给、公共消费、未满足的公共需要和产生的新公共需要(图3.3)。

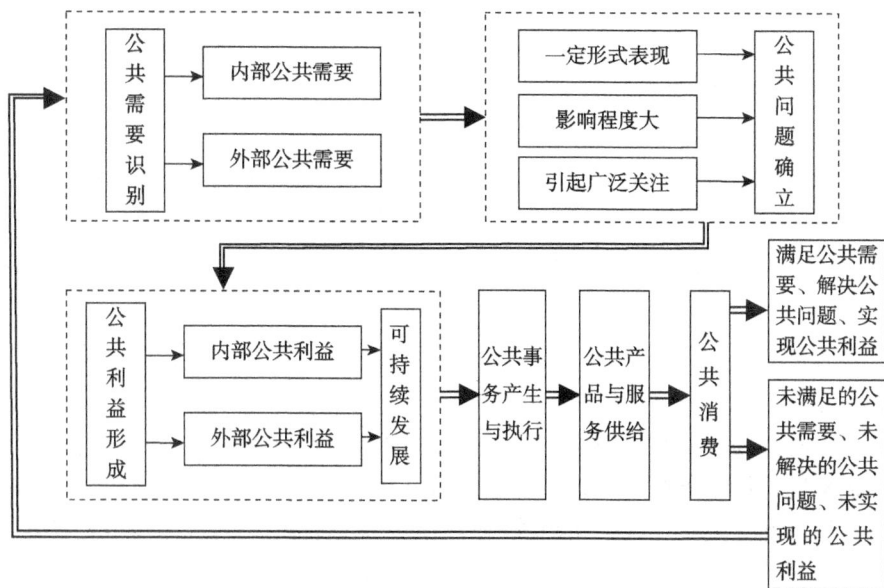

图3.3　旅游目的地公共事务的产生机制

(三)旅游目的地公共事务的特征

旅游目的地公共事务的核心特征是公共性，同时在范畴、构成要素等方面还具有整合性、综合性、多样性、层次性和关联性等特征。

1. 公共性

旅游目的地公共事务的公共性具体体现在三个方面，即主体的公共性、公共利益性、结果的表现形式。

首先，旅游目的地公共事务主体的公共性体现在两个方面：一是其所属主体是旅游目的地社会公众整体，而不是单个个体、家庭、企业或其他组织，因而具有公共性；二是其管理主体具有公共性。传统的观点认为政府是公共事务的责任者和行动者，但现代公共管理理论与实践已表明，私营组织、非政府组织，甚至个人只要得到公众的认可且具备合法性和公共性就可以成为公共事务的行动主体，但两者均强调这些主体在参与公共管理情境中是具备公共性的行动主体而非追逐私利的行动者。

其次，旅游目的地公共事务的公共利益性包括公共事务本身的利益属性和价值追求两个层面。其中,前者是指公共事务的有效实现能够带来旅游目的地各构成主体的公共利益的增加;后者是指公共事务在价值观层面上的追求,即要追求旅游公共利益的实现(姜士伟,2007)。

最后,旅游目的地公共事务结果的表现形式是旅游公共产品与服务,其具有消费的不可分割性,因此不能被某一个或少数使用者垄断和控制。具体来看,旅游公共产品与服务既包括纯公共产品与服务,又包括较多的准公共产品与服务。其中前者具有消费的非排他性和非竞争性,后者则或具非排他性、或具非竞争性,即为俱乐部型或公共池塘型产品。基于此,旅游者和旅游目的地内部社会公众中的任何组织和个体都可以使用和消费这些产品与服务,而且其中的很多产品或服务也不排斥其他社会公众的使用。

2. 整合性

旅游目的地公共事务具有内部导向和外部导向的整合性。旅游目的地是由旅游需求界定的,因此外部导向是旅游目的地公共事务的基本属性。基于此,其要以外部旅游者的公共利益为导向来供给相关的旅游公共产品与服务。同时,旅游目的地发展的最终目标是当地经济社会的全面发展,因此旅游目的地公共事务又必须坚持内部导向而在旅游业领域内向当地公众供给相关的公共产品与服务,追求实现目的地内部的旅游公共利益。可见,旅游目的地公共事务是外部导向与内部导向的整合。

具体来说,旅游目的地公共事务表现为外部消费驱动与内部生产生活驱动的整合、外部旅游需求与内部经济社会发展需求的整合、外部消费者利益与内部公众利益的整合。基于此,旅游目的地公共事务应该是对内外部公众需求的整合性回应。其既要满足外部的旅游需求,又要满足当地经济、社会全面发展的要求,并将两者整合到一个协同实现的过程之中。在此基础上,旅游目的地公共事务所追求和实现的目标是基于内外部利益整合的旅游公共利益。而可持续发展则既是旅游目的地公共事务本身的核心构成要素,也是旅游目的地内外部各主体的旅游公共利益的整合性体现。

3. 多样性

旅游目的地要涉及经济、社会、环境等不同因素,涉及多元化的利益主体,并提供多种类型的产品和服务(王京传,2012)。基于此,旅游目的地公共事务的承担主体、构成要素、利益分享主体、表现形式等均具有典型的多样性。

首先,作为旅游目的地公共事务承担主体的公共组织具有多样性。其包括行政部门、事业单位、公共企业、非政府组织等多种类型组织,而且基于旅游业的综合性,其中的每一类型组织都要涉及多个具体类型或领域的相关部门和机构。同时,在目的地治理中,私营部门及个人也会成为公共管理的重要参与者和责任分担者。

其次，旅游目的地公共事务的构成要素具有多样性。其既包括直接针对外部旅游者需求的事务，也包括针对当地生产经营者、居民等内部各主体需求的事务；既涉及经济事务，又涉及社会、文化、教育、环境等多个领域的事务。

再次，旅游目的地公共事务的利益分享主体具有多样性。基于旅游目的地公共事务的内部与外部导向的整合，其利益分享主体既包括居民、旅游者、生产经营者、就业者、管理者等直接受益者，又包括潜在旅游者、投资者、外部公众等间接受益者及其他因某种原因对该目的地关注者。

最后，作为旅游目的地公共事务表现形式的旅游公共产品与服务也具有多样性。其主要体现有二：一是其既包括实物形态的物质产品，又包括非物质形态的精神性产品及公共服务；二是每一种形态的表现形式均涉及多种类型和领域，如仅直接针对旅游者的公共服务就可根据不同的分类标准划分为几十种类型，并涉及信息、交通、基础设施、安全保障等多个领域(李爽，2008)。

4. 层次性

旅游目的地公共事务要涉及不同层次的地理区域，并要实现相应的不同范围公众的旅游公共利益。这就决定了其在空间范围、利益主体等方面具有典型的层次性。

首先，旅游目的地公共事务具有地理空间的层次性，其要实现的是不同空间层次目的地相关主体的旅游公共利益。基于地理空间层面，国内研究中常把旅游目的地划分为全球、国际区域、国家、省级及其他不同地方、国内不同层次区域、社区、旅游景区等层次。由此，旅游目的地公共事务要涵盖相应的多层次目的地，要满足该地域相关主体的旅游公共需求并实现相应的旅游公共利益。

其次，旅游目的地公共事务在利益分享主体方面也具有层次性。其利益主体可归属到三个范畴，即消费者、生产者、全社会，因此旅游目的地涉及的公共利益可相应地划分为消费性、生产性、社会性三个层次。与之相对应，旅游目的地公共事务也包括此三个层次。要注意的是，旅游者及其旅游需求是旅游目的地得以存在的决定性因素，因此针对旅游者的公共事务是旅游目的地内部旅游公共利益实现的前提和基础。

5. 关联性

基于旅游业的综合性与边界模糊性，旅游目的地公共事务不是一个完全脱离当地其他公共事务而自成的系统，而是一个与其他领域具有很强联系的关联性系统。其许多构成要素要直接依赖当地其他公共事务，或间接与其产生联系并依托其来辅助实现。同时，基于外部导向性公共事务的视角，相互关联的不同旅游目的地公共事务之间也具有显著的关联性。这些旅游目的地主要是指旅游者在同一次旅游活动中的多个旅游目的地，即该目的地及旅游者来本地前所到过或离开本地后要前往的目的地。旅游者的旅游体验不仅是在某一个旅游目的地的整体体验，还是对一次旅游活动整个过程的综合性体验。因此，相互关联旅游目的地的公共事务是相互依赖、相互影响的，需要对其进行协同管理。这就要求这些旅游目的地在相关公共事务管理过程中进行合作，如旅游目的地之间的联合公共营销、公共信息共享、公共交通对接等。

第二节　旅游目的地治理的界定

一、治理与公共治理

治理一词来源于希腊语中的动词"κυβερνάω"，原意为掌舵(steer)。14 世纪时法国较早使用治理一词，意思是"政府所在地"(鲍法德和劳夫勒，2006)。目前，治理已经成为一个范畴和适用范围均十分广泛的概念(Department of Economic and Social Affairs，2007)。治理可以在从个人到全人类的任何规模的组织中运行，而且其功能也是多元化和多维度的。目前，治理已经在经济学、政治学、管理学中得到广泛的使用。根据其对象的性质，治理包括公共治理、私人治理。其中前者以公共事务为对象，适用于公共领域；后者以私人或私营组织事务为对象，适用于私人领域(个人、家庭或企业)。

在公共领域中，最初治理与统治(government)经常被交叉使用。但从 20 世纪 90 年代开始，治理开始被赋予较为严格的内涵，并成为一个与统治、管理含义不同的概念。目前，国内外研究中经常以治理代指公共治理，而对其他领域的治理则进行具体界定，如公司治理。国外旅游研究中也是如此，本书也选择使用旅游目的地治理的表述。此外，国外少数学者还使用新公共治理来表明治理是一种新的理念(Osborne，2006)。治理关注的是公共管理中的权利、关系与责任(Graham et al.，2003)，要解决的是谁参与决策、谁承担责任及如何承担公共事务等问题，即在变动的问题和环境中，决定公共决策如何制定、公共行动如何开展的正式和非正式的安排(Organization for Economic Co-operation and Development，2012)。

具体来看，治理的内涵包括三个方面。首先，治理包括政府管理，其是指政府为实现经济和社会的发展而运用政治权威，管理和控制国家资源(黄建荣，2005)；其次，治理重视社会自治，其可形成社会的自我组织和管理机制，其虽未被赋予正式权力，但却能有效地发挥作用(罗西瑙，2001)；最后，治理强调政府与社会的共同治理，其主张多中心治理、协作治理、网络治理等。正如全球治理委员会所主张的，治理是指各种公共的或私人的个人或机构管理其共同事务诸多方式的总和(全球治理委员会，1995)。基于此，治理是在一定范围内行使权威，并在众多不同利益主体共同发挥作用的领域建立一致或取得认同(曾峻，2006)，其发挥作用要依靠多元行动者之间的互动(俞可平，1999)。可见，治理是对公共权力结构的重构，其将公民社会(组织和个人)真正纳入社会权力系统中(Osborne and Gaebler，1993)。其强调政府不再是公共管理的唯一权威主体，其他组织和个人只要取得公众的认可就都有可能成为不同层面治理的权威和中心(刘坤，2010)。

二、旅游目的地治理的概念

旅游目的地治理是治理理论的具体应用，是针对特定地域、特殊产业领域的地区性公共治理实践(图3.4)。国内外公共管理实践中，从基于单一政府主体的行政管理模式下的政府失灵到基于管理主义的新公共管理模式下的市场失灵，其均表明治理离不开公民社会的作用；社会自治的失灵表明公民社会也难以在完全脱离政府的状态下自行其是，其需要元治理(metagoverance)(Jessop，2003)，而政府则正是元治理的权威主体(杰索普，2000)。加之目前国内公民组织尚不健全，公众参与能力尚不高，治理更离不开政府的力量(曾峻，2006；刘淑妍，2010)。基于此，本书将旅游目的地治理界定为由政府和社会的多元化主体共同参与的以旅游目的地公共事务为对象，以实现旅游公共利益为目标的各相关主体之间的互动性行动进程。

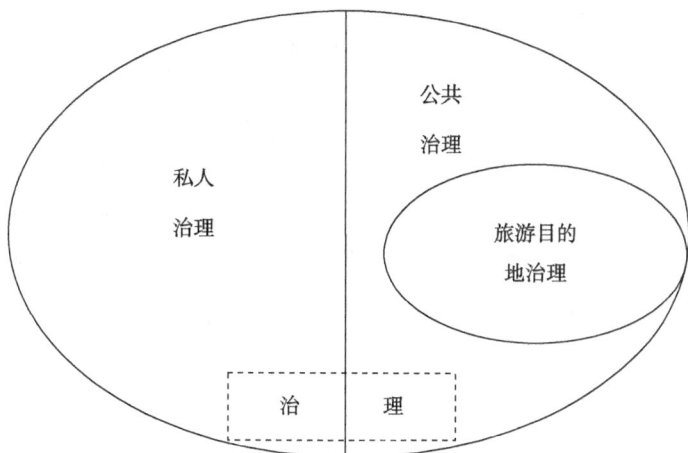

图3.4　旅游目的地治理与治理、公共治理的关系

国外研究和实践中多使用旅游目的地治理的表述，国内则尚未直接使用此术

语。旅游目的地治理涉及政府管理、社会自治机制，但更注重基于多元化主体参与和协作的共同治理机制。

首先，旅游目的地治理离不开政府。其需要政府的有效政策制定、政策实施及管理体系的构建。旅游目的地治理要在一定程度上对政府在公共管理中的权力进行解构，使政府不再是唯一的权力主体和行动者。但政府依然是旅游目的地管理中重要的和强有力的机构（休斯，2007），且仍是当地旅游公共产品与服务供给的安排者（arranger）、提供者[①]和最终责任者。从国内外旅游目的地治理的实践来看，政府的主要角色要从过去的直接生产者（producer）转变为推动者（enabler）、调控者（regulator）和协作者（collaborator）（Shapira，2000）。具体来说，政府要引导和控制旅游目的地发展中的公共利益导向，要成为旅游公共利益的维护者及旅游目的地可持续发展的支持者和倡导者；要具有与公众共享公共权力的积极意愿，要为其他主体参与治理提供有效渠道，并积极推动多元化主体参与的开放式治理；要协调治理主体之间的权力冲突和利益碰撞，从而推动治理实践的有效进行。

其次，旅游目的地治理需要社会主体的力量。私营部门、第三部门及个体公众都是旅游目的地治理的重要参与者和行动者（Eagles，2009）。旅游目的地治理是政府与社会协作的共同治理，是与传统的"自上而下"的行政管理模式不同的一种"自下而上"的公共管理新模式。其强调去行政中心化，解构传统的公共权力分配机制，从而构建政府与社会的一种新型关系——合作伙伴关系。基于此，旅游目的地治理中要将旅游政策制定、基础设施与公共服务供给等的主体从中央政府转移到那些接近作为被服务者的公众个体或机构（Yuksel et al.，2005），甚至公众自身而使其成为旅游公共产品与服务的"消费者生产者"（consumer producer）（Nordin and Westlund，2009）。其包括私营部门与公共部门之间的正式与非正式机制（Nordin and Westlund，2009），公私伙伴关系是其重要的实践方式。同时，对于基层乡村或社区等特殊类型目的地，自治是其旅游公共事务有效执行的途径。基于此，这些旅游目的地会形成以相互依赖、资源交换、互相博弈和政府以外的自治为特征的自组织和跨组织网络（Nordin and Svensson，2007）。在此基础上，旅游目的地治理也涵盖社会自治的内涵，并因此表现为一种建立在目的地

---

① 公共产品与服务供给包括生产和安排（提供）两个环节。传统的理论与实践主张政府既是生产者，又是安排者（提供者）；而新公共管理理论、治理理论等新理论则强调生产和安排（提供）的分离，政府作为安排者（提供者）主要承担公共产品与服务供给的生产安排、资金筹措、绩效评价等，并承担一些特殊公共服务的直接生产，如国防、气象等，其他公共产品与服务的具体生产则可由私营部门、非政府组织等多元化主体来承担（陈振明，等. 公共服务导论. 北京：北京大学出版社，2011；李爽. 旅游公共服务供给机制研究. 厦门大学博士学位论文，2008；奥斯特罗姆 E，施罗德 L，温 S. 制度激励与可持续发展——基础设施政策透视. 毛寿龙译. 上海：上海三联书店，2000）。

相关个人与公司合作基础上的自组织形式（Padurean，2010）。

从整合性视角来看，旅游目的地治理强调社会的三元结构（刘坤，2009），重视政府、私营部门、公民社会①的三元互动关系，其要形成管理旅游目的地的正式机制与非正式机制的特定组合（维尔，2010）。因此，旅游目的地治理是一种政府、企业、非政府组织及个体公众共同参与的多主体、多中心的旅游目的地管理新模式，能够弥补旅游目的地发展中的政府失灵与市场失灵，从而推动旅游公共利益的有效实现。基于以上分析，旅游目的地治理是对政府管理机制与社会自治机制的组合与重构，是对公共管理中政府与社会主体的权力关系的调整和新配置。从实践的视角来看，旅游目的地治理实际上就是通过各种不同的机制，将有关的社会角色或利益相关者联系在一起，多方共同管理旅游目的地，以实现可持续旅游发展（易志斌，2010）。

三、旅游目的地治理的特征

基于治理的自身特征及旅游公共需求、旅游公共事务等的特性，旅游目的地治理具有过程性、多中心性、多层次性、多领域性、多重目标性。

1. 过程性

治理不是一种活动，而是一个过程（全球治理委员会，1995）。它是一个基于合作、协商、伙伴关系、确立认同和共同目标的相关主体之间上下互动的管理过程（俞可平，2002）。基于此，旅游目的地治理是由一系列的具体公共行动构成的整合性公共管理进程。其是一个连续性过程，具体包括公共问题确立、公共政策制定、公共项目选择、公共资源组织与协调、提供公共产品与服务等行动（汪玉凯，2003）。该进程中的每项具体行动均要包括决策、计划、实施、引导与控制、监督、评估等实际行动环节，而且其中的每一个环节也都是一个多方参与的互动和协作过程。可见，旅游目的地治理是一个连续性、互动性、协作性的进程。旅游目的地治理需要各相关主体参与到其整个过程并实现双向的信息与资源流动，而不是偶然性的和单方性的行动。

2. 多中心性

治理是一种开放性的公共管理方式，其意味着办好事情的能力并不仅仅限于政府的权力，也不限于政府的发号施令或运用权威（斯托克和华夏风，1999）。因此，旅游目的地治理的精髓是多中心（陈芳，2006），其核心则是公众参与、多元

---

① 公民社会是与国家、市场相并列的社会结构的第三元。其包括公民社会组织和个体公民，具体包括独立的公民、独立理念的公共知识分子、不完全被政府控制的媒体、非政府组织（蔡定剑. 公众参与及其在中国的兴起//蔡定剑. 公众参与：风险社会的制度建设. 北京：法律出版社，2009）。

化主体共同管理公共事务(邵秀英和任秀芬，2010)。因此，在旅游目的地治理中，包括政府在内的所有主体只要能够代表公共利益、取得公众的普遍性支持、具备相应的合法性就可以成为公共事务管理的权威和中心。基于此，公共权力在该过程中不再是完全中心化到政府手中，而是分散和分享到包括政府但不局限于政府的所有具有合法性的主体，从而实现权力的多中心化。同时，这也是目的地公共管理责任的分担过程，即将过去由政府独自承担的旅游公共产品与服务供给的责任转移到多元化主体之中，从而实现责任主体的多中心化。因此，旅游目的地治理的多中心性是权力分享与责任分担的协同实现，其体现出以旅游公共利益为目标的政府和社会的权力共享与责任共担。

　　3. 多层次性

　　治理可以发生在由拥有不同形式权威的多元化行动者构成的不同地理空间，以及不同规模组织之中(Duit and Galaz，2008)。全球化既推动了治理理论的形成，又为治理实践提供了广阔的空间。全球化使治理的空间层次不再局限于单个国家内部，超越国家层次的治理及全球治理已成为治理的重要内容(Cooper and Hall，2007)。加拿大治理研究会(Institute on Governance，IOG)提出，治理可被应用到全球、国家、组织和社区等多种环境中(Edgar et al.，2006)，因此其具有典型的多层次性。同时，旅游目的地地理范围及其公共事务的多层次性也表明，其治理也要包括从全球到社区的多个地理空间层次。目前国内外研究已经涉及全球、国际区域、国家、国内区域、省及各地方层次、社区、旅游景区等层次旅游目的地的治理。多层次性直接推动了旅游目的地治理实践机制的多元化，而且在不同层次治理中其主导性行动主体也会有所不同。例如，全球目的地治理中跨国性非政府组织往往是主要的推动者，区域性目的地需要非政府组织的推动和政府积极支持，而对于社区目的地则较多是当地自治。

　　4. 多领域性

　　旅游目的地构成要素的多领域性及其公共事务的多样性共同决定了治理的多领域性。首先，旅游目的地治理的主体——公众分散在多个领域的相关部门。其中，政府主体不仅包括旅游行政部门，还要涉及文化、建设、园林、环保、交通、商业等部门；第三部门主体既包括旅游行业组织，又包括其他相关业务领域的多种机构；其私营部门主体也可能涉及从属于多个领域的直接和间接旅游经营者，个体公众则更加分散且存在于更多的领域。基于此，旅游目的地治理是多领域主体参与的综合性目的地管理过程。其次，旅游目的地治理的客体——旅游公共事务也涉及多个领域。其既包括经济性事务，又包括社会性和政治性事务。而且基于旅游业的综合性和关联带动性，其中每一领域的事务又会涉及多个分支领域。例如，经济性事务会涉及食、宿、行、游、购、娱等领域，社会性事务也涵盖社会、教育、文化、环保、安全等领域。基于此，旅游目的地治理是针对多领域公共事务的整合性目的地管理实践。

5. 多重目标性

治理的理想状态是善治，而善治是使公共利益最大化的社会管理过程（俞可平，2002）。旅游目的地治理所面对的公共利益既是整体性的，又是多层次的（张庆东，2001b）。其要实现多类型主体的多样性公共利益，主要包括消费者、生产者、居民及其他公众等的旅游公共利益，目的地可持续发展则是对这些旅游公共利益的整合。同时，针对这些公共利益，旅游目的地治理是为了 4E 目标的协同实现，从而也表现出目标的多重性。这四个目标分别体现为少花钱多办事、及时高效地回应公众需求和供给其所需的旅游公共产品与服务、有效满足旅游公共需求及充分实现旅游公共利益、公共消费的机会公平。进一步来看，这些目标又可分解为基于政府、公众及旅游目的地整体发展等维度的多种具体目标，从而体现出治理目标工具性与价值性的有机统一。

第三节　旅游目的地治理中的公众参与及其机制的界定

一、公众和公众参与

1. 公众

公众一词对应英文的"publics"和"the public"。其内涵有两个层次：一是人们整体上被视为公众，指向所探讨客体以外的不加区分的所有人，含义近同于大众（populace）；二是拥有共同利益的群体，是指特定的某"一类人"。其中后者在管理学、社会学等研究中较常被采用。基于此，公众是由独立的个体组成的，但其要超越个体，而指向面临共同问题的群体。

公共管理领域对公众的界定以公共事务为中心，以公共利益为纽带。因此，公众是指围绕某一公共事务而形成的个体或组织的集合。在此，要注意的是不同公共事务会面对不同的公众，而且同一个体或机构也往往会同时属于多项公共事务的公众。因而公众的构成会因公共事务对象的不同而进行重新组合。可见，公众是一个多元化、动态性的概念。概括来说，公众的基本存在形式有同属某一个组织、跨组织、未经组织而分散于社会之中的利益共同体。以此为基础，Thomas 将公众划分为四种类型，即单一有组织的团体、多个有组织的团体、未组织化的公众集合、复合型个体和组织的集合（Thomas，1993）。实际上，公众通常可被视为与政府相对的一个概念，是指作为政府管理对象和服务对象的居民、法人、其他组织(赵德关,2006)。因此,公众不包括政府部门,也不包括政治家和政府官员(亨廷顿和纳尔逊,1989),而是指私营部门、非政府组织及个体公众。在此要注意的是,公众若以政府"助理"角色①承担公共事务(王周户,2011),则其不属于公众;与之相对应,政府工作人员若以公众角色,而不是行政官员角色参与时,则其属于公众范畴。可见,公众概念强调的是其"不行使国家公权力"(陈振宇,2009),即在具体公共事务行动中的不运用政府权力的非政府角色。

2. 公众参与

国外使用的与公众参与相对应的英文词语有"public participation"、"public involvement"及"public/citizen engagement",其都有公众参与公共事务的内涵。因此,国内所讲的公众参与要涵盖这三个概念及其内涵(蔡定剑,2009a)。其中"public participation"的使用较多,其强调从象征性参与到实质性参与。国外许多旅游研究文献都未对"participation"与"involvement"进行区分,但两者应该是略有区别的。Garrod(2003)认为,前者是在决策过程中实现更高层次的协作(collaboration),后者仅是为提高规划等决策实施的可行性而取得公众的合作(cooperation)。而"engagement"则是 20 世纪 90 年代才开始使用的概念,其强调公众直接参与公共事务(托马斯,2001)。但总体来看,国外较早和较广泛使用的是"public participation",而且其所强调的以协作为基础的实质性参与也正好与旅游目的地治理的内涵接近,因此本书以此作为公众参与的英文译法。

公众参与一词较早应用的领域是公共决策、城市规划与管理、环境管理等。首先,公共决策领域提出公众要参与到政策与公共决策制定过程中,充分表达自己的意见、形成合意,对公共决策产生影响(石路,2008)。基于狭义视角,该领域多使用公民参与,强调参与权是公民权的一部分,因此参与者仅指个体公民(王锡锌,2007);基于广义视角,则或使用公众参与、或使用公民参与,主张一切非政府的公民和团体均可参与(石路,2008),即公民、利益相关者、专家、私营部门及其人员等都是参与者(Slocum,2003)。其次,城市规划中公众参与强调市民参与和利益相关者参与,要让市民和受到规划影响者都参与到规划过程中,并在规划中尽可能体现其意见与要求(孙施文和殷悦,2004)。而且公众不仅要参与到城市规划的执行阶段,也要参与到其开始阶段,并要实现主动性参与和实质性参与(蔡定剑,2009b)。针对公众参与城市管理,国内外提出了城市治理

---

① "助理"角色是指专家、学者等接受政府的正式聘用而成为其工作助理,国内外最多见的是立法助理。政府给予被聘用的助理一定的经济报酬或补贴,但其只能在相应的职责范围内使用助理身份,如立法助理就不得以助理的名义从事与立法无关或超越立法助理职责范围的活动(薛海艳.建构我国地方立法助理制度初探.法制与社会,2006,(11):3-5)。

的理念，主张参与式城市治理(Pieterse，2000)，从而实现以利益相关者为核心的公众参与及其与政府之间的合作。同时，环境管理领域主张公众参与既能够提高环境事务的透明性，又能够提高公众的环境责任；参与内容包括公众能够广泛、方便地获取环境信息，公平地进入环境事务，并能够参与到污染防治与控制等更广泛的环境事务之中(Hartley and Wood，2005)。

　　但是基于公共管理整体范畴来看，公众参与的主体应不仅局限于公民(市民)还包括非公民(市民)，参与形式可以是个体、组织或复合形式等，参与客体包括公共决策和公共行动性事务。对公众来说，公众参与是公众自身试图影响公共政策和公共生活的相关活动(俞可平，2007)。其目的是公众能够表达利益诉求，影响公共活动和公共决策(中央编译局比较政治与经济研究中心和北京大学中国政府创新研究中心，2009)，特别是要有能力去影响和参与那些影响其生活的决策及行为(蔡定剑，2009a)。对政府来说，公众参与是践行民主行政的重要体现(陈芳，2011)，其一方面是倾听和考虑公众的意见，并通过公开和透明的方式达成决议(蔡定剑，2009a)；另一方面是允许并吸引公众资源投入公共管理中，并在公平基础上实现社会资源的有效整合。公众参与要实现的是政府与公众之间的互动，并通过他们之间的协作取得"建设性"结果。但要注意的是，公众参与不包括选举，也不包括那些激进式的街头行动及个人和组织的维权行动①。

二、旅游目的地治理中的公众参与

　　旅游目的地治理要实现目的地管理中公共权力的多向度运行，其中关键的因素就是要使政府以外的主体有机会参与到目的地管理进程之中。治理的目标是善治，而公众参与则是善治的核心要素(Agere，2000)。基于此，公众参与是旅游目的地治理理论的核心内容，也是其实践的有效途径。

　　1. 概念

　　旅游目的地治理中的公众参与是公众在特殊地理空间、特殊领域的公共管理中的参与。其指向的是旅游目的地公共事务，目标是实现旅游目的地相关主体的

---

　　①　选举属于代议制民主范畴，不属于公众参与。对于激进式(笔者加)街头行动(如游行、示威、罢工)及个人和组织的维权行动(如重庆钉子户事件)，蔡定剑先生认为它们缺少互动性和规范性，并基于我国国情考虑而未将其归属为公众参与(蔡定剑. 公众参与及其在中国的兴起//蔡定剑. 公众参与：风险社会的制度建设. 北京：法律出版社，2009)；但也有研究将其纳入非制度化参与之中(中央编译局比较政治与经济研究中心，北京大学中国政府创新研究中心. 公共参与手册——参与改变命运. 北京：社会科学文献出版社，2009)。本书的观点是，的确国内有一些公众参与活动最初是由街头行动、个人或组织的维权行动而激发和催化的(如乌坎村事件)，但那些激进式的街头行动和维权行动往往表现为单边、无序、非理性，甚至破坏性，且其动机、行动机制等较为复杂，同时很多时候其未必是公共利益导向的，因此其本身不应归属到公众参与范畴。

公共利益。目前，国内外旅游研究尚未对旅游目的地治理中的公众参与进行明确的概念界定。综合前面对旅游目的地治理、公众、公众参与等概念的界定，旅游目的地治理中的公众参与是指公众以个体或组织等形式参与旅游目的地公共事务，通过互动和协作在相关公共事务实际行动过程中表达自己的意愿或投入一定形式的资源，并对其结果产生影响，从而满足旅游目的地相关主体的公共需求、解决旅游目的地发展中的公共问题、实现相应的旅游公共利益。

2. 内涵

旅游目的地治理中的公众参与是公众在追求旅游公共利益基础上实现自身权利，并分享公共权力和分担相应公共责任的直接途径。因此，其并不是简单的、表面性的参与，而要通过参与来实现公众增权以改变公众在当前权力结构中的弱势地位。可以说，增权既是公众参与的前提和保障，又是其目标。按照 King 等的观点，旅游目的地治理中公众参与应是一种真正的(authentic)参与，公众要实现由公共管理系统的外围进入内层，即最接近公共事务所要解决的公共问题的位置(图 3.5)(King et al.，1998)。具体来看，旅游目的地治理中公众参与的内涵包括如下五个方面。

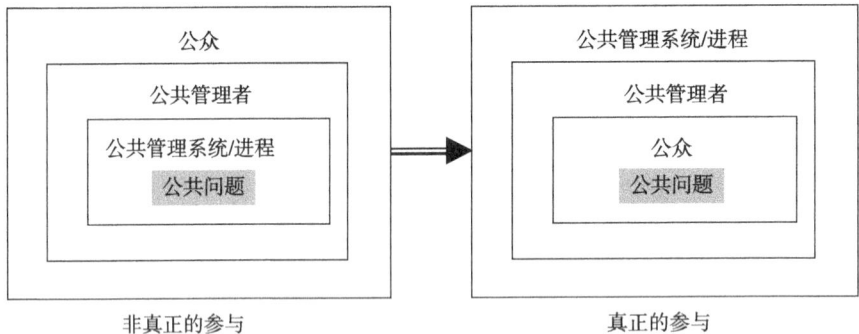

图 3.5　非真正参与到真正参与的转变

资料来源：Lawrence R L，Deagen D A. Choosing public participation methods for natural resources：a context-specific guide. Society and Natural Resources，2001，14(10)：857-872

第一，实现旅游公共利益是其目标。这是由其客体——旅游目的地公共事务的公共性决定的，也是其与公众参与旅游生产经营等私人事务的区别所在。因此，旅游目的地治理中的公众参与要求公众要超越狭隘的自我利益而理解和尊重其他人的利益(Lawrence and Deagen，2001)，并以旅游目的地公共事务的相关公众的整体利益为行动目标和行为准则。

第二，资源整合是其基础。其实现的是政府与公众之间及公众相互之间的资源整合。对公众来说，公众参与是一个资源投入过程，并以此为基础来承担公共事务的责任，从而实现对公共管理的责任分担。因此，旅游目的地治理中的公众参与要求公众要在参与过程中要投入一定形式的资源（主要是指意愿、观点、信息、支持、知识、技能、劳动、资金及物质性资源等），并整合原来分散性的公众资源和实现这些资源与政府资源的整合，从而弥补政府资源的不足和提高相应的旅游公共产品与服务供给能力。

第三，协作与互动是其途径。其是一个开放性和沟通性进程，需要通过各相关主体的广泛性参与及相互沟通、协商和合作来有效实施。其强调信息与资源的双向流动，重视政府与参与者之间及参与者之间的互动。其中前者尤为关键，政府单向的信息搜集、信息输出（告知）或利用民间资源均不是真正的公众参与，公众单向的诉求表达而无政府回应也不是真正的公众参与。

第四，权力共享是其保障。其是对公共权力的再分配，目标是使被排斥者得以参与进来（王周户，2011）而实现旅游目的地治理中各主体权力的重新平衡（李东和等，2004）。公众通过参与得以对旅游目的地公共事务执行过程与结果产生影响，从而使自身不再是被动的接受者和消费者；而政府也不再是公共权力的唯一中心，公众将通过参与获得相应的权力，进而实现公众与政府的权力共享。这是公众在公共管理中真正实现主体地位的表现，由此公众将可以针对旅游公共事务主动表达自己的需求、投入相应的资源。更进一步来看，基于善治的合法性、透明性和公正性要求，公众参与要关注其伦理问题——参与者的代表性问题（Lee，1996），确保参与者内部能够实现权力的公平配置，避免其成为具有较高经济收入和社会地位的少数人的参与（Verba and Nie，1987）。

第五，实际影响力是其结果。其是公众发表观点、表达意愿、提出要求以影响公共决策和公共事务结果的行动（王春雷，2010），也是一个投入—产出的连续性过程。在该过程中，公众不仅是资源的贡献者，他们也要追求相应的"产出"——对参与过程及结果产生实际影响。具体来说，这主要涉及回应性、控制力、影响力三个层次。回应性是善治的基本要求，政府应对参与中公众表达的意愿、需求及实际投入的资源等进行及时、负责的回应，实现相应的互动；控制力是指公众在参与过程中不是被动性参与，而要对该过程具有一定的控制力，能够自主地将自己的意愿、需求及资源纳入其中；影响力强调公众对参与结果的最终影响力，即公众正当的意愿或合理的需求在参与行动结果中得到体现的程度或其所投入资源对该结果的贡献程度。

3. 类型

旅游目的地治理中公众参与的类型除可按照其客体——旅游目的地公共事务的类型进行相应的划分外，还可根据其参与形式、参与程序、公众投入的形式等进行如下划分。

（1）根据参与形式，旅游目的地治理中的公众参与可划分为个体性参与和组织性参与。前者是指个体公众在未进行组织化、也不依托任何组织的分散状态下参与旅游目的地公共事务，主要形式有公众自发性参与、以普通市民身份接受政府等的咨询、社区基础的参与、网络基础的参与等。但个体性参与可能会存在参与者之间利益的竞争与冲突、缺少相互沟通与理解等问题。其在实现公众力量的有效整合、取得意见一致性方面存在困难，因而有可能难以对所参与事务的进程与结果产生实质性的控制和影响（王锡锌，2007）。后者是指个体公众参与一定的组织，并通过组织性公众的形式来参与目的地旅游公共事务。这些组织是其成员的公共利益代表者，个体公众以此为媒介来参与旅游公共事务。此类型参与能够实现个体公众力量的有效整合和放大，其说话的声音就比较宏大（白秀兰，2007），从而更有可能对相关旅游目的地公共事务执行的进程和结果产生较大的影响。

（2）根据参与程序，旅游目的地治理中的公众参与可划分为正式参与和非正式参与。前者是指公众根据相关法律、法规规定的程序或通过政府组织的方式来参与旅游目的地公共事务，其表现为自上而下形式的参与。其驱动力是法律法规等的要求和政府的推动。我国旅游规划、旅游开发项目环境评价中的正式公众参与实践起步较早。但是，目前我国公众参与制度建设不健全，正式参与的渠道及相应的保障机制尚未得到有效构建。后者是指公众主动参与旅游目的地公共事务，其表现为自下而上形式的参与。其驱动力是公众的公共需求，具体可分为有组织驱动、媒体驱动、群体驱动、个体驱动等表现形式。

（3）根据公众投入的具体形式，旅游目的地治理中的公众参与可划分为信息输入型参与、民意支持型参与、资源投入型参与、综合投入型参与。信息输入型参与是指公众向政府提供管理公共事务所需的信息，包括需求、偏好、评论、意见、建议等。其主要通过政府的主动性信息搜集和获取，如公众咨询、公众调查等来实现，但也包括公众的主动性信息输入，如发表评论、提出建议等。目前，网络已经成为公众参与中重要的信息输入平台。民意支持型参与是指公众通过表达对公共事务的支持或接受程度来实现参与，从而对公共管理产生影响。其主要表现形式为公众对旅游目的地公共事务执行的认可、支持、接受及对旅游公共产品与服务供给的满意程度。资源投入型参与是指公众将自身所拥有的资源主动投入旅游目的地治理过程中，从而解决政府的资源不足问题。这些资源主要是生产性资源，如专业知识、资金及物质资源等，其属于公众对旅游目的地公共事务的资源支持。综合投入型参与是公众的深度参与形式，是指公众投入多种资源及自身行动而直接全部或部分性承担某项旅游公共事务，直接生产和提供相应的旅游公共产品与服务。它是公众在实际行动层面的支持，是公众的综合性和全过程性参与。

4. 与公众参与旅游业发展的关系

国内外以往研究主要关注公众参与旅游决策和旅游利益分配（Timothy,

1999)。其中前者属于参与公共事务，后者属于参与私人事务，如取得旅游收入、旅游就业等。可见，现有公众参与旅游业发展研究已经涉及公共事务与私人事务两个层面，但这些研究对公众参与旅游公共事务的认识存在局限性。基于前面对旅游目的地公共事务、旅游目的地治理、公众参与等的界定，公众既要参与旅游公共决策，更要参与实际行动性旅游公共事务。而且旅游公共决策领域的公众参与，要从当前的参与决策制定延伸到执行、监督与评估的整个过程之中 (Slocum，2003)。基于此，本书认为，公众参与旅游业发展应包括参与公共事务与参与私人事务两个方面，要实现公共利益和私人利益两个层面的旅游利益 (图3.6)。其中前者以公共决策性和公共行动性旅游公共事务为对象，实现的是旅游公共利益；后者是参与旅游生产经营、旅游就业等私人事务，实现的是各参与主体的私人利益。

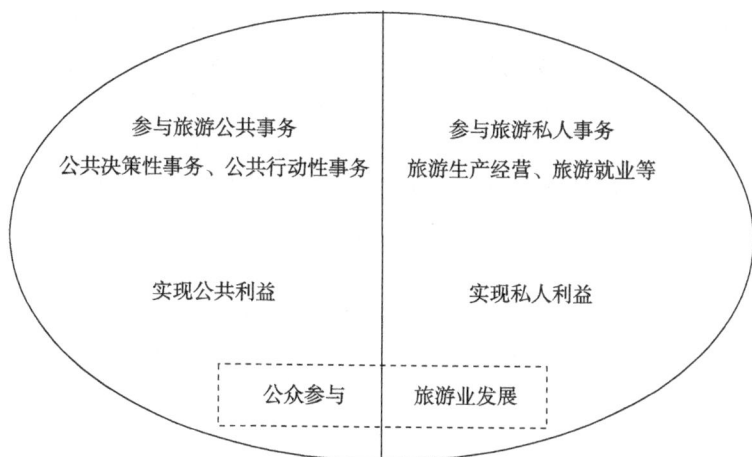

图3.6　公众参与旅游业发展的概念性模型

三、旅游目的地治理中的公众参与机制

1. 概念

机制是指一个工作系统的组织或部分之间相互作用的过程与方式。其核心内容是系统的结构及其运行机制。旅游目的地治理中的公众参与机制是指旅游目的地治理中公众参与系统的基本结构及其相应的运行机制。其涉及为什么需要公众参与、公众参与系统的基本结构及该系统如何实现有效运行三个基本问题。其目标是构建旅游目的地治理中公众参与的整合性运行机制，建立各相关主体之间协作和互动的具体过程与方式，实现公众有序参与和有效参与旅游目的地公共事务，从而推动旅游目的地治理的4E目标的协同实现。

2. 内涵

基于上面提出的三个基本问题，旅游目的地治理中的公众参与机制要具体包括动力机制、实现机制（构建及其实施）、保障机制三个方面。

首先，动力机制是解析旅游目的地治理中公众参与的推力和拉力因素。其要基于政府、公众及旅游目的地整体发展的整合性层面，分析哪些因素是公众参与的推力因素，以及哪些因素是公众参与的拉力因素，说明这些因素具体会如何影响公众参与，并构建相应的推力机制和拉力机制。

其次，实现机制构建是构建旅游目的地治理中公众参与的基本实现机制。其目标是界定该机制的基本构成要素，构建其基本框架，从而建立公众参与系统的基本结构。具体来说，实现机制构建要涵盖参与主体、客体、层次、方式、过程和结果共六个维度，包括参与主体识别及界定、参与客体构成及选择、参与层次划分及选择、参与方式选择及应用、参与过程构建及实施、参与结果识别及评估六个方面的具体内容。实现机制实施是建立旅游目的地治理中公众参与实现机制的有效实施模型，确保旅游目的地治理中公众的有序参与和有效参与。其包括有效的参与选择，即参与主体、参与客体、参与层次及相应参与方式的选择；有效的参与过程，即实现参与程序的公正性、实现善治基础的参与进程；有效的参与结果，即实现预期目标、以公众为主体对该结果进行识别与评估。

最后，保障机制是分析旅游目的地治理中公众参与有效实施的保障条件，构建基于政府与公众双重视角的公众参与保障机制。其包括旅游目的地治理中公众参与实现机制有效实施的多重保障因素，主要涉及政治文化、政府职能转变、公众参与能力提升及制度供给等方面。

第四章　旅游目的地治理中公众
参与的动力机制

公众参与既是目的，又是手段（Buchy and Hoverman，2000）。基于目的视角，公众参与强调价值理性，即参与本身就是目标；基于手段视角，公众参与强调工具理性，即通过参与来实现旅游公共利益和相关利益主体的正当利益。基于此，公众参与既是自上而下的需求，又是自下而上的需求（王锡锌，2008a）。也就是说，旅游目的地治理中的公众参与应是公众与政府双向动力作用的结果。借鉴 20 世纪 70 年代以来在旅游者行为（特别是旅游动机）研究中已得到广泛应用的"推拉理论"（push-pull theory），并基于公众在参与中的主体地位，旅游目的地治理中公众参与的动力机制实际上也是推力因素与拉力因素的整合。

根据 Dann（1977）的界定，旅游目的地治理中公众参与的推力因素是指公众愿意参与旅游目的地公共事务的驱动力，这源于公众自身参与意识提高的内在推动，以及其需求表达与整合、权力分享实现等必须要通过参与方可满足或实现的需要；拉力因素则是指为推动旅游目的地公共事务执行和旅游目的地发展，政府需要、接受、激励公众参与的相关因素，这主要源于旅游目的地公共事务的属性、旅游目的地管理中必须要通过公众参与方可解决的问题；而旅游目的地治理的 4E 目标和旅游目的地可持续发展则是当地所有主体的共同需要，因此它们兼具推力与拉力的双重动力。概括来说，基于"推拉理论"，旅游目的地治理中公众参与的动力机制是以旅游目的地治理的 4E 目标为直接目标，以旅游目的地可持续发展为导向，相关推力因素与拉力因素共同发挥作用的整合机制，其具体构成因素如图 4.1 所示。

作为双重动力因素，4E 目标和可持续发展都要求公众参与旅游目的地公共事务。对于前者，4E 目标均需要通过有效的公众参与才能有效实现。基于公众视角，只有通过参与他们才能够使自身意愿、诉求、资源等及时、充分地输出到旅游目的地公共事务执行过程之中，从而使该事务执行过程及其所带来的旅游公共产品与服务更加符合自身需求并获得更公平的消费机会；基于政府视角，其通过接纳公众参与来推动实现对公共资源的节约、旅游公共产品与服务供给的高效率，并使其更符合公众需求且为更多的人提供消费机会。对于后者，旅游业可持续发展必须要求当地人、社区、非政府组织及其他公众的参与（可持续旅游发展世界会议委员会，1995；联合国环境与发展会议，1992），其要求当地人参与决策过程并拥有权力就可能对其福利造成影响的相关行动进行咨询（Wisansing，

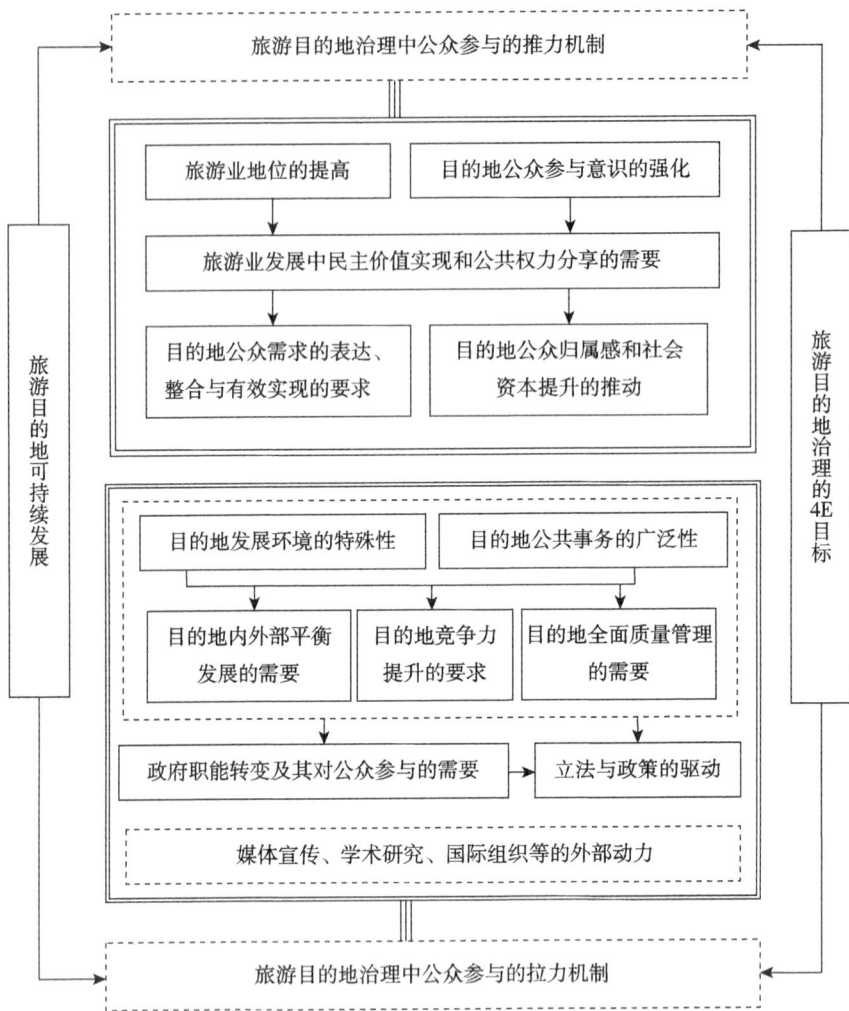

图 4.1　旅游目的地治理中公众参与的动力机制

2008)，从而使公众的主体地位真正得到实现。

第一节　公众参与的推力机制

旅游目的地治理中公众参与的推力机制是基于公众层面使其愿意参与旅游目的地公共事务的相关动力因素的集合。该机制以旅游业地位提高推动公众关注旅游业发展、公众自身参与意识强化的内在驱动为基础，以公众追求旅游目的地管理中的民主价值实现和分享公共权力为核心，并涵盖公众的需求表达、整合、实现及他们的个人归属感强化和社会资本提升等因素所形成的动力(图 4.1)。

一、旅游业地位的提高

在此,旅游业地位是指旅游业与旅游目的地公众生产、生活的关系强度,即公众感知旅游业的重要程度。侯玉兰(2000)基于社区参与层面的调查发现,公众参与行为与其自身的切身利益相关。因此,公众参与不能仅停留在对公众来说无关紧要的事情上,参与对象的重要程度是公众参与动力产生及其维持长久的决定性因素(特劳普-梅茨,2009)。目前,我国旅游业已经全面融入国家整体发展的战略体系,而且随着大众旅游时代的到来,旅游活动也已成为人们生活中不可缺少的内容。2009 年出台的《国务院关于加快发展旅游业的意见》提出的把旅游业培育成国民经济的战略性支柱产业和人民群众更加满意的现代服务业的两大战略目标,更将推动旅游业在国民经济和社会发展中的地位继续上升。在此基础上,公众的生产、生活与旅游业的联系将日益密切,受旅游业影响的程度也将不断增强。基于此,公众关注并参与旅游目的地公共事务的动机会得到持续强化,其参与意愿将随之得到进一步提升。

此外,要特别注意的是旅游业的负面影响也是直接推动公众参与旅游目的地公共事务的动力。与环境保护中的污染驱动模式(童燕齐,2002;刘淑妍,2010)类似,旅游负面影响也会驱动公众参与特定的旅游公共事务。这是一种"被迫性参与",是公众在其旅游公共利益受到侵害时的一种自我救济机制。特别是旅游目的地内部公众,因其是旅游影响的最直接和最主要感知者而会对负面影响感知更显著。

二、目的地公众参与意识的强化

参与意识是公民意识的组成部分,其前提是公众的主体意识、权利意识和责任意识(曲丽涛,2011)。主体意识是基础,权利意识是激励,责任意识是保障,参与意识则是最终实践取向。我国宪法一直明确规定着人民的主体地位,而且公民的知情权、参与权、表达权和监督权已得到国家层面的认可,公众参与也已被确立为我国社会管理的重要战略(胡锦涛,2007)。基于此,公众参与意识强化的条件均已具备。2007 年的"厦门 PX 项目事件"、北京酒仙桥投票拆迁(何军,2010),以及大连在"浪漫之都"旅游品牌塑造中的"人人都是旅游形象、处处都是旅游环境"活动(柳振万,2003)等案例都既是公众参与意识强化的表现,也是更广范围内公众参与意识激发的驱动力。党的"十七大"明确提出,"从各个层次、各个领域扩大公民有序政治参与,最广泛地动员和组织人民依法管理国家事务和社会事务、管理经济和文化事业",并强调要"增强决策透明度和公众参与度"(胡锦涛，2007）。基于此，随着我国旅游发展观的转变及旅游业发展模式的升级，旅游目的地发展将更加关注人的发展，基于以人为本理念的公众主体地位、权利本位将得到进一步确立。由此，公众参与意识得到激发和强化，公众参与旅游目的地公共事务的内驱力得以产生。

三、民主价值实现和公共权力分享的需要

首先，公众参与是民主的具体实践，权利实现是公众参与的直接动力。公众参与中民主价值实现具体表现为公众参与公共管理的机会得到保障，其知情权、表达权、参与权和监督权得到实现。这实际上是公众基于一个普通公民身份对自身公民权利的追求。民主价值实现程度主要包括广度和深度两个方面。其中，广度是参与者的数量问题，决定于受政策影响的社会成员中实际或可能参与公共事务人员的比率，而深度是指参与者的参与是否充分（科恩，1988）。可见，民主广度的实现需要通过公众参与来提高在公共决策等事务中实际参与者占应参与者人数的比例，民主深度的实现则要通过参与使公众可以比以往获得更充分信息、更直接地表达诉求、对公共事务执行更具有控制力。可见，公众权利只有通过参与才能得到更好的保障，其相应的民主价值也才有可能更好地实现。

其次，实现公众对旅游目的地公共事务的影响力、分享公共权力也是公众参与的直接动力。公众参与可以使公众实现旅游业发展中的主体地位，取得对旅游目的地治理进程的控制力，并使公共需求在最终结果中得到体现而取得对结果的影响力。基于此，公众参与旅游目的地公共事务是一个能够改变旅游目的地现行权力格局并构建新权力关系的过程。由此，公共权力将不再是政府的专有，公众可因拥有旅游目的地公共事务执行所需的资源等而获得相应的公共权力分享机会。在此基础上，一部分公共权力由政府转移到公众手中，从而使公众得以实现对公共权力的分享。

四、目的地公众需求表达、整合与有效实现的要求

旅游目的地要涉及分布在多个领域、多个部门的数量众多的公众。公众需求存在较大的差异，且因其个体主导性而可能会经常性变动，因此公众需求具有复杂性。基于公众需求的复杂性，其表达、整合及实现都面临诸多困难。单一的公共部门、私营部门及个体是无法取得其全部信息和独自拥有解决该问题的所有工具的（彼得斯，2001）。加之旅游目的地相关主体之间是相互关联和相互影响的，因此目的地共同目标的定义及其实现都必须要通过他们之间的合作（Manente and Minghetti，2005）。在这种情况下，公众唯有参与到旅游目的地公共事务之中才能确保信息畅通（姜晓萍，2007），从而实现自身需求信息的有效表达、整合和最

终实现。

首先，目的地公众需求直接、全面和真实表达需要公众参与。公众需求表达实际上就是在公共管理中公众偏好如何显示问题，即公众的意愿和要求如何通过一定途径表达出来。在非参与情境中公众需求只能通过少数代表及行政人员的判断得到表达，其属于间接表达而容易出现偏差或失真。而参与则可以使公众需求表达和偏好显示由间接转变为直接、由被动转向主动、由滞后转为即时。因此，公众只有参与到旅游目的地公共事务中，其需求才能够得以更直接、更真实地表达，其偏好方可得到更全面的显示。借此，公众需求能够为公共管理者所获取，公众的正当利益才有可能在旅游目的地治理中有效实现。

其次，目的地公众需求整合为旅游公共需求需要公众参与。多元化公众的需求是分散和差异化的，若不形成合力是难以为公共管理者所关注或对其产生影响的。但是，偏好加总问题一直是公共选择中的难题（黄亚钧和郁义鸿，2000），而"阿罗不可能定理"则表明旅游公共需求识别是基于理性经济人视角所难以实现的，因此应从更广的视野来思考该问题（刘纬华，2002）。对公众来说，参与不仅是基于理性经济人驱动的利益追求和实现过程，更是一个在更广泛的利益准则和多元化利益诉求基础上对自身需求进行自我整合的过程。公众参与实际上也是公众针对旅游目的地公共事务的沟通、理解和互动过程，协作是其核心特征。基于此，公众能够实现与旅游目的地其他相关主体之间的上下和平行等多层面的互动。而这至少能从三个方面推动旅游公共需求的有效整合：①通过相互之间的协作来强化其一致性，使原本分散的公众需求转化为共同需求，并成为多元化公众共同支持的公共需求；②通过各主体之间的利益冲突而使差异化的公众需求得以修正、调整、折中和融合，从而解决公众之间利益诉求的不相容和冲突所导致的利益分散问题；③公众参与也是一个学习过程（王锡锌，2008a），各主体通过在参与中的相互博弈实现学习使其不合理要求得到校正、不完善要求得以补充，从而提高旅游公共需求的指向性而更易于得到政府的关注和重视。

最后，目的地公众需求的有效实现需要公众参与。公众需求所体现的是公众对特定利益的要求，这既包括旅游公共利益，又包括与之相对应的个体利益。公众要确保这些利益的实现，也需要自身在相应旅游目的地公共事务执行过程和结果评估中的参与。这是因为参与是公众监督该过程和影响其结果的最直接渠道。其一，公众通过参与能够及时了解该旅游目的地公共事务执行的具体行动是否符合其所要求的利益，若有所背离则可运用其控制力和影响力来对之进行调整，从而使该事务的整个过程都不背离他们的利益要求；其二，公众通过参与结果评估能够表达其对自身需求及相应利益的实现程度的实际感知，进而判断是否还存在未得到满足的需求或是否有与之相关的新需求产生，从而决定现有执行过程是否需要延续及是否需要启动新的旅游公共事务执行过程。

五、目的地公众归属感和社会资本提升的推动

旅游目的地公众是以目的地为载体的利益组织化群体，其本身就因公共利益而对目的地整体或某个因素具有一定程度的归属感，而这也正是一个地理区域成为旅游目的地的前提条件。归属感是公众参与旅游目的地公共事务的动力（杨兴柱等，2005），同时参与也可强化其归属感。对于前者，公众因在当地生活、工作、开展旅游活动等形成的归属感，会使自己形成对目的地场所的依赖（place attachment），由此他们会在地点依靠（place dependence）的基础上形成对当地的情感依赖（affective attachment）和社会联结（social bonds）（Brocato，2006）。而这都会强化他们关注目的地发展，并参与相应的目的地公共事务的意识和动机。对于后者，其则主要表现在参与中公众通过主体地位的实现会强化其主人翁意识，公众诉求被接受表明其被接纳而强化融入感，公众的信息、资源等的投入会增强其认同感和成就感等方面。

对公众来说，参与旅游目的地公共事务不仅是公众向社会贡献资源，更是其社会资本提升的重要途径。社会资本是指个人通过社会关系获取的资源，其嵌入在个人的社会关系网络之中，且必须与他人发生交往以实现互动才能获得（林南，2004）。而公众参与旅游目的地公共事务实现的正是公众之间及其与政府的互动，其有助于形成构成社会资本的社会网络和成员间的信任与规范（Putnam，1993），从而能够提升公众的社会资本。更重要的是，旅游目的地治理中公众参与所带来的参与者社会资本的建立或提升，能够通过整合社区内部及社区与其外部利益相关者来推动目的地的可持续发展（Okazaki，2008）。基于个人社会资本提升角度，公众参与旅游目的地公共事务的动力也正在此。

第二节　公众参与的拉力机制

旅游目的地治理中公众参与的拉力机制是基于旅游目的地公共事务执行和旅游目的地整体发展的角度，其最终责任者政府部门愿意接纳公众参与的相关动力因素的集合。该机制以目的地发展环境的特殊性和目的地公共事务的广泛性为前提，以实现目的地内外部平衡发展、目的地竞争力提升、目的地全面质量管理的需要为基础，以政府职能转变及其对公众参与的需要、立法与政策的驱动为直接动力，并包括媒体宣传、学术研究、国际组织等的外部动力（图4.1）。

一、目的地发展环境的特殊性

旅游业的综合性及旅游系统结构的嵌套性（Marzano，2006）表明，旅游目的

地发展要面临着空间、产业、部门等多个层面的更广泛性内外部因素的共同影响。对此，Reed(1999)、Jamal 和 Getz(1995)提出，基于旅游业构成的高度碎片化及其环境的复杂性，旅游目的地管理需要多元化主体的参与和协作。

首先，目的地外部环境的复杂性和不可控制性要求公众参与。目的地外部环境涉及多元化因素，且当地相关主体往往无法对其掌控而只能适应。基于此，目的地发展必须随时对外部环境做出及时、准确的感知和应对，而这仅靠政府自身是难以实现的。公众作为分散在各个领域和部门的目的地主体，是外部环境影响及其变化的直接感知者。同时，公众对外部环境感知较为敏感，而且其感知是多向度的。基于此，吸纳公众参与，使其成为旅游目的地治理的主体，充分利用其对目的地外部环境变化的感知，政府才能够保证旅游目的地管理过程和结果符合外部环境及其变化的要求。

其次，目的地构成要素、利益主体及其利益诉求的复杂性和分散性也要求公众参与。旅游目的地是一个具有多边性、不确定性、动态性和冲突性的系统，其发展是一个充满变化、不确定性而又缺少预测性的复杂过程(Duit and Galaz, 2008)。在这样一个复杂环境中，政府要对目的地公众需求及其因内外部环境变动而产生的变化做出及时回应，也必须要通过公众参与才能够实现。正如本书前面的分析，参与能够使公众的需求得以直接表达、整合，由此政府才能够对这些需求及其变化进行及时、准确的了解和掌握。

二、目的地公共事务的广泛性

旅游目的地公共事务是一个范畴广泛的概念，其包括多个领域、多个空间的不同性质的多元化事务。基于此，旅游目的地治理是由多元化主体参与的综合性进程，其需要多种类型资源的持续性投入。旅游行政部门是一个弱权力部门，其对许多旅游目的地公共事务的所在领域都缺少实质性的管理权。同时，基于时空维度，一方面旅游目的地的诸多公共事务不是仅通过一次或少数几次行动就能完成的，而是一个持续性进程，因此需要连续性甚至全时性的资源投入，而这是政府所难以保证的(尤其是全时性资源)；另一方面旅游目的地许多公共事务的存在空间具有跨界性或当地全覆盖性，其中很多甚至要涉及私人空间，因而其所需资源特别是涉及私人空间的资源更不可能由政府来承担。更重要的是，旅游目的地公共事务中的许多事务本身就是要以公众为载体才能够存在的，如文化传承、文化氛围、好客精神等。可见，政府需要依靠公众参与才能够有效地执行这些旅游目的地公共事务。

三、目的地内外部平衡发展的需要

旅游目的地是内部导向与外部导向共同支持的整合性系统，其应实现的是内外部平衡的整体利益。也就是说，旅游目的地要从整体性视角对本地的不同资源、不同活动、不同利益及其主体进行整合，创造一个能够同时满足各方需求并确保可持续发展的独特系统（Manente and Minghetti，2005）。

在旅游目的地发展中，外部导向往往易于得到关注而占主导地位。目前，这种情况在我国尤为突出，长期以来经济利益导向的旅游业发展模式是其主要原因。但是，目前我国旅游业发展观正在转变，相应的旅游业发展模式也正在升级转型。旅游目的地发展的内部导向正在得到政府部门的重视，推动当地的可持续发展已经成为各地旅游业发展的重要战略。但是，目前我国旅游目的地实现内外部平衡发展，首先要解决的问题仍然是内部导向的强化。目的地内部公众（特别是居民）参与旅游公共事务，所实现的正是目的地发展内部导向及公众主体和主人地位的强化。基于此，政府为推动目的地内部导向的强化，进而实现目的地的内外部平衡发展，也需要积极推动公众的多方参与。

四、目的地竞争力提升的要求

竞争力是旅游目的地发展目标实现的前提和基础，也是政府成功管理旅游目的地的核心所在。旅游目的地竞争力属于综合性竞争力，其要涉及目的地内外部的多方面因素。根据 Rithcie 和 Crouch（2000）提出的旅游目的地竞争力模型，公众参与至少可以从三个方面来提升一个旅游目的地的竞争力。首先，公众是旅游目的地微观环境的重要组成部分，其以利益相关者、监督者等为角色对旅游目的地产生直接影响；公众与旅游业之间的良好沟通、在规划与决策等领域的意见反馈及由此形成的相互支持的关系将是目的地竞争力提升的重要因素。其次，公众是旅游目的地产品体系不可缺少的一部分，公众本身也是旅游者的"消费对象"；公众是目的地文化、社会及环境等诸多要素的载体和直接展示者，其中内部公众的好客精神是其重要体现。最后，公众是旅游产品的生产者，其可能直接从事常规化的生产，也可能从事信息咨询、交通导引等非常规状态的生产。基于此，目的地如果想更具有竞争力，就必须要征询公众的意见，让民主原则成为社会主导原则，倡导交流与协商，建立便于和鼓励公众对规划与开发提出建议的相关机构。可见，政府要想提高旅游目的地的竞争力，是离不开公众参与的。

五、目的地全面质量管理的需要

基于外部导向视角，旅游者在目的地的体验是整体性体验，需要的是目的地整体性旅游产品。因此，目的地质量管理仅仅关注单项产品与服务是不够的，全面质量管理才是提高目的地绩效的根本所在（Kozak，2004）。目的地全面质量管理需要多元化主体共同参与，这在旅游公共服务供给领域尤为明显，其表现有二：一方面一部分旅游公共服务本就是由公众生产和提供的；另一方面由政府供给的旅游公共服务也需要公众的支持方可实现有效供给。基于此，政府组织和实施公众参与旅游目的地公共事务，将能够从两个方面推动旅游目的地全面质量管理的有效实现：一是弥补政府在旅游公共服务供给方面的能力不足，解决现有服务能力不足、服务缺环问题，推动公共服务全面供给的实现；二是通过参与确立并使公众真正体会到自身的目的地主体地位，建立主人翁感，从而支持和配合其他主体的相关旅游服务活动，并主动创造与维护高质量的目的地环境。

六、政府职能转变及其对公众参与的需要

服务型政府是社会本位的确立（黄林华和顾戛良，2004），追求公共利益及其实现的质量与效率（顾爱华，2007），其目标是向社会提供公共服务（何水，2008）。服务型政府建设实际上就是通过个人与政府权力的协调（袁刚和张茜，2010），实现政府与社会的合作共治（卢坤建，2009）。因此，服务型政府首先就是政府要放权给公众，要将适合市场和社会承担的责任及其相应的事务交给市场和社会，强调政府信息输出和信息输入的有机结合，而其途径正是公众参与（王锡锌，2008a）。

进一步来看，政府推动公众参与的动力更直接的是源于公众参与能够提高其行为的合法性[①]、实现行政目标（Loukissas，1983）、增强公众信任（Marien and Pizam，1997）等。具体如下。

首先，公众参与能够提高公众对旅游目的地公共事务的接受程度。无论是公共决策性事务还是行动性事务，其实施都是以公众对其接受为前提的。不为公众接受或接受程度较低的公共事务，往往无法执行或在执行中会因遇到公众的抵制而使其执行受挫。而公众参与正是提高公众对公共事务接受程度的途径（托马斯，2001），这也正是政府积极推动公众参与的基本目标所在。在此，公众可被视为政府推行一定公共事务的"顾客"。借鉴市场营销学中的"顾客准备状态"（buyer readiness states）模型（Kotler et al.，2006），该视角的公众参与拉力来自参与有助于提高公众对旅游目的地公共事务的知晓、理解、喜欢、偏好、信任及接受，从而使政府能够减少履行旅游公共管理职责的阻碍，更顺利地履行这些职责。其中，知晓是指将与该事务相关的信息告知公众，并为公众获取信息提供方便、快捷的渠道，从而实现政府对公众的"信息输出"；理解是指向公众解释该事务和解答疑问，并提供理解该事务所需的更多信息，从而使其理解该事务的意义、目标、过程及结果等；喜欢是指使该事务能够引起公众的关注，并使其不排斥和认

---

① 政府行为合法性的基础是民意（public will），而其获取民意的基本途径就是公众参与（王锡锌. 行政过程中公众参与的制度实践. 北京：中国法制出版社，2008）。

可该事务；偏好则是指更进一步地通过一系列互动过程使公众对该事务产生积极的心理倾向，并形成愿意选择的倾向；信任则是指对偏好的强化，使公众相信该事务能够按照预定程序实施并取得预期成果；接受是指公众在信任基础上认同、接纳和愿意支持该事务。

其次，公众参与能够使政府取得公众对旅游目的地公共事务执行的资源等多方面的直接支持。正如前文已经提出的，目的地发展环境的特殊性及其公共事务的广泛性都表明，政府是难以独自管理所有旅游目的地公共事务的。旅游目的地治理需要公众在信息、民意、资源及行动方面提供相关支持。其中，信息支持是指让公众在参与过程中表达自己需求、偏好、意见、建议等，从而使旅游目的地公共事务决策能够符合公众意愿并使其执行能够始终与公众的公共需求保持一致。为实现此目标，公共管理者需要主动向公众咨询和征集意见，而网络是当前日益重要的媒介。民意支持是指取得公众在接受相关公共事务基础上对旅游公共事务的民意支持，其表现形式有表达拥护、个人宣传、解释并游说反对者，以及更进一步地组织大规模的公开性倡议与支持活动。资源支持是指通过公众参与取得公众的资源支持以解决政府的资源不足。行动支持，即共同生产、共同提供等，其是指让公众直接承担旅游公共事务，从而将公共管理的部分责任由政府转移到公众，实现公共管理中的责任分担。

七、制度层面的立法与政策驱动

根据奥斯特罗姆（2000）的观点，政府愿意让公众参与旅游目的地公共事务的制度驱动可从宪法层次、集体选择层次及操作层次来分析。

基于宪法层次，《中华人民共和国宪法》明确规定我国人民"依照法律规定，通过各种途径和形式，管理国家事务，管理经济和文化事业，管理社会事务"（第十届全国人民代表大会第二次会议，2004）。基于集体选择层次，国家宏观战略和规划也对公众参与进行了确认。国家"十二五"规划提出，在公共决策中"扩大公众参与程度"（第十一届全国人民代表大会第四次会议，2011），《国家人权行动计划（2012－2015年）》（中华人民共和国国务院，2012）强调，要进一步保障人民的知情权、参与权、表达权和监督权。同时，我国的一些法律法规也对公众参与做出了诸多原则性规定。例如，《中华人民共和国行政许可法》第十三条规定，公众能够自主决定的、行业组织或者中介机构能够自律管理的等四类事务不需要设立行政许可，从而确认了公众对这些事务的自主权（中华人民共和国第十届全国人民代表大会常务委员会第四次会议，2003）；《中华人民共和国城乡规划法》明确规定，城乡规划报送审批前，应依法将草案予以公告，并"采取论证会、听证会或者其他方式征求专家和公众的意见"（中华人民共和国第十届全国人民代表大会常务委员会第三十次会议，2007）。基于操作层次，对上述部分相关法律法规的具体解释进一步提出了相应公众参与的操作方式。《全面推进依法行政实施纲要》《环境影响评价公众参与暂行办法》《规划环境影响评价条例》等对行政管理、环境影响评价等过程中的公众参与原则、实施过程等做出了一定的规定，从而确立了公众参与这些公共事务的具体程序。同时，国内许多地方政府针对上述法规在当地的实施也提出了当地公众参与的具体操作机制。例如，上海市制定控制性详细规划听取公众意见的实施办法，增加了公众意见表、网上收集意见等参与方式，并明确规定了对公众意见的具体处理程序(上海市规划和国土资源管理局，2006)。基于上述三个层次的制度推动，政府吸纳公众参与旅游公共事务成为其责任，提高公众参与的有效性成为其职责。

八、媒体宣传、学术研究、国际组织等的外部动力

媒体宣传是国内听证会等公众参与活动得以实践的主要推动力(张群，2009)。媒体宣传不仅是一种公共舆论的传播机制，更是一种公众力量的整合和放大机制。其能够使公共问题得到更多公众的关注，并让具有共同利益者有机会参与到其中，从而实现公众利益的"组织化"。尤其是互联网的迅速普及及其功能的不断增强，使媒体宣传对公众参与的实际驱动力大大扩张。媒体宣传既会激发公众的参与动机，也能增加公众的实际参与机会。而且，其还会对政府形成舆论压力或效仿学习的动力，从而推动政府接受、支持及开展相关的公众参与活动。国内旅游领域有不少公众参与活动即是媒体宣传驱动的结果，如 2010 年年底的曲阜修建基督教堂事件(沈仲亮，2011)。

如果说媒体宣传对公众参与的驱动是一种显性机制，学术研究的驱动作用则更像是一种隐性机制。学术研究一般不会直接激发公众参与的具体行动，但在多个方面会形成对公众参与的驱动力。首先，学术研究能够为公众参与提供理论基础，能够推动政府和公众的观念转变，提高他们对公众参与的认知与理解。其次，学术研究能够为公众参与实践提供具体的技术支撑。例如，2009 年由中央编译局比较政治与经济研究中心和北京大学中国政府创新研究中心(2009)编写的《公共参与手册——参与改变命运》是国内第一本公众参与指南，其对国内公众参与知识的普及起到了重要作用。

国际组织也是公众参与旅游目的地公共事务的重要推动者。其一般是凭借自身参与或组织公众参与的经验，宣传介绍、直接组织或指导当地开展相关的公众参与活动，如联合国城市管理项目支持的四川省乐山市旅游规划公众参与项目(张伟和吴必虎，2002)、美国大自然保护协会组织的云南省迪庆藏族自治州雨崩村居民参与环境维护实践(保继刚和孙九霞，2008)。

第五章　旅游目的地治理中公众
参与实现机制的构建

旅游目的地治理中公众参与的实现机制是关于政府与公众如何通过合理、合法、公平的渠道就旅游目的地公共事务进行协商、协调和协作的机制（李伟权，2006）。其目标是建立旅游目的地治理中公众参与系统的基本框架和有效运行机制，以更有效地维护和实现相应的旅游公共利益。旅游目的地治理中公众参与实现机制的构建解决其基本框架问题，即明确其基本构成要素。

关于公众参与实现机制的构建，很多研究都是基于某一个方面特别是参与途径（方式）维度的单维度机制构建，如石路（2008）提出的公共决策中的公众参与机制——政府公开机制、民意表达机制、公共舆论机制。基于多维度的公众参与实现机制构建研究主要有三维度和四维度两种观点，前者有俞可平（2007）（参与主体、领域、渠道）、任丙强（2011）（参与者、方式与手段、效果），后者有王春雷（2010）（参与主体、范围、途径、制度）、王锡锌（2008b）（参与主体、客体/内容、方式、结果/效果）、陈昕（2010）（参与主体、内容/领域、方式/途径、结果）、陈振宇（2009）（参与事项、主体、方式、效力）。这些模型都体现出对帕里所强调的衡量参与水平的三个变量——方式、程度、质量（蔡定剑和吴小亮，2009）的重视，并提出了公众参与实现机制的基本结构中的参与主体、客体、方式、结果等要素。但是，它们都不是完整的公众参与实现机制模型。这既体现在其整体结构的不完整方面，又体现在其对单个维度构建的不完善方面。

治理是一个过程（全球治理委员会，1995），公众参与本身也是一个过程（世界银行，1993；王凤，2008），而善治则是一个使公共利益最大化的过程（俞可平，2002）。基于此，旅游目的地治理中公众参与也是一个过程，参与过程也应是其中的一个重要的分析维度。而且旅游目的地公共事务是涉及多主体的多领域、多类型事务，不同主体参与不同事务的程度也存在显著差异，因此参与层次也是旅游目的地治理中公众参与分析的重要维度。概括来看，旅游目的地治理中公众参与的实现机制应是一个包括参与主体、客体、层次、方式、过程、结果共六个维度的整体机制（图5.1），其具体解决谁参与、参与什么、何种程度参与、什么方式参与、如何实施参与、如何评估参与相应六个方面的问题。

图 5.1　基于六维度的旅游目的地治理中公众参与实现机制模型

第一节　旅游目的地治理中公众参与的主体与客体

旅游目的地治理中公众参与主体和客体界定解决的是谁参与、参与什么两个问题，其核心是参与主体识别及界定、参与客体构成及选择。主体与客体是相对应的，两者的界定是一个问题的两个方面，即针对主体与客体的对接问题为客体确定行动主体和为主体选择行动对象。旅游目的地治理中公众参与主体与客体的界定实际上就是在排斥性与包容性、民主价值与技术理性之间进行权衡，从而使愿意参与的人能够参与那些需要其参与的旅游目的地公共事务。

一、公众参与的主体

参与主体是指旅游目的地治理中公众参与活动的承担者和行动者。对此，大部分研究都认为公众是主体，但蔡定剑（2009a）曾提出公共机构是主体和主导者，公众是参与方和被动方的观点。公众参与包括自上而下和自下而上两种形式，其

中前者是政府所启动和主导的，但并不意味着参与主体会发生变化。因为在自上
而下参与中政府主导的是参与的形式和过程，但表达意见和提供相应资源的主体
仍然是公众。基于此，公众应是参与的主体，政府则是推动者、协调者。

（一）参与主体的界定

参与主体的界定就是要明确哪些公众应该参与旅游目的地公共事务。这涉及
公众与政府两个视角的整合、民主价值和技术理性两个层面的综合。基于政府视
角，参与主体是指需要其参与以有利于目的地公共管理实现 4E 目标的公众；基
于公众视角，其则是指那些拥有参与需求的公众（俞可平，2007）；基于整合视
角，参与主体应该是指那些拥有参与需求且需要其参与的公众。在此，需要其参
与界定的是参与的客观要求，而公众的参与需求界定的是参与的主观意愿。

1. 基于旅游目的地公共事务视角需要参与的公众

基于政府视角，国内外对公众参与主体界定的观点主要有四种，即根据决策
组织的成员确定、根据所服务对象确定、根据钱包是否受到影响确定、全体公众
（费斯勒和凯特尔，2002）。但是，首先要明确的是旅游目的地治理中的公众参与
不等于事事都全民参与，否则参与者的利益追求过于分散而缺乏指向性，其将会
导致参与无序或过度参与（王锡锌，2008b）。这既有可能会因参与失控而使公众
参与影响到社会控制，也有可能对旅游目的地治理效率造成负面影响（石路，
2008）。因此，参与主体应该是能提供对解决问题有用的信息和能通过接受决策
或促进其执行而影响公共事务的执行效果的那些公众（王春雷，2010）。国内外实
践中通常以利益相关性来界定需要参与的公众，并以利益相关度来判定需要参与
的程度。公众参与主体应是那些对公共事务感兴趣者和受其潜在影响者，并应根
据利益相关度确定参与主体的实体性内容（蔡凌平和牛彩霞，2009；王周户，
2011）。要保证公众参与的有效性，公共事务最需要的参与主体应是直接利益相
关者，当前国内外相关法律法规明确规定的也都是利害相关者的参与。因此，旅
游目的地治理中必须使公共事务可能影响到的人有最大机会参与和发表意见（赛
德曼 A 和赛德曼 R B，2008）。而且，要特别注意吸引负面影响者参与，因为他
们若不参与则有可能成为最坚定的反对者。国内外在旅游规划制定、旅游目的地
品牌化等实践中已经开始实践利益相关者的参与，如土耳其 Pamukkale 规划案
例（Yuksel et al.，1999）、塞浦路斯和新西兰目的地品牌化案例（Morgan et al.，
2003；Dinnie and Fola，2009）。此外，志愿性参与可以为旅游目的地公共事务
执行提供额外的资源支持，因而志愿者也是旅游目的地治理所需的重要参与
主体。

2. 基于公众视角愿意参与的公众

基于公众视角，能够真正成为参与主体的是那些愿意参与，且具有参与能力

的公众。公众参与意愿是多种因素综合作用的结果，其既源于公众自身的参与意识、参与能力，又会受到自身利益、政府态度等的直接影响。

首先，参与意识和参与能力是公众愿意参与的前提条件。没有参与意识的公众是不可能主动参与旅游目的地公共事务的，没有参与能力的公众则无法进行持续性的参与。基于现代民主意识的公民意识、公共精神是公众参与意识的内在动力。参与能力主要取决于公众的受教育程度及他们所具备的与公众参与和具体参与对象相关的知识的充分程度。相关调研表明，公众的民主参与意识与受教育程度存在显著的正向关联性（石路，2008），知识有限的人一般不愿意参与（达尔，1987；夏勇，2004），即使参与也会因知识不足难以发出声音（季元礼和张立波，2004）而挫伤参与的热情。但是，公众参与意识和能力不足不能全部归因到公众，政府信息不公开、参与机会少也是其主要原因，因为参与本身就是最好的教育（蔡强，2009）。

其次，个体的利益相关性是公众愿意参与的直接因素。公众参与具有典型的利益主导性，其追求的利益包括自身利益、公共利益、公益性利益（即志愿行为的利益追求）。其参与的主要动机是这些利益的保护、增大和扩展，其中利益保护属于利益救济而利益增大和扩展则是公众主动寻求利益的优化。诸多案例表明，公众的利益越直接，则参与意愿就越大。国内《西安城墙保护条例》制定时的公众参与实践中，在参与者184人中居住在城墙附近的就有116人，可见越是与自己的利害关系紧密，公众的参与意愿就越大（王周户，2011）；国外案例也证明了这一点，比利时公众参与立法的案例表明公民仅对直接影响其权益的公共事务感兴趣，权力层次越高越抽象，公众就越不参与（Scholsem，2009）。一般情况下，对于宏观层次公共事务，公众尤其是个体公众参与的意愿较低，而对于地方层次公共事务，个体公众参与的意愿较强（王周户，2011）。因而，目的地社区居民、当地经营者等参与旅游目的地公共事务的意愿一般较为显著。

同时，从更为现实的角度来看，公众参与意愿的理性决定条件则是其对参与收益-成本的判断。公众参与的收益是指参与为公众带来的利益增加或减少的利益损失。其主要决定于公众与公共事务关系的强度（主要由公众受公共事务影响的概率和影响程度决定）、公共事务有效管理对公众边际效用的影响（主要由公共事务为公众带来的利益增加幅度决定）、公众对公共事务本身的敏感性（由公众的知识水平、责任意识和利益的相关程度决定）、公共事务行动方案的替代性、公众对参与效力的预期（主要受制度供给和政府态度、公众以往参与的效力与满意度等影响）（吴人韦和杨继梅，2005；侯小阁和栾胜基，2007）。公众参与的成本则是指公众为参与所投入的时间成本、信息搜寻成本及其直接投入的资源。

针对参与的收益-成本分析，国内在公众参与环境管理、规划等领域研究中引入了赫希曼的"退出（exit）-呼吁（voice）"理论来解释和判断公众的参与选择行为(刘淑妍，2010)。基于该理论，公众在旅游目的地治理中也有呼吁(参与)和退出(不参与)两种选择。若上述收益因素显著而成本较低则公众将对参与十分敏感，往往表现出积极参与的意愿，但是若参与受挫或无效则也会使其退出而表现为不参与。反之，则公众将对参与漠视或没有参与意愿，若将其纳入参与中也仅仅是被动参与而不会表达真实意愿和投入资源。基于此，按照参与意愿的特征可以将公众划分为四种类型(图5.2)，其中主动参与者是意愿最显著者。

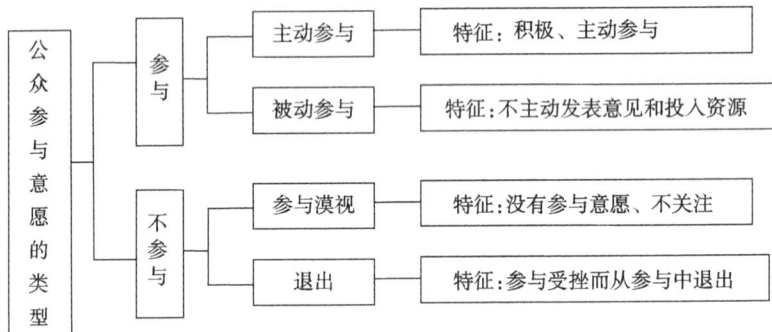

图5.2　公众参与意愿的类型及其特征

(二)参与主体的识别

基于以上分析，旅游目的地治理中公众参与的主体应是基于旅游目的地公共事务视角需要参与者和基于公众视角愿意参与者的交集。但是，要注意的是，公众的参与意愿是动态性的，为推动公众参与的有效实施需要强化积极意愿并对退出者积极创造转化条件使其重燃参与热情。而且，对于那些价值性较强的旅游立法、旅游政策制定等公共事务，可以在技术理性所界定的参与主体范围基础上，适当扩大实际参与者的范围(王周户，2011)。综合前面的分析，参与主体实际上就是那些受到旅游公共事务的影响或能够对旅游公共事务产生影响，并能够为旅游目的地治理提供一定支持(信息、民意、知识、技能及物质资源等)的个体和组织公众，即政府以外的那些利益相关群体(Renn et al.，1993)。正如 Rithcie 和 Crouch(2000)所提出的，公众是目的地的利益相关者，其包括受目的地旅游开发物质或精神影响的所有群体和个人，如居民、劳工、投资者、媒体、消费者协会等。

基于此，利益相关者层面的公众是旅游目的地治理中公众参与主体的基本范畴。如何找到利益相关者是公众参与的必要条件(蔡定剑，2009b)，如何划分利益相关者则是公众参与有效实施的前提。基于利益相关者层面的参与主体界定实际上充分体现了政府与公众的双向需求：准确界定利益相关者及其层次可避免因参与者过泛导致利益众多而为公共管理带来不必要的复杂性(托马斯，2001)；而对公众来说，其则更愿意参与那些与自身利益相关的事务(特劳普-梅茨，2009)。国外旅游研究从 20 世纪 80 年代末开始关注利益相关者，90 年代初形成旅游利益相关者的概念。最初对旅游利益相关者的界定较窄，仅指旅游业、环境保护者、地方社区(王素洁，2009)。关于旅游目的地层面的利益相关者界定，Sautter 和 Leisen(1999)提出，旅游规划的利益相关者有规划人员、居民、企业、员工、政府、竞争者、旅游者、积极团体、国家商务链；Sheehan 和 Ritchie (2005)以目的地管理组织(destination management organization，DMO)为中心识别出 13 个主要利益相关者(图 5.3)，提出 DMO 需要与酒店、城市政府、地方政府、州/省政府、董事会、会议中心、居民等协作，并要将吸引物、员工、餐馆、大学/学院、商业协会、赞助者等都纳入 DMO 之中。同时，Franch 等 (2010)基于对意大利、德国等六国的乡村社区目的地的实地调查提出，目的地治理需要市民、目的地管理组织、当地导游组织、项目伙伴、专业委员会、执行委员会(10～12 名利益相关者组成)参与；Bramwell 和 Sharman(1999)针对英国 Hope Valley 的旅游政策制定，综合考虑了社区、环境、休闲、旅游业及其他利益群体，并使居民、家庭、当地政府等都有机会参与。整体来看，旅游目的地的利益相关者可归纳为社区、政府、旅游业(旅游经营商、旅游吸引物、交通经营、饭店、旅游零售商等)、旅游者、压力集团(环境、野生动物、人权、工人权利等的非政府组织)、志愿者组织(发展中国家的非政府间机构、发达国家的信托和环境慈善机构)、专家(Swardbrooke，1999)。王素洁(2009)在综合国内外研究基础上通过专家意见法识别出 14 类旅游利益相关者，并对其进行整合而将旅游业、东道主社区、政府及旅游管理机构、压力集团界定为乡村旅游决策的参与者。其中的旅游业、东道主社区、压力集团也正是旅游目的地治理中公众参与的重要主体。同时，旅游者也应是旅游目的地公共事务的重要参与者，因为他们是旅游目的地得以形成的决定因素和发展的动力。很多旅游目的地公共事务都需要将旅游者纳入其中，旅游规划制定和旅游开发项目决策中需要他们输入偏好、需求等信息；目的地品牌化过程中既需要他们输入对当地的认知、感知等信息，又需要其成为品牌传播的载体；目的地营销中其口碑本身就是营销活动一部分，旅游环境维护等也离不开旅游者的参与。

根据以上分析，旅游目的地治理中公众参与的主体是当地社区、旅游业、非政府组织、旅游者、媒体、教育机构、研究机构、专家学者等，其具体构成见图 5.4。具体来说，由于旅游目的地发展的根本目标是推动当地经济社会全面发展，当地社区(尤其是居民)、旅游企业是参与的重要主体。因为它们本身就是旅游目的地的直接构成部分，是旅游目的地治理最直接和最主要的利益相关者。组织化参与是对个体公众利益及其参与能力的整合与放大，也是其能够对公共事务

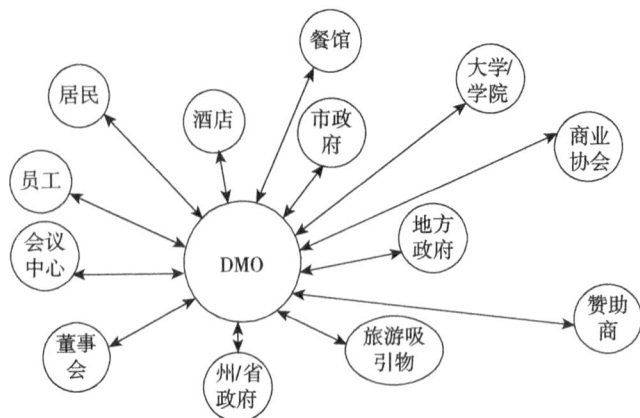

图 5.3　基于 DMO 的旅游目的地利益相关者
利益相关者离 DMO 越近越重要
资料来源：Sheehan 和 Ritchie(2005)

结果产生更大影响的保障(王锡锌，2007)。旅游行业协会及文化、环境等非政府组织①是其各自利益团体或公共利益的代表，它们或以志愿性形式，或作为居民、旅游业、旅游者的利益组织化形式来参与。旅游者包括现实旅游者和潜在旅游者，他们参与旅游目的地公共事务的形式有需求表达、信息提供和自愿行动(如接受调研、口碑宣传等)等。但是，旅游者对旅游目的地公共事务的参与具有很大的不确定性，很多旅游者未必会持续关注某一个旅游目的地。同时，媒体、教育机构、研究机构、专家学者、志愿者等也是现实中公众参与的重要主体，他们通常通过监督、咨询及公益性行动等来参与旅游目的地公共事务。

二、公众参与的客体

参与客体是指旅游目的地治理中公众参与活动的行动对象，即公众的参与领域和范围。其解决的是公众在旅游目的地治理中参与什么的问题，即旅游目的地公共事务的具体构成内容。

1. 客体的界定

旅游目的地公共事务的最终责任者是政府，传统上也主要是由政府旅游行政部门或旅游 DMO 承担的。因此，它们为推动旅游目的地成功发展而承担的相关旅游事务，其实也正是旅游目的地公共事务的主要内容。

---

① 本书采用的是张雅君基于狭义的非政府组织概念所界定的"中国 NGO"范畴(张雅君."中国 NGO"的发展现状研究.上海社会科学院硕士学位论文，2011)，并根据苏雨桐的研究补充了工商登记的非政府组织、在中国活动的国外非政府组织两类组织(苏雨桐.非政府组织在公众参与中的作用//蔡定剑.公众参与：风险社会的制度建设.北京：法律出版社，2009)。

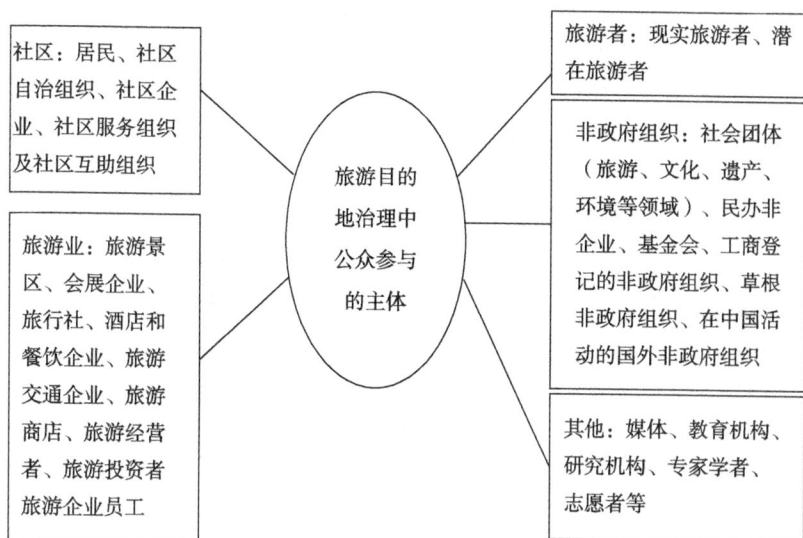

图 5.4　旅游目的地治理中公众参与的主体

　　Tom(1994)对 42 个国家的调查发现，国家旅游组织的主要职能是提供一般旅游信息、旅游统计、旅游政策制定、旅游促销、旅游产品等级划分、旅游产品——住宿开发、旅游培训、旅游产品——吸引物开发、区域旅游推广等。UNWTO 在 2010 年通过对全球 687 个目的地管理组织的调研，提出了其 18 项主要职能，分别是促销活动及出版物、战略规划、旅游者/游客信息服务、节庆开发与管理、顾客关系管理、研究和开发行为、便利服务（保留与预订）、新产品与服务开发、旅游从业人员的培训与教育、消费者行为监测与评估、开发可持续旅游产品与服务、旅游质量管理、旅游人力资源开发、推动旅游创新和信息技术系统、吸引物管理与开发、旅游企业咨询、旅游基础设施开发、中小型旅游企业能力构建。

　　我国政府旅游行政部门是自上而下对口设置的，其职能也是归口管理的。因此，国家旅游局职能所涵盖的旅游事务范围能够代表我国官方对旅游公共事务范畴的界定。目前，我国国家旅游局的职能包括以下几个方面：制定旅游发展政策、旅游规划及相关的标准，起草和实施旅游法律法规和规章；制定和实施旅游市场开发战略（国内、入境、出境三大市场），负责国家整体旅游形象的对外宣传和组织相应的重大旅游市场营销活动；组织旅游资源的普查、规划、开发、保护工作，监测旅游经济运行，负责旅游统计及行业信息发布；规范旅游市场秩序，监督管理服务质量，维护旅游消费者和经营者合法权益，制定和实施旅游行业标准（如旅游区、旅游设施、旅游服务、旅游产品等）；协调和监督旅游安全工作，与国际旅游组织开展合作（国家旅游局，2005）。各级地方旅游局主要在本地范围内执行上述相关职能，但很多基层目的地旅游行政部门的职能范围较小。国内对政府在旅游业发展中职能研究的结论，也基本上都在上面所界定的范畴之内，强调政府的内部调控和协调(李翠，2007)、整体营销(缪婧晶和王劲松，2002)、提供公共服务(蒋莎，2006)等职能。

刘小军(2007)基于国家旅游局的职能定位，从国家层面将广义的旅游产品与服务划分为基础性(政府供给)、市场性(政府、企业、非政府组织都可供给)、管理性(政府供给)三类(表5.1)。与之相对应，供给这些旅游产品与服务的事务也都是旅游目的地公共事务的主要构成因素。张俐俐和蔡利平(2009)的《旅游公共管理》一书将它们与旅游公共营销、旅游发展规划管理、旅游服务质量和标准管理、旅游信息及统计管理共同列为旅游公共管理的对象，而实际上其已经包含后四者。吴必虎和宋子千(2009)的《旅游学概论》也提出将旅游危机管理、旅游法规、旅游政策、旅游公共资源管理、旅游发展规划、目的地营销等作为旅游公共管理的对象。

表 5.1　广义旅游公共产品与服务的构成

项目	构成
广义旅游公共产品与服务	基础性旅游公共服务：旅游基础设施建设(交通运输设施、公共景观和环境建设、旅游集散点的休憩设施等)、旅游公共信息平台(公益性、基础性的信息服务，如目的地的标志系统、游客服务中心、旅游资讯发布系统等)、旅游生态建设与保护(旅游区及周边地区生态保护与恢复、环保基础设施建设、重点遗产环境保护等)、旅游公益事业(旅游教育培训、旅游社会功能，如旅游就业、扶贫等)
	市场性旅游公共服务：旅游公共资源开发与管理(编制旅游规划、组织对国家自然和文化遗产的开发管理等)、旅游公共安全保障(旅游安全监测和预警、旅游安全设施建设、旅游应急救助等)、旅游合作与宣传(目的地形象宣传、重点产品及市场推广、旅游合作和大型旅游公益活动等)、旅游消费促进及福利(旅游消费环境、保护消费者权益、旅游福利政策出台等)
	管理性旅游公共服务：市场准入审批等(旅行社经营许可和导游从业许可等)、制定和推广旅游服务规范和标准(饭店星级评定、旅游景区等级评定)、依法对违规经营行为进行行政处罚、协调相关的非政府组织(行业协会等)

资料来源：刘小军(2007)

此外，国内外现有研究还提出了目的地品牌化(Dinnie and Fola，2009)、目的地环境保护(胡志毅和张兆干，2002；张沛东和郭克莎，2011)、目的地居民的好客精神(李天元和向招明，2006)、旅游社会公益(张俐俐和蔡利平，2009)等旅游目的地公共事务。

整合上述研究，旅游目的地公共事务主要包括旅游立法与执法、旅游政策制定(实施、评估)、旅游规划制定(实施、评估)、目的地营销、目的地品牌化、旅游公共服务供给(狭义，仅指针对旅游者的公共服务)、旅游产品开发与管理、旅游资源保护、目的地环境维护、旅游行业管理、旅游基础设施管理、旅游业运行监测、旅游教育与培训、区际旅游合作、旅游危机管理、旅游研究、旅游社会公益、可持续旅游发展等，各项事务的具体构成见表 5.2。

表 5.2　旅游目的地公共事务的构成

项目	构成
旅游立法与执法	旅游立法包括制定旅游法律、行政法规、地方法规、自治条例、单行条例、规章。但省、自治区、直辖市以下的各级地方政府(较大的市除外)无立法权而没有旅游立法事务(第九届全国人民代表大会第三次会议，2005) 旅游执法是指司法部门及旅游、文化等相关行政部门针对旅游事项的执法行动
旅游政策制定、实施、评估	旅游政策是指与旅游有关的规章、规则、规定、方针、指示、发展战略等(格德纳和里奇，2008)，国内通常称之为规定、办法、意见、通知、要求等，相关公共事务包括其制定、实施、评估
旅游规划制定、实施、评估	旅游规划包括旅游总体规划、详细规划、专项规划(中长期规划和年度计划，如目的地营销、旅游产品开发、旅游设施建设等)，以及旅游业发展的五年规划、年度计划等，相关公共事务包括其制定、实施及评估
目的地营销	营销规划制定、营销计划(方案)制订、营销活动实施、营销绩效评估
目的地品牌化	品牌设计方案制订与选择、品牌营销传播、品牌管理与维护、品牌绩效评估(刘丽娟和李天元，2012)
旅游公共服务供给(狭义)[1)	旅游公共信息类服务供给：旅游电子政务网站建设、目的地营销系统运营、旅游咨询服务中心的建设、旅游呼叫系统服务(如呼叫系统和咨询服务电话)、旅游自助查询渠道(如多媒体旅游触摸屏信息服务)、旅游标志系统配套服务(如旅游导示牌、交通引导标志等)、移动短信服务平台建设(如旅游安全信息、旅游产品促销信息、交通路况信息等) 旅游要素保障类服务供给：旅游交通运输设施设备建设、旅游购物环境的优化(如步行街、特色市场、停车场等设置)、交通和景区旅游集散点的休憩设施建设、旅游集散中心服务(如旅游咨询、换乘服务、免费资料发放等)、旅游环保厕所建设、旅游者权益保护和各种旅游投诉处理服务、针对特殊旅游群体的服务(如残疾人旅游通道等) 旅游公共安全类服务供给：旅游保险服务(如旅行社责任险、景区保险)、旅游公共突发事件应急救助服务(如安全、医疗救助等)、旅游安全基础设施建设(如游乐设施安全、消防安全、治安安全、台风期间旅游安全等)
旅游产品开发与管理	目的地整体产品层面，相应的公共事务有产品开发规划(计划)制定及其代表性景区(吸引物)、博物馆和美术馆等公共景观(吸引物)、节事活动、好客精神等的开发与管理
旅游资源保护	文化/自然资源特别是遗产的保护：总体和专项保护方案制订与实施、日常监测、日常维护、避免使用性破坏、抵制人为故意破坏等 文化资源特别是非物质文化的传承与发展

续表

项目	构成
目的地环境维护	自然环境(影响人类生存和发展的各种天然的和经过人工改造的自然因素的总体,包括大气、水、海洋、土地、矿藏、森林、草原、野生生物、自然遗迹、人文遗迹、自然保护区、风景名胜区、城市和乡村等)维护(生态保护、污染控制、环境卫生)、社会环境(社会关系、社会治安、社会氛围、生活方式)维护、文化环境(风俗习惯等文化传统、文化氛围)维护
旅游行业管理	旅游市场准入审批(旅游企业经营许可、导游从业许可等)、旅游服务规范和标准制定与实施(旅游景区等级评定、饭店星级评定)、行业监管(价格监管、市场秩序监管、日常业务管理、法规政策传达与实施、违规处罚)、协调相关的行业组织
旅游基础设施管理	旅游目的地的交通、邮政通讯、供水供电等设施的建设与维护,以及商业服务、园林绿化等
旅游业运行监测	旅游经济运行监测、旅游社会和文化影响监测、旅游统计
旅游教育与培训	学历教育、继续教育与专业技能培训、居民教育、游客教育
区际旅游合作	跨界目的地合作、不同地区的具体业务合作(联合营销、市场互惠等)
旅游危机管理	旅游危机预案制订、危机监测与预警、危机应急救助、危机评估
旅游研究	目的地发展中的全局性问题(如发展定位、发展战略与模式、产业结构、产品体系构建、市场开发战略等)的研究
旅游社会公益	弱势群体的旅游利益实现(如社会旅游、旅游扶贫、针对特殊群体的旅游服务)(王京传,2011)、志愿行动
可持续旅游发展	目的地生产、消费及生活的可持续行动

1)旅游公共服务供给其狭义范畴,即目的地为旅游者供给的公共产品与服务的总称,其包括旅游公共信息、旅游要素保障、旅游公共安全三类(李爽.旅游公共服务供给机制研究.厦门大学博士学位论文,2008),旅游公共服务供给相关的公共事务即为生产与提供此三类公共服务的事务。本书根据事务的属性将其中的旅游公共景观建设与保护和旅游节事组织、城市的自然生态环境优化、城市一般便利设施建设分别调整到目的地营销、旅游产品开发与管理、旅游环境维护、旅游基础设施等事务类别中,将旅游志愿者服务和旅游教育培训分别单列为独立的旅游目的地公共事务类型

2. 客体的类型

旅游目的地公共事务的整合性、多样性表明,其具体构成要素是多元化的和复杂的,其关联性则表明其要涉及多个领域的相关事务。根据所属领域、结果适用对象、空间范围、表现形式的标准,旅游目的地公共事务可进行如下类型划

分，各类型的具体构成内容见表 5.3。

表 5.3　旅游目的地公共事务类型划分

标准	类型	旅游目的地公共事务构成
事务所属领域	经济性	旅游执法、旅游政策制定与实施(经济类)、旅游规划制定与实施、目的地公共营销、目的地品牌化、旅游公共服务供给、旅游产品开发与管理(如代表性景区/吸引物)、旅游行业管理、区际旅游合作、旅游业运行监测(旅游经济运行监测与旅游统计)、旅游扶贫、可持续旅游发展
	社会性	旅游执法、旅游政策制定与实施(社会类、文化类、环境类等)、旅游规划制定与实施、旅游公共服务供给、旅游产品开发与管理(如博物馆、美术馆等公共景观/吸引物、节事活动、好客精神)、旅游资源保护、旅游环境维护、旅游基础设施管理、旅游业运行监测(社会、文化影响监测)、旅游教育与培训、旅游危机管理、旅游研究、旅游社会公益、可持续旅游发展
	政治性	旅游立法、权利保障、权力共享
事务结果的适用对象	消费性	旅游公共服务供给、旅游产品开发与管理
	生产性	旅游规划制定与实施、目的地营销、目的地品牌化、旅游产品开发与管理、旅游业运行监测、旅游行业管理、区际旅游合作
	整体性	旅游立法与执法、旅游政策制定与实施、旅游规划制定与实施、旅游资源保护、目的地环境维护、旅游基础设施管理、旅游教育与培训(旅游者、从业人员、居民等)、旅游危机管理、旅游研究、旅游社会公益、旅游节事管理、可持续旅游发展、权利保障、权力共享
事务涉及的空间范围	不跨行政管辖权性	不跨行政管辖权目的地除区际旅游合作以外的所有公共事务、跨行政管辖权目的地各自的旅游立法
	跨行政管辖权性	不跨行政管辖权目的地的区际旅游合作、跨行政管辖权目的地除旅游立法以外的所有公共事务
事务的表现形式	决策性	旅游立法、旅游政策制定、旅游规划制定及目的地营销、目的地品牌化等其他所有目的地公共事务中的决策事务
	行动性	旅游执法、旅游政策实施、旅游规划实施、目的地营销、目的地品牌化等其他所有目的地公共事务中的执行性事务

(1)根据事务所属领域，旅游目的地公共事务可以划分为经济性、社会性、政治性三类，但每一类型均比地区公共事务的相应类型的范围要小且更加具体化。而且其以经济性、社会性公共事务为主，涉及的政治性公共事务较少。具体来说，经济性公共事务是指属于经济问题领域，以追求旅游目的地相关主体的经济性公共利益为目标的相关事务，如旅游经济政策制定、旅游目的地品牌化、旅游产品开发等。社会性公共事务是指属于社会问题领域，以追求社会性公共利益为目标的相关事务，主要涉及社会、文化、教育、环境、交通、资源等领域。政

治性公共事务则是指属于政治问题，以追求旅游目的地相关主体的政治性公共利益为目标的相关事务，如旅游立法、旅游权利保障等。

（2）根据事务结果的适用对象，旅游目的地公共事务可以划分为消费性、生产性、整体性三类。旅游目的地公共事务是内部导向与外部导向的整合。因此，其结果——旅游公共产品与服务的适用对象，既包括消费者、生产者，又包括居民等其他相关公众。具体来说，消费性公共事务是以旅游者为对象，满足其旅游公共需求和实现其旅游消费过程中的公共利益的相关事务，是旅游目的地的外部导向性公共事务。其主要表现为消费性旅游公共产品与服务，如旅游公共信息、旅游公共交通、公用性旅游接待设施、旅游安全设施与服务等。生产性公共事务是以旅游产品生产者为对象，实现旅游产品生产、经营过程中的公共利益的相关事务。其属于旅游目的地内部导向性公共事务，但也间接指向外部消费者。整体性公共事务是以旅游目的地所有相关主体为对象，实现旅游目的地整体性公共利益。其是旅游目的地内部导向和外部导向整合的公共事务，能够实现消费者、生产者、其他公众等所有主体的利益共享，如旅游目的地文化传承与保护、旅游环境保护等。

（3）根据事务涉及的空间范围，旅游目的地公共事务可划分为不跨行政管辖权和跨行政管辖权两类。行政区划是目前我国旅游目的地发展的基础，基于行政区划的旅游目的地建设及目的地之间的竞争与合作是我国旅游目的地体系的重要特征。其中，前者包括国家、省、地区、县（市）、乡镇、村或社区及旅游景区等层次；后者包括全球、国际区域（六大洲或跨洲）、国内省际及其他各级地方层次区域等。此分类界定的不同空间范围的旅游目的地公共事务具有地域性，但其并非狭隘的地方利益。旅游目的地公共事务不仅要实现当地各相关主体的旅游公共利益，还有充分关注其外部性，要不损害其他地域、其他领域相关主体的正当利益，即要避免负外部性而强化正外部性。

（4）根据事务的表现形式，旅游目的地公共事务可划分为决策性事务和行动性事务。决策是识别及解决问题，或者利用机会的过程（周三多，2009），是旅游目的地发展整个过程中的经常性活动。旅游目的地公共决策性事务是指识别与解决旅游目的地公共问题或利用能够推动目的地整体发展的机会，从而对旅游目的地的未来发展指明行动方向或制订并选择出具体行动方案。公共决策的表现形式是实现或维护目的地公共利益，并对目的地各相关主体都会产生直接或间接影响的各种决策。它是旅游目的地公共管理的起点及功能实现的基础（陈振明，1999），要涵盖旅游目的地的经济、社会、文化等多个领域。公共行动性事务是指旅游目的地各相关主体执行公共决策和实际生产或提供相关旅游公共产品与服务的具体行动。它属于实际行动过程，需要相关行动主体投入一定的资源并借此生产出直接满足旅游公共需要的产品与服务。公共决策性事务与公共行动性事务经常是密切联系的，决策为实际行动确定行动方向和方案，而实际行动则将该方案进行具体实施，从而将其转化为直接指向旅游公共产品与服务的实践过程。

第二节　旅游目的地治理中公众参与的层次与方式

旅游目的地治理中公众参与层次和方式确定解决的是公众何种程度及通过什么途径参与两个问题，其核心是参与层次划分及选择、参与方式选择及应用。参与层次和参与方式之间是互相关联的，参与层次界定是参与方式选择的基础，参与方式则是参与层次实现的保障。旅游目的地构成主体的多元化及旅游目的地公共事务的广泛性决定了旅游目的地治理中公众参与层次和方式也是多元化的。

一、公众参与的层次

参与层次是指旅游目的地治理中公众参与的程度或深度，其体现的是公众参与的主动程度、对参与过程的控制程度、对参与结果的影响力。一般情况下，参与层次越高则公众对参与过程及其结果产生的影响会越显著。实际上，不同参与层次体现着公众在参与中实际投入资源的性质、数量及重要程度的差异。

Arnstein(1969)提出的参与阶梯模型是国内外公众参与层次研究的基础。该模型将参与层次划分为八个阶梯三种类型(表5.4)，自下而上所代表的参与层次逐渐提高。具体来说，操纵和治疗属于非参与，前者是当权者教育公众而使其接受及执行决策、规划和项目，后者将公众视为"患者"而通过参与对他们进行团体治疗，从而使其价值和态度与社会适应。告知、咨询和安抚属于象征性参与，其中，告知是真实参与的第一步，信息从政府单向流向公众；咨询属于当权者的数据提取，通过态度调查、邻里会议、听证会等取得当权者所需信息；安抚是允许公众提出建议和计划，使其能够产生有一定影响，但决定权仍在当权者。伙伴关系、授权(delegated power)和公众控制(citizen control)属于权力性参与，其中，伙伴关系通过政府与公众的协商(negotiation)实现权力的真正重新分配，而且公众是取得权力而不是被给予权力，因而公众能够对结果产生真正影响；授权是公众在协商中取得主导权，因而当权者必须要主动开启谈判进程而不仅仅是回应公众的压力；公众控制是公众全部掌管和掌控(govern)公共事务进程。Pretty(1995)则将公众参与分为七个层次，即操纵性(manipulative)参与、被动性(passive)参与、咨询式(participation by consultation)参与、物质激励式(participation for material incentives)参与、功能性(functional)参与、互动性(interactive)参与、自我动员式(self-mobilization)参与(表5.4)，其中不同层次代表了不同的公众控制程度和权力关系(Tosun，2006)。积极倡导公众参与的非

政府组织 REC(Regional Environmental Center，即区域环境中心)提出的公众参
与层次模型，将信息告知(information)作为最低层次参与，其他参与层次由低到
高分别为公民回馈(citizen feedback，征求民众意见)、咨询(consultation，政府
与公众进行公开对话)、共同规划(joint planning，公众参与公共事务的规划，双
方进行协商)、公民控制(citizen control)(Scott，1991)。Tosun(2006)基于社区
参与提出了针对旅游领域的公众参与层次模型，该模型将参与层次划分为强制性
(coercive)、诱导性(induced)和自主性(spontaneous)参与。而 Wang(2001)则将
参与层次归纳为两个基本层次：假参与(pseudo participation)，如操纵性、告
知、安抚性参与等；真参与(genuine participation)，是指公众参与决策、成为政
府的主人、共同生产。

表5.4　国外公众参与层次模型比较

7. 自我运动员式参与	8. 公民控制	权力性参与	自主性参与；自下而上；主动参与；直接参与；参与决策；真正参与；自主计划
	7. 授权		
6. 互动性参与	6. 伙伴关系		
5. 功能性参与	5. 安抚(placation)	象征性参与	诱导性参与；自上而下；被动参与；间接参与；正式参与；操纵；参与实施和利益分享；已形成的方案中选择和反馈
4. 物质激励式参与	4. 咨询(consultation)		
3. 咨询式参与	3. 告知(informing)		
2. 被动性参与	2. 治疗(therapy)	非参与	强制性参与；自上而下；间接参与；正式参与；参与实施，但不分享利益；二选一或无选择；操纵性和被动性参与；家长式
1. 操纵性参与	1. 操纵(manipulation)		
Pretty 模型	Arnstein 模型		Tosun 模型

资料来源：Tosun C. Expected nature of community participation in tourism development. Tourism Management，2006，27(2)：493-504

　　这些模型所划分的具体层次多少存在差异，但从低层次到高层次参与实际上
都体现出参与由自上而下到自下而上的转变，所反映的正是公众在参与中的权力
递增。因此，它们实际上是一致的，Arnstein(1969)、Pretty(1995)及 Tosun
(2006)的模型所界定的不同参与层次实际上是相互对应的(表5.4)。应该说，
Arnstein(1969)模型中最低两个阶梯及其他模型中与之对应的参与层次均不属于
本书界定的公众参与范畴，Arnstein 也将其归为非参与类型。同时，Arnstein
(1969)所提出的告知实际上是将政府的决策等对外发布而使公众知晓以有利于执
行，咨询则是政府从公众那里取得其所需的信息，而安抚层次的本质是让公众的
诉求与意见得到表达而提高他们对公共事务的支持，两者均可归属到 Tosun

(2006)模型中的诱导性参与；Pretty(1995)模型中的物质激励式参与实际上是政府吸引公众参与的一种激励方式，其也属于诱导性参与层次。2009 年，Arnstein 基于发起者、参与者、中立者三方意图的整合而对其公众参与层次模型进行了修正(阿克兰，2009)。新模型剔除了操纵和治疗两个层次，并将其他层次调整为研究数据收集、信息供给、咨询、参与(公众回应发起者，参与公共事务但无实际的决策权和对结果的直接影响力)、协作或合作、委任或承担权威(权力转移到公众手中)。

整合上述相关模型，旅游目的地治理中公众参与的基本层次可概括为告知、咨询①、民意支持、资源支持、协作(协商/合作)、授权、公众自主。其中，告知、咨询、民意支持和资源支持属于功能性参与，而协作、授权、公众自主属于互动性参与(图 5.5)。基于公众视角，这些参与层次具体表现为知情式参与、诉求式参与、协商式参与、合作式参与(政府与公众共同处理公共事务)、创制式参与(公众提出议案)(李伟权，2006)；基于政府视角，则其相应地表现为信息输出(政府将公共事务的相关信息告知公众)、信息或资源输入(政府获取公众需求、意愿等信息和取得公众的民意支持、资源支持)、政府与公众的互动(协商、合作、协作)。

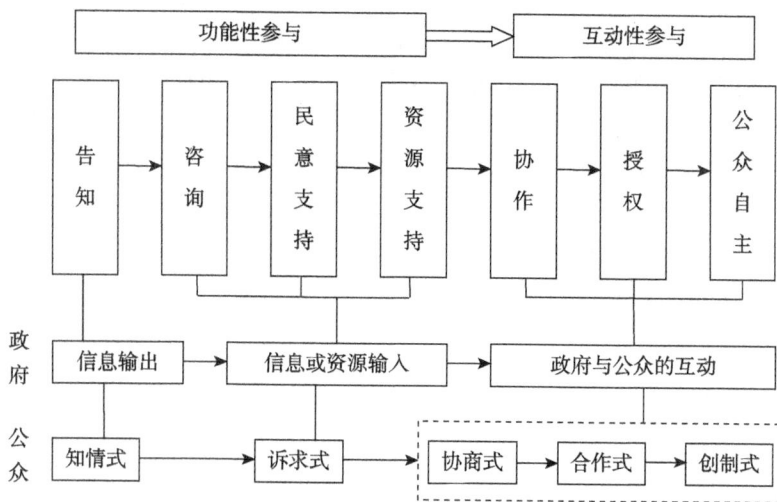

图 5.5　旅游目的地治理中公众参与的层次

---

① Arnstein 在 2009 年的新模型中认为，研究数据收集若是采取对话形式则属于咨询，而纯粹量化形式则属于其第一参与层次。因为后者不考虑个体公众主动说什么，且缺少持续性。但是，本书认为，咨询应包括政府及其委托机构的研究数据收集。主要理由有两点：第一，现有问卷调查多附加有开放性问题，因此公众是拥有一定的自由表达机会的；第二，即使是纯粹量化的其本质也是政府主动取得公众的意见、偏好等相关信息，是一种公众信息输入政府决策体系的方式，其代表的参与层次要高于政府的信息输出。

　　一般情况下,公众参与层次越高,公众能够取得的权力分享就越多,其对参与的控制力和影响力也可能越大。据此,上述旅游目的地治理中的公众参与层次可以划分为低度(告知)、中度(咨询、民意支持、资源支持)、深度(协作、授权、公众自主)三个综合性层次。但要注意的是,在不同参与层次中虽然政府和公众的角色不同、各自的控制力和影响力也会因公共权力共享程度而发生变化,但是即使是最高的参与层次也不应让政府放弃所有权力。政府依然要在确立目标、提供激励、监测进程、提供信息等方面发挥重要作用(Gray and Chapin,1998)。对于很多基础性旅游公共产品与服务供给来说,政府是唯一有能力的供给者,公众是无力也未必愿意去承担这些公共责任的,如旅游气象服务、旅游基础设施建设等。因此,不同参与层次都离不开政府的作用,而且无论在哪一个参与层次中政府与公众的建设性关系(即政府对公众参与认可、支持,公众对政府信任)都是公众参与取得成功的关键因素(Berry et al.,1933;Cogan,1992)。

　　同时,参与层次的划分及其在相关模型中由低到高的演变并不代表在实践中公众的参与层次必然是递进的,更不意味着同一实践中所有公众都要以相同的层次来参与。具体实践中公众参与的层次要根据参与主体和客体的实际情况而进行具体选择。对此,托马斯的有效决策模型提出,应根据公共事务的性质、公众及其意见的特征等因素在以下五种参与层次中进行随机性选择,即政府自主式管理、改良式管理、分散式协商、整体式协商、公共决策(托马斯,2001)。基于政府与公众整合的视角,旅游目的地治理中公众参与层次的选择既取决于参与客体的性质及相应参与主体的构成和特征,又取决于参与主体与客体之间的利益相关度。因此,实践中同一旅游目的地公共事务的参与主体可能是同一层次参与,也有可能是多层次或分层次参与。基于此,每一种公众参与层次将可能会有三种选择,即部分公众参与(即根据实际需要选择部分公众参与,其他公众则不参与)、分层次参与(公众都参与,但参与层次不同)、整体性参与(公众以相同层次参与)。

二、公众参与的方式

　　参与方式是指旅游目的地中公众参与的途径和方法,即公众实现参与所要依托的技术手段。国内外立法、公共决策、城市规划、环境管理等的研究中已经提出了多种公众参与方式。旅游领域对公众参与方式研究主要集中在旅游规划领域,其他研究还多是针对一种或少数几种参与方式。国外传统的公众参与方式是政府信息公开、公开咨询、公众会议、听证会等,但自20世纪90年代开始,公众参与方式日渐多样化和专业化。政府创制和自治模式下的多种参与方式,如公民评审团、焦点小组、市民意见征询组、街区议事会等,已经得到越来越多国家的实践应用(蔡定剑,2009b)。国内政府信息公开、重大事项公示、听证会等参与方式已经被纳入制度化参与范畴，同时民主恳谈会、农民议会、网络公民参与等一些新型参与方式也正在得到创新(陈芳，2011)。国内外旅游规划研究中也已经实践应用了多种类型和层次的多元化公众参与方式，如 Lee(1996)提出了 4 种类型共 11 种常用的参与方式，侯国林(2006)提出了 7 种类型共 36 种具体参与技术。整体来看，国内外关于研究已经提出了基于不同对象和目标的多种参与方式，而且除上述研究成果外，Barber、Thomas、王锡锌、杨兴柱等国内外学者也都提出了相应的公众参与方式模型(表 5.5 和表 5.6)。

表5.5　国内外整体领域研究提出的公众参与方式模型

模型及提出者	参与方式
基于强势民主的公众参与方式(Barber，1986)	对话：村民大会、乡镇集会与公民沟通机构、公民教育及平等获取信息的渠道、补充性机构 决策：全国参与及投票程序、电子投票、抽签选举、公共选择的兑换券与市场途径 制度化行动：全国/邻里公民资格与共同行动、工作场所民主气氛、改造邻里公共空间
公共决策中的公民参与方式(Thomas，1995)	获取信息为目标的方式：关键公众接触、由公民发起的接触、公民调查、新通讯技术 增进政策可接受性为目标的方式：公民会议、咨询委员会、斡旋调解 公民参与的新形式：申诉专员与行动中心、共同生产(个体、团体)、志愿主义、制度化的公民角色、保护公共利益的结构(公众参与论坛、战略规划、影子社区等)
政策制定中的公众参与方式(Rowe and Frewer，2005)	公民投票、听证会、公众质询(public inquiry)、公众意见调查、协商性规则制定、共识会议(consensus conference)、公民评审团、公民意见征询组、公众咨询委员会、焦点小组
基于强化政府与公民关系的参与方式(Marc，2001)	设计政策议程：公民会议、公民陪审员 政策制定与执行：利益相关者评估、传统的三方委员会(由政府、商界、员工组成)、联合工作小组 更加开放的参与：开放式工作小组、公民参与的使命和战略制定、公民论坛、对话
基于行政过程的公众参与方式(王锡锌，2008b)	会议方式：座谈会、论证会、听证会 非会议方式：调查公众意见、咨询专家意见等，具体包括三种类型(奥兰托诺，2004)——提供信息给公众，如直接邮寄或电子邮寄、实地考察、大众媒体宣传(宣传品、广播、宣传片)、公告、广告、公开展示、报告、宣传手册、信息公报；从公众获得信息，如行政部门要求书写的书面简评、投到编辑处的社论和信件、民意调查表、信息公报的反馈卡、详细考察表、问卷调查；建立双向交流，如信息联系、电话交流的电台或电视节目、会见、电话咨询、网上聊天室

续表

模型及提出者	参与方式
欧洲城市规划中的公众参与方式(蔡定剑,2009b;曹丽晓,2009;史春玉,2009)	英国:公民评审团、焦点小组、市民意见征询组、听证会、信息公开/告知、咨询电话、公众意愿问卷调查、讨论会、特别小组/专门委员会、社区规划伙伴关系等 法国:公民评审团、街区议事会、咨询委员会、公众调查、公共论坛、公众协商、共识会议、公投等 意大利:公民城镇电子会议(E-town meeting)、政府展示会
公共参与的工具(中央编译局比较政治与经济研究中心和北京大学中国政府创新研究中心,2009)	分享信息的方式:嵌入式广告、情况介绍会、重要的信息联络、专家讨论会、专题故事(报道)、现场办公、电话热线、广告亭、信息库、邮件列表服务、新闻发布会、报纸插页、新闻稿与新闻邮包、平面广告、印刷宣传材料、答复摘要、技术资料联系、技术报告、电视传播、万维网站 汇编和提供反馈的方式:意见收集表、基于计算机的民意测验、社区主持人、德尔菲法、面访调查、网络调查、电话调查、访谈、邮件调查和邮件问卷、居民反馈登记、肯定式探询过程、专家研讨会、公民陪审团、餐桌会议、电脑辅助会议、协商对话、协商民间测验、共识对话、举办活动、"鱼缸"会议、焦点对话、焦点小组、展望未来论坛、现有团体会议、咨询小组、家庭招待会、开放空间会议、座谈会、听证会、循环会话(无领袖会议)、学习圈、专题研讨会、任务小组——专家委员会、参观与实地考察、城镇会议、网络会议、工作研讨会、世界咖啡馆会议

表5.6　国内外旅游研究中提出的公众参与方式模型

模型及提出者	参与方式
公众参与旅游规划的方式(Lee,1996)	非结构性(与公众直接接触):邻里会议、活动中心(drop-in centres)、听证会 结构性(仅与部分公众接触):公民咨询委员会、公民审查委员会、公民任务团队 主动性过程方式(双向沟通):名义小组、政策判断分析、价值分析 被动性过程方式(单向沟通):公众调查、德尔菲法 除上述参与方式外,还有公投(ferenda)、设置投票箱、倡导性规划(advocacy planning)、给编制者和官员写信、压力集团代表、抗议和示威、法庭行动、公众会议、讨论会(workshop or seminar)等
基于社区的公众参与旅游规划方式(Shani and Pizam,2012)	发展(管理)目标导向型:信息交换亚类,活动中心(实体或电子的)、团体公开会议、听证会、焦点小组访谈、电子沟通技术(广播、电视、网络、电子邮件等);教育与取得支持亚类,咨询小组和任务团队、技术和专业指导(如建筑师、工程师)、请愿、讨论会、专家小组、正式和专业培训 社区(公民)目标导向型:决策辅助亚类,直接对抗(如示威)、诉讼、角色扮演与游戏模拟(role playing and game playing);代表性投入(主动)亚类,投票与表决、伙伴关系、授权、公民控制;代表性投入(被动)亚类,名义小组技术、德尔菲法、公民调查

续表

模型及提出者	参与方式
旅游规划中公众参与方式(杨兴柱等，2006)	互联网、交互式地理信息系统、交互式网站、网络民意测试、自我评价工具(网站、虚拟信息中心)、传统的交流工具、主动与被动的信息交流工具、民意测试与访谈、团体会议、公共听众、行动分析小组、参与快速评估小组、公民价值评估小组、主题圆桌会议、未来会议、参与式概念解决方案小组、参与式追踪与评估、调研和实地观察、观测网、旅游学术网和其他网络、实地调研、软件工具
公众参与旅游规划技术(侯国林，2006)	信息传播技术：散发介绍项目信息的布告、说明书、工作纲要、图表等；公民随访中心、热线电话和互联网的热线网址、信息发布会信息收集技术：现场调查、踏勘、测绘等；与关键社区团体讨论；德尔菲法(如各种形式调查表)；由社区发起反映意见的会议；公众听证会；公众推举的民意调查员收集意见规划启动技术：社区内规划宣传、居民代表讨论会、"社区参与规划"中心、特别工作队、专题讨论会计划反映技术：居民咨询委员会；居民代表参加政策制定部门的工作；"全透明"规划过程；互通信息有线电视(为公众参与提供条件)；社区的"规划"委员会；政策攻心活动；价值分析决策技术：仲裁和协调、社区对决策的复决或社区居民直接投票、社区审评委员会、利用媒体对决策的结果投票参与过程支持技术：聘用一些居民支持"社区参与规划"中的活动、表彰参与中做出贡献的居民、社区居民培训、技术援助、协调员冲突管理与争执化解技术：社区调解、社区洽谈、社区谈判、冲突管理、多方案的开发争执管理
基于"计划—监控—评价"的社区旅游公众参与方式(Pearce et al.，1996；唐玲萍，2008)	社区委员会、调查、提名和认定利益相关者、调解、模拟演练、设立意见反映处、公布代理处名单、德尔菲法、社区社会表象的确认
可持续旅游决策中的公众参与方式(Ioppolo et al.，2013)	取得支持决策的知识：公共信息、听证会、网站、会议决策前的意见听取：任务团队、咨询小组、提供便利、交互式研讨会、焦点小组对决策产生影响：协作性问题解决、主题表(thematic tables)、协商、调解形成和同意决策：仲裁、共同决策

　　总体来看，上述这些不同的公众参与方式模型既涉及了基本的参与方式，也涉及一些与之相对应的具体实施技术和手段。但它们基本上都是与一定参与层次相对应的，并多是按照参与层次而进行相应类型划分的。因此，每一种参与方式本身就代表着一定的参与层次，其是在相应参与层次下实现公众参与的具体途径。但是上述模型中的公众参与方式主要针对的是公共决策性事务，而对公共行动性事务中公众参与方式的涉及相对较少。值得注意的是，公共服务领域已有研

究从综合性视角提出了更完整的公众参与方式类型划分方法,即向公众传递信息、从公众处获取信息、让公众加入、赋权公民四类(陈芳,2011)。其所提出的具体参与方式中的共同生产(coproduction)、共同提供(coprovision)及自愿供给(陈振明等,2011),实际上也正是适用于公共行动性旅游目的地公共事务中公众参与的主要方式。

　　这些方式所强调的是更加积极的公众参与,对应的则是深度参与层次。进一步来看,表5.5和表5.6所列的相关模型中的抗议、示威等均不属于本书所界定的公众参与范畴。同时,国内旅游领域研究侧重公众参与方式的具体实施技术,而没有建立起公众参与方式与参与层次的对应关系。通过对上述研究所提出的相关公众参与方式的整合,将其与本书提出的参与层次相对应,并结合我国现行制度的相关规定,我国旅游目的地治理中具有可行性的公众参与方式可概括为表5.7。

表 5.7　旅游目的地治理中公众参与的方式

公众参与层次	公众参与方式
告知	政府信息公开、重大事项公示、政府公告、政府展示、说明会或新闻发布会、媒体宣传(电视新闻、专题访谈和纪录片等)、政府营销(印刷品、报纸插页、户外/电视/网络广告)、访问公众、现场办公会或接受公众咨询、常规性信息中心(实体的或电子的)
咨询	关键公众接触[1]、公众座谈会、专家论证会、听证会、特别小组/专门委员会(公众咨询委员会、专业委员会、焦点小组、公民评审团[2]/委员会)、公众调查(个人访谈、专家意见调查、意见征询组、问卷调查等)、公共论坛[3]、公开意见或建议等征集、公众发起的咨询(诉求表达、意见反映、质询、投诉)
民意支持	公众会议[邻里会议、居民大会、居民代表会议、城镇电子会议、研讨会或讨论会(远景探索、展望和战略规划)]、民意调查、公众评估(绩效、满意度)、斡旋调解(调解、仲裁)、公众培训与奖励[4]
资源支持	公开方案/计划等征集[5]、志愿性资源投入(公众捐献资源,允许旅游公共事务执行者使用其私有资源,如私人场所、建筑、设施设备等)
协作(协商/合作)	协商:角色扮演与游戏模拟[6]、对话、名义小组、公众协商会议(共识会议、公民法官)[7] 合作/协作:公众任务团队、联合工作小组、社区规划伙伴关系[8]、共同生产[9]、共同提供[10]、公众监督(举报、抵制负面行为)

续表

公众参与层次	公众参与方式
授权	公众投票(现场、信件、网络等投票)、公众决策委员会、政府授权或委托非政府组织和社区等承担规定范围的相关公共事务
公众自主	公众自发承担旅游目的地公共事务、志愿行动(居民的志愿性旅游公共服务供给、志愿者行动)[11]、社区或村民自治

1)关键公众接触是公众参与的基本形式之一,是指政府向公众中的"关键人物"征询建议(Hendee et al.,1976),其针对的是公众中的一小部分个体,通常是最核心利益相关者组织或团体的领导人(托马斯 J C,2001)

2)公民评审团是指公共事务涉及的公众中通过抽签形式确定的少数代表(通常几人到二十几人不等)自愿参与公共议事(史春玉,2009)

3)公共论坛的目的是在一项新的公共政策未最终完全确立和执行之前,最大可能地征求可能会被新政策触及的社会各方意见,同时向所有公众开放。但其不同于行政协商,也未必会达成共识(史春玉,2009)

4)公众培训是指对公众进行旅游目的地公共事务的有关知识及其相关决策或执行方案等的培训和说明,以使其理解并支持;公众奖励是指通过评选和表彰参与旅游目的地公共事务者,激励公众参与的实际行动

5)公开方案/计划等征集是指政府通过网络、报纸、电视等途径向公众征集有关旅游目的地公共事务的计划、行动方案等,以获得公众的知识、技能或资源的投入,从而更好地执行该事务并减少政府在此方面的成本。国内常见的有旅游目的地口号、形象标志、规划和开发创意方案等征集

6)角色扮演与游戏模拟是指让公众扮演旅游规划中相关主体的角色,并通过旅游活动游戏(TAG,一种棋盘游戏)来模拟旅游业发展对小型社区的经济和环境影响,从而在游戏中就旅游规划的相关问题进行企业、公众与规划者之间的模拟合作与观点沟通。其也可应用到旅游目的地公共事务的决策和执行中(Loukissas,1983)

7)公众协商会议是指政府在推行一项公共政策之前,就政策内容同自愿或抽签确定的当地公众代表(一般十几到二十几人)进行协商,并以达成一致协议为目标。其中共识会议一般针对国家范围内的事务,公民法官则一般针对地方范围内的事务(史春玉,2009)

8)社区规划伙伴关系是指将旅游目的地社区成员组织起来,共同为完善社区的生活设施、提高生活质量而努力。其可以就环境、公共空间等问题进行决策,负责社区资讯,并有权批准小型的社区工程。国外一般由议员、公共组织、社区居民代表、警察、非政府组织及其他志愿成员等组成(曹丽晓,2009)

9)共同生产是指公众与政府共同承担旅游公共事务,共同生产出满意的公共政策等结果。对公众来说,其表现为公众为提高自身所需的旅游公共产品或服务的质量或数量而自愿从事的生产行为——消费者生产行为,其实现的基本方式有个体和团体、集体共同生产三种(Brudney and England,1983)。其包括公众向政府发出协助要求、公众为政府提供协助,以及两者之间的匹配(Brudney and England,1982;陈振明等,2011)

10)共同提供是指非政府组织等参与旅游目的地公共事务而提供公共产品与服务,其与共同生产相比更加强调公众的时间和资金贡献(Ferris,1984)

11)志愿行动是指公众基于公益性目的参与旅游目的地公共事务,其特征是,志愿者本身并不是相应旅游公共事务的直接受益者

　　要说明的是,不同参与层次下的参与方式一般会对应多种具体实施技术,如

表5.7中所列公众调查的具体技术就有个人访谈、专家意见调查、焦点小组、意见征询组、问卷调查等；与高一级参与层次相对应的参与方式大多是能够同时实现比其层次低的参与方式功能的，如咨询层次的参与方式可以兼具告知功能、民意支持层次参与方式也能同时实现告知和咨询功能，但低层次参与方式则无法兼具较高参与层次的功能；实践中对公众参与方式的选择也是要根据实际情景具体选择，而并非盲目追求使用高层次的方式。同时，上述不同参与方式的功能差异实际源于其应用过程中政府与公众角色的不同及相应的公众接触程度、双向沟通程度、利益反映能力、公众的影响力(侯国林，2006)。表5.7所列各种公众参与方式的上述几个方面的特征如表5.8所示。

表5.8　旅游目的地治理中各种公众参与方式的特征

参与层次	参与方式	政府与公众的角色		公众接触程度	双向沟通程度	利益反映能力	公众的影响力
		政府	公众				
告知	政府信息公开、公示、公告、展示	A	P	L	L	—	—
	说明会或新闻发布会	A	P	M	L	—	—
	媒体宣传、政府营销	A	P	M	L	—	—
	访问公众、现场办公会或接受公众咨询、常规性信息中心	A	P	H	M	L	—
咨询	关键公众接触	A	P	M	M	M	M
	公众座谈会、专家论证会、听证会、特别小组/专门委员会	A	P N	M	M	M	M
	公众调查	A	P	M	M	M	M
	公共论坛	A	N	H	M	M	M
	公开意见或建议等征集	A	N	M	M	M	M
	公众发起的咨询	P	A	H	M	H	M
民意支持	民意调查	A	N	M	L	M	M
	公众会议、公众评估	N	A	M	M	M	M
	斡旋调解	N	N	M	M	M	M
	公众培训与奖励	A	N	M	M	L	L
资源支持	公开方案/计划等征集	N	N	M	M	M	M
	志愿性资源投入	N	A	H	H	—	M

续表

参与层次	参与方式	政府与公众的角色		公众接触程度	双向沟通程度	利益反映能力	公众的影响力
		政府	公众				
协作	角色扮演与游戏模拟、对话、名义小组、公众协商会议	A	A	H	H	H	M
	公众任务团队或联合工作小组、社区规划伙伴关系、	A	A	H	H	H	H
	共同生产、共同提供	A	A	H	H	H	H
	公众监督	N	A	M	H	H	M
授权	公众投票、公众决策委员会	A	A	H	H	H	H
	政府授权或委托承担公共事务	A	A	H	H	H	H
公众自主	公众自发组织承担公共事务	P	A	H	M	H	H
	志愿行动	P	A	H	H	H	H/M
	社区或村民自治	P	A	H	L	H	H
备注	A：主动角色；N：中性角色；P：被动角色；L：低；M：中；H：高；—：无						

资料来源：参照(侯国林，2006)进行修改与补充。

第三节　旅游目的地治理中公众参与的过程与结果

旅游目的地治理中公众参与过程和结果分析解决的是如何具体实施公众参与行动及该过程带来了什么结果两个问题，其核心是参与过程构建及实施、参与结果识别及评估。过程性是治理和公众参与的共同特征，因此过程构建及有效实施是关系旅游目的地治理中公众参与能否取得成功的关键因素。而参与结果则是对旅游目的地治理中公众参与的预期目标设定及其实现程度的评估，是判定该参与行动是否成功的直接依据。基于旅游目的地治理中公众参与价值目标与工具目标的统一，过程与结果的协同是其实现机制运行的关键因素。

一、公众参与的过程

旅游目的地治理本身就是一个系统性过程，其是针对多元化目的地公共事务的综合性行动进程。旅游目的地治理中公众参与的过程可从两个基本层面来分析，即单项旅游公共事务整体、单次公众参与活动。它们分别对应的是公众在某一项旅游目的地公共事务多个不同阶段的参与、单次公众参与旅游目的地公共事务活动中的参与。过程性表明旅游目的地治理中公众参与不是简单的一次行动，而是一个持续性进程。因此，公众参与过程分析实际就是构建公众参与在上述两个层面的行动进程。

1. 基于单项旅游目的地公共事务整体的公众参与过程

国内外旅游研究中对公众参与旅游目的地公共事务过程的构建尚仅见于旅游规划领域。Gunn(1994)提出，在旅游规划的最早阶段就要让那些被影响者参与进来；文彤和陈志忻(2009)对香港大澳古渔村的案例研究更是表明，旅游规划要想取得真正成功，就需要让公众参与到旅游规划的前期、中期及后期。基于实现地方旅游业可持续发展的目标，世界旅游组织重视地方旅游规划中居民在多个阶段的参与。其制定的地方旅游规划指南提出，居民应参与到准备前期的编制当地经济社会与环境发展详细目录及目标设定、中期的方案制订与选择和实现目标的策略制定、后期的规划效益评估等五个阶段，并构建了其居民参与旅游规划过程模型(图 5.6)(世界旅游组织，1997；王春雷和周霄，2003)。国外实践中也已经有案例对旅游规划不同阶段的连续性公众参与进行应用，泰国 Koh Mudsum 旅游规划的设定目标和优先权、规划制定、规划实施等阶段都引入了公众参与，从而实现了公众在旅游规划中的多阶段参与(图 5.7)(Wanarat and Nuanwan，2010)。

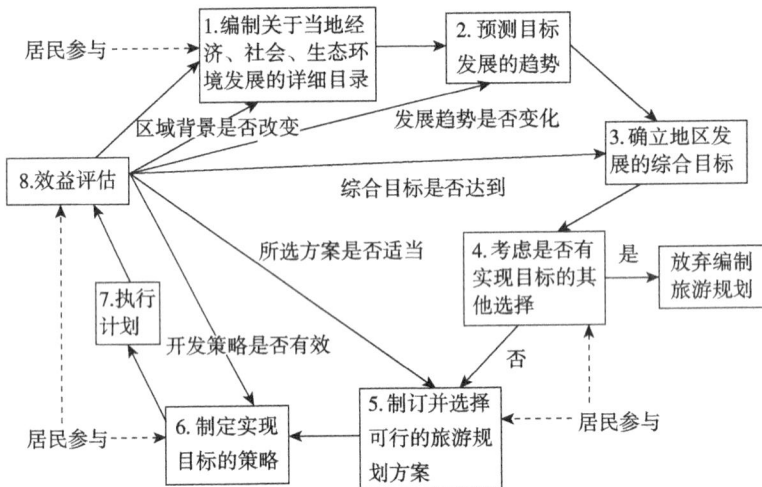

图 5.6　居民参与旅游规划的一般过程模型

资料来源：王春雷和周霄(2003)

应该说，无论是在公共决策性还是在行动性旅游公共事务执行中，公众都可以参与到公共问题识别、公共事务界定、建立公共事务执行的目标、公共事务执行计划/方案的制订及选择、公共事务方案实施和公共行动、公共事务执行过程监督、公共事务执行结果评估及反馈中。一般来说，这些不同阶段中公众参与都有可能或在价值性目标——提高公众对其的接受程度、支持程度，或在工具和技

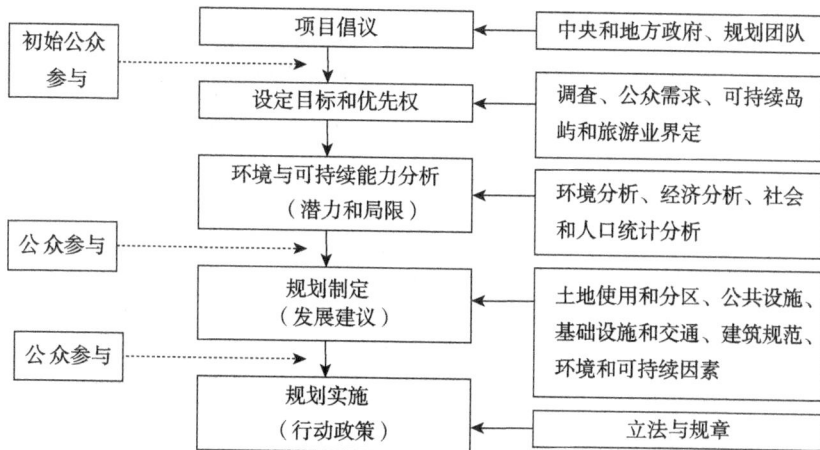

图 5.7　泰国 Koh Mudsum 公众参与旅游规划过程

资料来源：Wanarat 和 Nuanwan(2010)

术性目标——提高旅游公共事务执行的效率、效果等，或在价值性与工具性目标兼具的层面实现对旅游目的地公共事务整体过程的有效推动，从而形成公众参与的整体行动进程。

　　具体来说，该进程的实施首先是公共问题识别并由此界定旅游目的地公共事务的具体内容，此阶段如果政府是提出者则其要引入公众参与，要通过告知和咨询来进一步界定与该问题相对应的公共事务；如果公众是问题的提出者，则要考虑这些公众的代表性及他们所界定的公共问题的客观性和科学性，必要时需要通过公众调查(侧重代表性)或专家参与(侧重科学性、技术性)等来协助界定公共事务。确立公共事务执行目标可与界定公共事务同时进行，这样既节约成本又可使两者更加协调。在此基础上，旅游目的地公共事务执行的其他阶段的公众参与可按照本书后面将要提出的公众参与选择实施模型做出不同的参与选择，但在评估阶段中必须要保证作为旅游目的地公共产品与服务的消费者的那些公众能够实现广泛参与。概括来看，单项旅游目的地公共事务不同阶段公众参与的整体过程可整合为图 5.8。其中结果评估及其反馈到问题识别的虚线箭头表示该进程并非必然发生，而仅是在评估中识别出新的或尚未解决的公共问题时才可能需要。

　2. 基于单次公众参与旅游目的地公共事务活动的过程

　　单次公众参与活动是一项旅游目的地公共事务整体公众参与过程中的具体实施环节。其针对的是该公共事务的具体某个行动环节，是在已经确定的公众参与层次下对选定的公众参与方式的实施。国内外旅游领域研究中对此的研究侧重于具体实践项目中某一参与方式的实施效果及其影响因素，但对公众参与整体过程构建较少。例如，Yuksel 等(1999)的研究关注的是利益相关者访谈法在土耳其

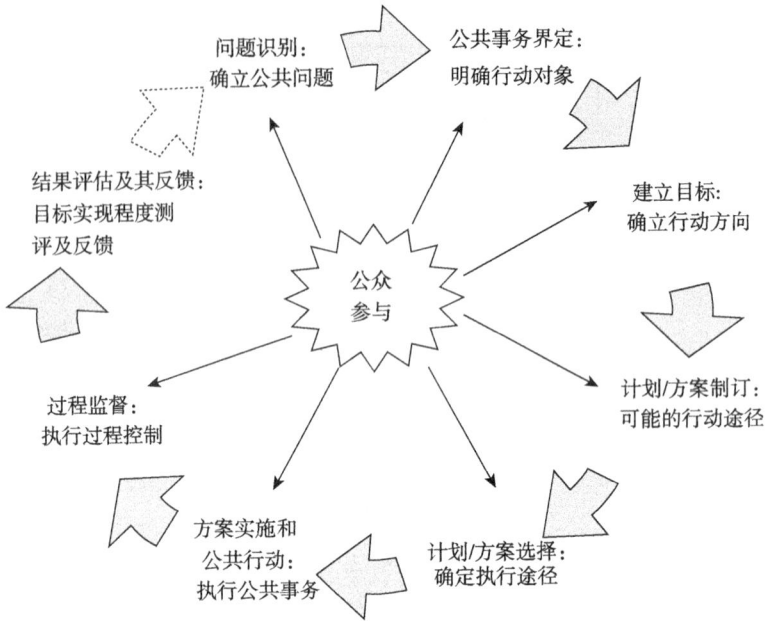

图 5.8　基于单项旅游目的地公共事务整体的公众参与过程

Pamukkale 目的地的应用效果，并提出了七个影响因素；张伟和吴必虎(2002)在国内的研究所关注的也是圆桌会议、入户访问和问卷调查等在旅游规划中的实施效果，并验证了这三种参与技术组合效果的优势。但也有部分研究对单次公众参与活动的过程进行了初步构建，Spencer(2010)对名义小组技术在旅游规划中应用的具体步骤进行了构建，并在美国印第安保留地旅游规划制定中进行了实践应用；李光中等(2005)将旅游规划中社区参与论坛的实施概括为六个步骤，即评估现有参与机制、规划与筹备、实施、建立和修改合作关系、获得成果及撰写研究报告，从而较为清晰地构建了旅游规划中单次公众参与活动的过程。但这些研究针对的都是某一种或少数几种参与方式的过程构建，缺少整体适用性，而尚难以对多元化的公众参与方式具有指导意义。

　　国内外其他领域对单次公众参与活动实施的原则性程序也尚未实现整体性构建，很多实践活动都失之程序的随意性。相对来说，国内外对听证会具体实施过程的构建较为完善和较具制度化，且已有具体的程序性规定。我国《环境影响评价公众参与暂行办法》对听证会的程序规定如下：在举行听证会的 10 日前通过公共媒体或其他公众可知悉的方式，公告听证会的时间、地点、听证事项和报名办法；公众申请；组织者在申请人中遴选参会代表、并在举行听证会的 5 日前通知参会的代表；听证会现场的实施程序——主持人宣布听证事项和纪律及介绍参加人、建设单位的代表对项目概况作介绍与说明、环境影响评价机构的代表对建设项目环境影响报告书做说明、公众代表对建设项目环境影响报告书提出问题和意见、建设单位或者其委托的环境影响评价机构的代表对公众代表提出的问题和意见进行解释与说明、公众代表和建设单位或者其委托的环境影响评价机构的代表进行辩论、公众代表做最后陈述、主持人宣布听证结束；听证会组织者对听证会制作详细的笔录，并在听证结束后交听证会代表审核和签字(国家环境保护总局，2006)。但是，这个参与程序仍然是不完善的。其明显缺少对听证意见的处理程序(采纳或不采纳，并明确何时、何种方式对其进行反馈)，更是缺少对参与结果的后续性评估与反馈的具体规定。

　　单次公众参与活动的过程，实际上就是对选定的参与方式的具体执行过程。基于旅游目的地公共事务的多元化、公众参与方式本身的多样化及具体行动情境的不同，单次公众参与活动的类型和形式也是多元化的。这意味着不同的参与方式下公众参与旅游目的地公共事务活动的实际过程肯定会有所不同，其具体实施环节也不尽相同。但是作为集体性共同活动，所有公众参与活动实际上都应是一个包括决策、计划、实施、控制、评估及反馈等环节的综合性行动进程。基于此，单次公众参与旅游目的地公共事务活动中，公众一般要参与到如下环节：界定参与客体，即明确参与活动所针对的具体对象或要解决的具体问题；明确参与目标，即确立参与活动的直接目的及期望达到的具体目标；界定参与主体的范围，即明确需要参与的主体的规模及其存在状态(个体、单组织、跨组织、混合)；制订相应的公众参与计划，即确立公众参与活动的具体实施方案；公告、宣传或营销该参与活动，即通过多种媒介对前面所界定范围的主体告知、宣传或开展营销以使其对参与活动的具体方式及其主题、时间、地点、内容等知晓，并使其对参与产生兴趣；招募、选择参与者或其代表，即若需相应范围内公众的整体参与则对其进行动员，若仅需部分参与则通过自上而下和自下而上方式相结合选择其代表；对选定参与者进一步信息提供、教育与培训，即对参与者告知更为全面的信息并组织专题性教育、培训以使其具备更好的参与意识和参与能力；实施参与活动，即公众参与活动的具体组织和实施；参与结果确认，即对决策中采纳公众意见情况进行说明和解释未采纳原因、对公众资源投入认可及相应的激励；参与评估及反馈，即评估参与目标的实现程度和参与者对参与的满意程度，分析其中出现的问题并说明可能的解决方案(图 5.9)。上述过程中，实施参与活动是其中最为关键和复杂的阶段，其一般包括具体的多个行动步骤，涉及现场组织、沟通、协调、激励等多种活动，如前面已经提到的听证会现场实施程序；而参与结果确认、参与评估与反馈等环节则最易于为政府所忽视，国内许多参与活动往往仅关注直接目标是否实现而缺少对参与者参与的认可程序和对其满意度的测评。

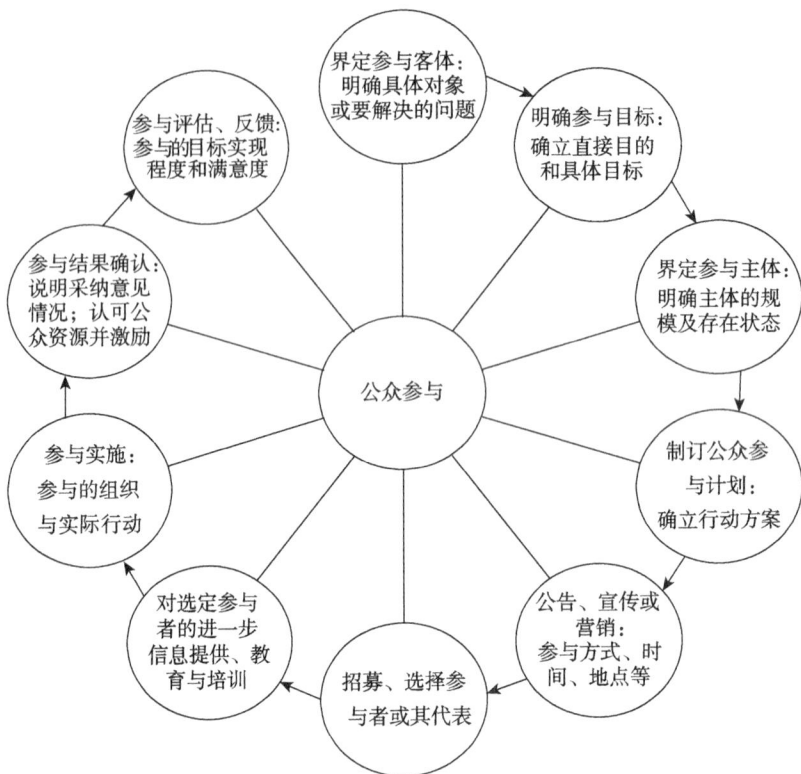

图 5.9　基于单次公众参与旅游目的地公共事务活动的参与过程

二、公众参与的结果

　　旅游目的地治理中公众参与的结果是基于公众与政府两个层面的公众参与行动的实际效果，其是公众自身的输出与输入、政府自身的输入与输出及它们之间互动的产物。基于公众视角，公众参与结果表现为公众的输出（诉求表达、民意或资源投入等）和输入（获取信息、获得对该旅游公共事务的控制力和影响力等）的协同；基于政府视角，其表现为政府的输入（获取信息、民意或资源支持等）和输出（信息、支持、回应性等）的协同；基于整体视角，该结果表现为在可持续旅游发展基础上实现该旅游目的地公共事务的直接目标，即能够基于 4E 标准实现相应的旅游公共产品和服务供给。概括来看，旅游目的地治理公众参与的结果实际上是一个基于政府与公众两个层面的综合性系统（图 5.10），是价值理性与工具理性相统一的体系。

　　具体来看，该参与结果体系是一个多层次的互动性系统。主要表现有二：第一，公众与政府各自输入与输出之间的互动，即两者的输入和输出都是互相对

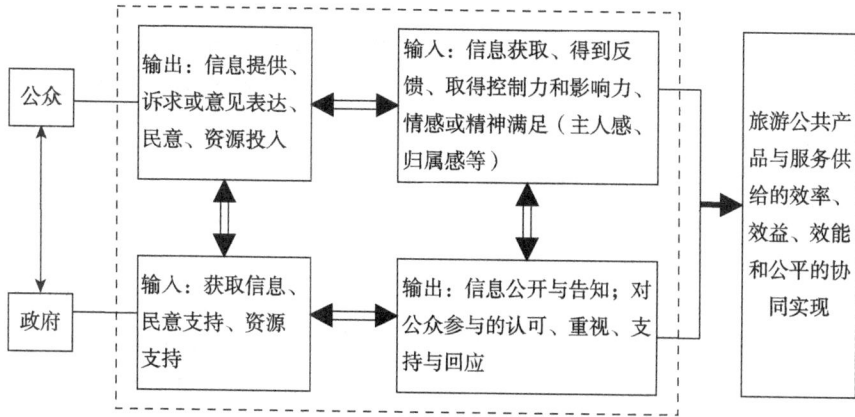

图 5.10　旅游目的地治理中公共参与的结果

应、互相强化的，输出是输入的前提而输入则是对其各自输出的反馈、激励和强化；第二，公众与政府之间输入与输出的交叉性互动，即公众输出与政府输入的互动、公众输入与政府输出的互动，这是因为公众参与的本质就是公众与政府之间的互动，而这种交叉性互动正是其直接表现。对前者来说，基于公众参与不同旅游目的地公共事务的启动机制的不同，其各自输入和输出的发生次序并不相同：若公众是启动者，则公众首先发生的是输出，而政府相应地首先是输入；若政府是启动者，则公众首先是输入，而政府相应地是首先输出。对后者来说，公众输出只有输入政府主体中才有可能得到其认可、支持和回应；而政府的输出也必须要能够输入公众主体之中才有可能使公众更有效地对其进行输出，而这正是公众参与机制得以运行的机理所在。基于以上两个层面的输入与输出的互动机制，旅游目的地治理中公众参与结果应是一个动态性循环系统（图 5.10 中的虚线图框内部分），而正是这种动态性交互过程才使公众参与机制得以实现互动性、整合性运行。在该参与结果体系中，诉求表达、政府回应、结果的影响力、目的地治理的 4E 目标是其核心。

　　首先，诉求表达是公众参与权实现的首要内容（王锡锌，2007），也是旅游目的地治理中公众参与的基本结果之一。其一，旅游公共决策中的公众参与可以使公众得以直接表达自己的诉求、意见，并使决策者能够直接获取公众的这些信息。传统行政模式导致我国旅游公共决策长期处在政府决策方式之下，行政人员判断或揣测公众的需求往往会存在偏差而使公众诉求得不到真正表达。公众参与承认公众的主体地位，让他们通过在决策的多个阶段参与而发出自己的声音、表达自己的要求，从而使旅游公共决策过程成为旅游目的地相关公众特别是内部公众诉求表达的过程。这至少在公众诉求表达过程和结果两个方面对旅游目的地管理具有价值，过程方面表达诉求机会的获得和实现本身就能够激发公众对旅游业发展的热情和责任感，结果方面则体现的是公众的诉求能够在公共决策中得到体现而强化公众的主人感。其二，公共行动性旅游事务中公众参与则是公众通过实际行动来表达自身诉求，公众是否愿意、愿意参与哪些旅游公共事务及投入什么样的资源等均是其意愿、偏好等的体现。基于此，公众参与旅游公共行动性事务实际上就是其诉求的更深层次表达，是较高程度的意愿和偏好的表现。进一步来看，诉求表达实现的直接作用是能够提高公众对旅游公共事务的接受程度，从而在相关决策执行、行动进程中取得公众的更多支持。

其次，政府旅游行政部门及相关部门的回应是公众参与结果的重要表现。政府回应是政府对公众参与的能动性反应，对公众来说则是他们的参与得到反馈。其是政府对公众参与行动的反应、回复及应对，是公众参与具有互动性而真正实现旅游目的地治理中政府与公众协作的体现。政府回应的基本表现有两点，即政府对公众的需要和所提出的问题做出积极敏感的反应与回复(何祖坤，2000)、对公众在参与中投入的使用情况和结果的及时反馈(South Australian Community Health Research Unit，2012)。政府回应可以是公众主动提出要求而政府对其进行应对，也可以是政府主动提出问题或解决问题的方案(斯塔林，2003)。因此，基于政府视角旅游目的地治理中公众参与的政府回应可包括响应和回应两个层面，其中，前者包括政府对公众需求的反应和回复，即对公众参与旅游目的地公共事务行动本身的认可、重视、支持和公众具体要求的应答；而后者则是基于主观能动性的政府对自身多元责任的综合应对(李伟权，2006)，其核心是对公众需求的获取、尊重、满足及相应的应对机制构建。基于此，政府回应一般包括四个层次，即政府职能范围内的回应、民众需求和社会需要的政府反应——政府对公众诉求的反应、负有责任性回应——责任性回应、引领社会发展式回应——高层次回应(李伟权，2006)。而上述不同层次政府回应都可通过公众参与得到实现和强化，这主要表现在如下两个方面：其一，公众参与会"强制性"产生政府回应。旅游目的地治理中公众参与本身就是公众提出自身利益保障、获取或放大诉求并将其整合为公共需求的过程，这些要求的实现所依托的是与之相对应的相关旅游公共事务。而政府正是旅游公共事务的最终责任者，因此，公众的利益诉求实际上正是针对政府而提出要求其履行相应的公共责任。基于此，公众参与必须得到政府回应才有可能真正实现其相应的目标。若得不到政府回应，公众则或终止参与活动而导致参与失败，或通过更大范围、更多形式的参与行动来对政府继续"施压"直至政府回应。这在那些利益救济性公众参与中表现尤为显著，若政府回应不及时或不负责任则往往会导致公众参与的非理性以至于发展成为无序的群体事件，这就迫使政府必须要及时、有效回应。其二，公众参与使政府回应更具针对性。政府回应的对象是旅游目的地相关公众的公共需求，旅游目的地公众构成及其需求的差异化和多元化会使政府在了解、获取及整合公众需求中存在困难。

而公众参与则本身就是一个公众诉求表达、需求自我整合而使公共需求得以表现出来的过程，由此，公众参与为政府回应提供了直接的信息来源而使其能够更具针对性。

再次，能够对旅游目的地公共事务执行结果产生一定的影响力是公众参与结果的直接体现。对此，有学者认为，对结果产生影响不是公众参与的唯一结果（张群，2009）。但是实践经验表明，公众参与若只关注民主效应或形式，而不关注其内在价值，那么其会影响公众参与的热情，并会损害民主制度（张群，2009）。近年来国内频繁出现的听证会无人报名现象（如海南阶梯电价听证会、东莞水价调整听证会）（黄珏，2011；袁兰，2012）正是此方面的突出表现。因此，公众参与要能够产生实际效果，而不仅仅是一种形式，甚至是"仪式"（王锡锌，2008b）。从这个意义上来讲，如果公众参与仅仅是为了参与而参与，但对结果没有任何影响力，那么该参与是无效的（李伟权，2006）。基于此，公众参与又可理解为公众通过各种方式的参与以达到控制行政权力和保护自身权利的一种制度（白秀兰，2007）。在此应注意的是，公众参与的影响力概念强调的是公众整体力量层面，而不是单个公众层面。因此，旅游目的地治理中公众参与的影响力结果要保障的是公众基于公共利益的行动会对相应旅游公共事务的执行结果产生影响，但其不保证每个公众都能产生直接的影响力。具体来看，旅游目的地治理中公众参与的影响力在公共决策性和公共行动性事务中的具体表现形式有所不同。基于前者，影响力的表现是目的地相关公众的整体性诉求、符合公共利益的意见能够在最终决策中得到体现，同时对那些未予以照顾的诉求和未采纳的意见进行说明与解释；基于后者，其表现则是公众的资源投入能够对相关事务的执行及其结果实现具有一定的推动作用。概括来说，旅游目的地治理中公众参与的影响力就是公众对其实际参与的旅游目的地公共事务所带来的旅游公共产品与服务供给能够产生一定影响，使其更符合公众的整体性意愿且更能满足公众的公共需求，从而让公众所投入的资源的价值得到体现。

最后，旅游公共事务执行的 4E 目标是旅游目的地治理中公众参与的最终目标。旅游目的地治理中之所以需要并实践公众参与，主要是因为传统行政模式下旅游公共事务执行的低效率、低效能及公平性不足。作为对旅游公共管理模式的创新，公众参与旅游目的地公共事务就是要基于 4E 目标来供给旅游公共产品与服务。具体来说，经济是指政府对公共财政资源的节约，这主要是因为公众参与可以在改变传统行政模式下的政府自我中心决策和行动的方式，以提高旅游公共决策质量，使其更加科学而避免决策错误所导致的资源浪费，并使旅游公共行动过程受到公众监督而避免政府及其行政人员的"官僚行为"（利用公共资源追求个人利益）（黄亚钧和郁义鸿，2000）所导致的公共资源浪费。效率是指在资源节约基础上尽可能地追求实现旅游公共产品与服务生产和消费的最优选择，以实现其对消费的福利最大化。效能则是指在效率基础上旅游公共产品与服务供给能够更好地与旅游目的地相关公众的需求相匹配而提高其满足公众需求的有效性。公众参与对此两种结果的实现表现在以下两个方面：一方面，参与是公众诉求表达、需求和偏好显示与整合的过程，其可以使政府更有可能及时、准确地掌握公众需求及其变化，进而实现旅游公共产品与服务供给的针对性并及时调整；另一方面，参与是公众将自身的信息、劳动等多种资源投入旅游公共事务之中的过程，其可以补充和缓解政府供给旅游公共产品与服务所面临的资源限制。公平是指基于价值维度旅游目的地治理对公共利益的保障，即通过公众参与能够强化旅游目的地公共事务执行中的公共理性(李德国和蔡晶晶，2004)。

第六章　旅游目的地治理中公众参与实现
机制的实施

正如本书前面所分析的，旅游目的地治理中公众参与不等于事事参与，也不等于人人参与或全民参与。其中，前者的原因是旅游公共事务的性质不同，其是否需要公众参与及其需要公众参与的程度会不同，有些事务是可以通过参与而得到推进的，而有些事务则相反(Vroom and Jago，1988)；后者的原因是参与者过泛则往往会因其利益追求过于分散、缺乏指向性而导致参与无法取得成果，甚至出现参与无序的情况(王锡锌，2008b)。基于此，公众参与并不是必然会对所有公共事务带来积极的效果，无序、无规则的参与常常是危险的(Cupps，1977)。因此，旅游目的地治理中不能简单地将公众参与当做是非判断的标准。基于此，前面所构建的旅游目的地治理中公众参与的实现机制应被理解为指导实践的理念体系和基本框架，尚需基于实践层面设计有效的实施机制

针对公众参与实现机制的实施，国内外研究提出了有序参与、真正(authentic)参与(King et al.，1998)、真(genuine)参与(Wang，2001)、富有意义的参与(王锡锌，2008b)、充分参与、有效参与(Daniels et al.，1996)等界定。这些界定主要涉及公众参与的实际行动过程中参与主体的代表性、参与过程的有序性、参与结果的影响力等内容。概括来看，有序参与和有效参与是上述相关界定的基本内涵，其中，有序参与是前提，其强调公众参与要在法律允许的范围内通过合法的渠道或途径来实施；而有效参与既是公众参与活动本身的目标，又是各参与主体所追求的目标，其是一个与参与的形式主义、象征性、仪式性相对的概念。基于有序参与和有效参与，旅游目的地治理中公众参与实现机制的有效实施的最基本追求就是要使具体参与行动超越"乌合之众"和"集体行动逻辑"的困境(王锡锌，2007)。

作为有效参与的前提，有序参与要求参与者不能仅为宣泄某种不具建设性的情绪和片面追求个人利益而参与，因此其是公众参与模式自觉与品质提升的体现(王锡锌，2008a)。在公众参与实现机制实施过程中，其具体涉及参与主体的准确界定、参与目标的理性化、参与过程的有序组织等。针对有效公众参与的界定标准，国内外研究提出了合法程序论(公众参与要符合既定的或法定的程序)、过程论(参与决策及其执行与评估)、影响力论(能够影响最终决策)、目标实现论(完成公众参与活动及实现公众参与目标的程度)等观点(Furia and Jones，2000；彭可等，2007；陈昕，2010)。陈昕将这些观点整合，将公众参与的有效性归纳

为参与主体、参与领域、参与途径及参与效果四个方面(陈昕,2010)。上述研究表明,公众参与实现机制的实施是要取决于多个层面的因素的,相应的评价标准也是多维度的。但是这些研究尚不完善,尚需补充参与层次有效性和参与过程有效性两个维度。首先,需要实现参与层次有效性主要基于两点——其是参与方式有效选择的基础,其是参与过程实施和参与结果实现与评估的前提,因而其是公众参与实现机制实施的关键因素。其次,需要实现参与过程有效性的原因是,在实践中公众参与并非必然会带来好的结果,因为其成功与否还取决于实践过程中如何吸引公众参与和为其提供便利条件,而且若对参与过程规划不完善、组织无序,则其将存在失败的风险(托马斯,2001)。基于此,旅游目的地治理中公众参与实现机制的实施应涵盖前面所提出的六个维度,并可概括为参与选择(包括参与主体、客体、层次与方式的选择)、参与过程、参与结果三个层面的有效实施(图 6.1)。

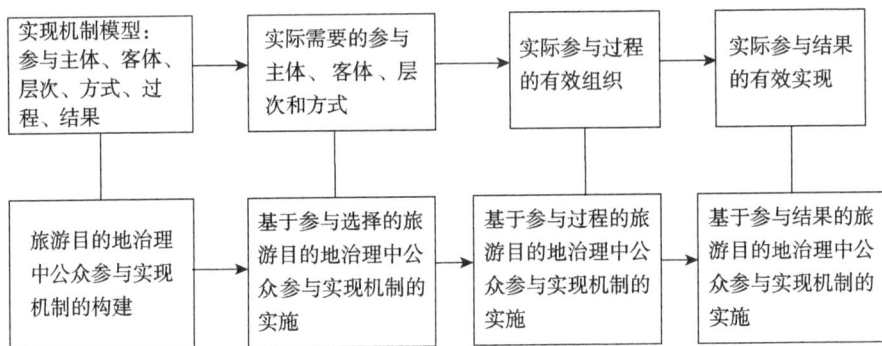

```
┌──────────────┐    ┌──────────────┐    ┌──────────────┐    ┌──────────────┐
│ 实现机制模型:  │    │ 实际需要的参与 │    │ 实际参与过程  │    │ 实际参与结果  │
│ 参与主体、客体、│───▶│ 主体、客体、层 │───▶│ 的有效组织   │───▶│ 的有效实现   │
│ 层次、方式、过 │    │ 次和方式     │    │             │    │             │
│ 程、结果      │    │             │    │             │    │             │
└──────────────┘    └──────────────┘    └──────────────┘    └──────────────┘
        │                   ▲                   ▲                   ▲
        ▼                   │                   │                   │
┌──────────────┐    ┌──────────────┐    ┌──────────────┐    ┌──────────────┐
│ 旅游目的地治理 │    │ 基于参与选择的旅 │    │ 基于参与过程的旅 │    │ 基于参与结果的旅 │
│ 中公众参与实现 │───▶│ 游目的地治理中公 │───▶│ 游目的地治理中公 │───▶│ 游目的地治理中公 │
│ 机制的构建    │    │ 众参与实现机制的 │    │ 众参与实现机制的 │    │ 众参与实现机制的 │
│              │    │ 实施         │    │ 实施         │    │ 实施         │
└──────────────┘    └──────────────┘    └──────────────┘    └──────────────┘
```

图 6.1　旅游目的地治理中公众参与实现机制有效实施的总体思路

第一节　基于参与选择的公众参与实现机制的实施

参与选择的有效实施,即针对具体旅游目的地公共事务判断其是否需要公众参与,并有效选择参与主体、参与层次和参与方式。对政府旅游行政部门来说,旅游目的地公共事务的构成本身就是多元化的,而且其具体执行的情境也会因诸多内外部因素的变动而产生差异。因此,必须要根据旅游目的地公共事务及其具体执行情境的不同来进行选择,而不是片面排斥或盲目实施公众参与。据此,基于参与选择的旅游目的地治理中公众参与实现机制的实施,就是在判断旅游目的地公共事务是否需要公众参与的基础上,根据其属性及一些具体情境性因素来对参与层次及相应的参与主体范围等进行选择,从而使合适的参与主体能够以适当的参与层次和参与方式实现参与。

一、基于参与选择的公众参与实现机制实施的已有模型

参与的公共事务不同、参与的公共事务的阶段不同及参与目的不同等都会导致公众参与的主体、层次及方式的差异（蔡强，2009）。对此，国内外研究已经提出了一些相关的公众参与选择模型。其中较具代表性的有 Thomas 的有效决策模型、Lawrence 的决策树修正模型和 Walters 的目的-问题特征选择矩阵。

1. Thomas 的有效决策模型

Thomas(1990，1993，1995)将企业管理领域的 Vroom-Yetton 模型（Vroom and Jago，1988）（又称随机性决策模型或领导-参与模型）引入公共管理领域，构建了公共管理中公众参与公共决策的随机性理论模型。该模型提出，政府与公众共同决策的主要途径是分散式公众协商、整体式公众协商和公众决策，并强调公众参与应被视为"根据环境的变化选择不同参与程度，采取不同参与形式的过程"（托马斯，2001）。同时，通过运用 30 个案例中的 42 个实际决策样本对该模型的验证发现，公众参与程度的简单测量与决策有效性之间不具有显著的相关性，因此有效决策应根据问题的要求选择适当的参与程度。在此基础上，该模型构建了参与选择有效实施的 7 个步骤，并建立了公众参与形式选择矩阵（表 6.1）。

表 6.1　公众参与形式选择矩阵

参与层次	公众类型			
	单一有组织的团体	多个有组织的团体	未组织化的公众	复合型的公众[1]
改良式自主管理	关键公众接触	关键公众接触	公众调查/由公众发起的接触	关键公众接触/公众调查/由公众发起的接触
分散式公众协商	关键公众接触	关键公众接触/一系列会议	公众调查	公众调查/会议
整体式公众协商	与公众团体开会座谈	咨询委员会/一系列会议	一系列会议	咨询委员会和/或一系列会议
公众决策	与公众团体协商	与咨询委员会协商	一系列会议	咨询委员会/公众会议

1)复合型的公众由组织化和非组织化公众混合而成

资料来源：托马斯 J C. 公共决策中的公民参与：公共管理者的新技能与新策略. 孙柏瑛译. 北京：中国人民大学出版社，2001

国外学者 Sample(1993)、Daniels 等(1996)在自然资源管理、生态系统管理等公共决策中也引入 Vroom-Yetton 模型来有效实施相关的公众参与行动。

国内学者陈昕(2010)、王春雷(2010)等的研究则直接引入 Thomas 的有效决策模型来构建环境影响评价、重大事件中公众参与的有效实施机制。

2. Lawrence 的决策树模型

Lawrence 和 Deagen(2001)基于公共管理与企业管理的差异提出，Sample、Daniels、Thomas 等将 Vroom-Yetton 模型引入公共管理领域使用而未对该模型进行实质性修正是存在不足的。其基于公共管理与企业管理在决策质量、对决策的认同、人力资本开发、目标的相同或差异化、冲突的影响、时间、参与者满意等方面的差异，对 Vroom-Yetton 模型具体实施过程的七个步骤进行修正而构建了包括六个步骤的公共决策制定的公众参与选择决策树模型。

3. 目的-问题特征选择矩阵

Walters 等(2000)将政策制定中公众参与取得成功的决定因素概括为两个，即参与目的、参与问题的特征。其中，参与的目的包括发现、教育、测量、说服、合法化，而且政策制定的不同阶段中参与目的不同；参与问题的特征由六个因素决定——问题的冲突程度、利益相关者、对问题信息的信任水平、可选方案的数量、对结果的理解、结果的可能性数量，并可据此划分为三种类型，即结构明确(well-structured)、结构中等(moderately-structured)、结构不明确(ill-structured)。在此基础上，根据参与目的地-问题特征矩阵可对具体政策制定中的公众参与方式做出选择(表 6.2)。

表 6.2　参与目的-问题特征矩阵

参与目的	问题特征		
	结构明确	结构中等	结构不明确
发现	—	利益集团论坛	任务团队、委员会、焦点小组、邻里会议、网络聊天室、电子公告栏
教育	—	公众教育论坛、镇民会议、邻里会议、新闻媒体	公众教育论坛、镇民会议、邻里会议、新闻媒体
测量	—	民意测验、焦点小组	民意测验、焦点小组
说服	—	劝说性公众论坛、镇民会议、支持媒体	劝说性公众论坛、镇民会议、支持媒体
合法化	选举、公投、听证会	选举、公投、听证会、媒体、任务团队	选举、公投、听证会、媒体、任务团队

注：—代表不需要公众参与

资料来源：Walters 等(2000)

二、基于参与选择的公众参与实现机制实施的基本维度

上述相关模型进一步表明，简单的选择使用公众参与未必会带来好的结果，有效的公众参与则需要根据问题的要求来适当地选择参与程度（Thomas，1995）。具体来看，这些模型所提出的公众参与选择的主要依据是问题的属性（如质量要求、问题特征）、公众支持的重要程度（如接受性）及情境性因素（如背景及其特征）。基于参与选择的旅游目的地治理中公众参与实现机制的有效实施，也应是一个随机性选择过程，Vroom-Yetton 模型是其重要的理论基础。

Thomas 的有效决策模型基于 Vroom-Yetton 模型直接引入了两个维度，即决策的质量要求、决策的可接受性要求，并通过对实际决策样本的验证发现，时间约束与决策有效性之间的相关度很低（−0.071）（Daniels et al.，1996）。因此，该模型界定公众参与的合适程度主要取决于对决策的质量要求和可接受性要求的互相限制。一般情况下，对质量要求越高的公共问题对公众参与的需求程度就越低；而对可接受性的要求较高的公共问题则对公众参与并分享决策权力的需求程度就越高（托马斯，2001）。与 Thomas 模型相近，Sample（1993）、Daniels 等（1996）、Lawrence 和 Deagen（2001）等的模型也主要是针对不同领域的公共决策而强调基于质量要求和可接受性要求两个维度的公众参与选择。但对于旅游目的地治理中的公众参与来说，参与客体既包括公共决策性事务，又包括公共行动性事务，因而不能直接套用上述模型而需要对其进行扩充与修正。

首先，对于质量要求维度，Vroom 和 Yetton（1973）对其的界定是影响决策的分析性、客观性和非主观性因素，其意味着存在评判最终决策结果的一系列客观标准。也就是那些与最终决策相关的政策或管理上的约束，如技术约束、规章约束和预算约束等（Thomas，1995）。该界定实际上涉及了决策两个方面的约束条件，即内在属性——专业性、外部因素——规章和预算约束等。在公众参与选择中，前者应是首先要考虑的因素，属于判断决策是否需要公众参与及需要什么层次参与的决定性因素；而后者则是在前者基础上进一步选择辅助性因素或背景因素，其更多是影响参与方式的选择及其具体组织实施等。以此为基础，并将参与客体由公共决策性事务扩充到旅游目的地公共事务整体，该维度则需要调整为判断旅游目的地公共事务的专业性，即判断该事务是否会因具有较高的技术或质量要求而其执行需要较多的专业知识或较高的专业技术。一般情况下，旅游目的地公共事务的专业性越高，公众参与中参与主体的范围会越小、普通公众的参与层次也会越低，但其对专家公众参与的需求程度可能会越大。因为公众参与并非必然地能够解决技术问题，有些需要专业技术的事务是难以通过广泛的公众参与来完成的（Hart，1983）。仅就此而言，专业性较高的公共事务更多地需要专家的技术理性而非普通公众的价值表达与支持，所以其更需要部分专家型公众的参

与而非一般公众的普遍性参与。

　　其次，对于可接受性要求维度，托马斯的模型等的界定是公众的决策接受程度对决策执行过程及其结果的实现是否重要，也就是公众的接受程度对决策能否成功执行的影响程度(托马斯，2001)。但对公共行动性事务中的公众参与选择来说，不仅要考虑公众对该事务相关决策的接受程度的重要性，更要考虑事务执行过程对公众所拥有的相关资源的依赖程度。这主要基于三个方面的考虑，即充分获得公众的信息资源(特别是公众的需求、意见和建议)、解决政府所面临的财政约束、取得公众的额外资源支持。基于此，该维度应用到旅游目的地公共事务范畴中，需要相应地修正为公众支持的重要性，即公众的信息提供、民意支持、资源支持或行动支持对该事务执行过程及结果实现的重要程度。对于此维度，很显然公众支持的重要性越高的旅游目的地公共事务，其对公众参与的需要程度就越高，相应的参与者范围越大、参与层次越高、参与方式也越多元化。但要注意的是，来自不同公众的支持对不同旅游目的地公共事务的重要性是存在差异的。相关研究已经提出，价值选择领域和确定事实标准领域的公共事务所需的参与主体是不同的——前者应交给多数公众，后者则更依赖专家公众(王锡锌，2007；王周户，2011)；若对两方面均有显著要求的公共事务则可在不同的阶段分别进行相应的参与选择，也可在同一过程中根据他们各自支持的重要程度而让不同的公众使用不同的参与层次和方式来实现参与。

　　最后，对于时间因素，在公共决策性事务中决策制定阶段的公众参与虽然会导致决策时间延长，但其会通过提高决策的接受程度而减少决策执行过程中的阻碍，从而可以弥补前期耽误的时间。因此，Thomas的有效决策模型等并未将时间限制作为决定公众参与选择的重要维度。换个角度来看，这实际上是强调决策的高效率不能通过损害公众的参与权利来实现，但这不能排除在某些紧急时刻政府根据"应急性原则"行使紧急权力而减少或不实施公众参与(王锡锌，2008b)。但是对于公共行动性事务来讲，时间限制是不能回避的影响公众参与选择的重要因素。因为那些要求在短时间内快速执行并取得结果的事务，既需要相关决策的即时性，又需要其执行所需资源的快速配置和相关行动的及时开展。这种情况并不必然地排除公众参与，但往往会对参与主体范围、参与层次及相应的参与方式选择产生影响，即可能会使公众参与过程中缩减参与者的数量、降低部分参与者的参与层次或选用更易于实施的参与方式。而对于时间限制性较低的事务，则可考虑适当扩大参与者范围和采用较为深入的参与方式，以进一步体现公众参与的价值性目标。可见，针对旅游目的地公共事务层面，时间因素也应成为基于参与选择的公众参与有效实施的重要维度。但要注意的是，时间因素绝不应被视为排除公众参与旅游目的地公共事务的借口，只有针对那些由自身性质决定的时间敏感性较高(而不是人为设定的时间限制)的紧急性事务方可根据时间限制程度而相应地调整公众参与选择。

　　综合以上分析，在旅游目的地治理中，基于参与选择的公众参与实现机制有效实施应涵盖的三个基本维度是旅游目的地公共事务的专业性程度、公众支持对该事务执行的重要性程度、完成该事务的时间限制程度，这三个维度分别与旅游目的地公共事务对公众参与的需要程度呈反向、正向和反向的关系。

三、基于参与选择的公众参与实现机制实施的模型

　　1. 现有模型中参与选择实施的步骤

　　Thomas 模型和 Lawrence 模型虽然是针对公共决策领域的研究，但是其构建的公众参与选择的有效实施过程对旅游目的地公共事务的整体也具有重要价值。Thomas(1993，1995)将 Vroom-Yetton 模型进行简单调整后提出了公众参与选择具体实施的七个步骤，其中前三个步骤针对决策的质量要求，后四个步骤针对公众的接受性要求；实施过程中公共管理者针对具体的公共决策问题对逐个问题做出"是"与"不是"的判断，并在自主式管理决策、改良式自主管理决策、分散式公众协商决策、整体式公众协商决策和公众决策五种参与层次中进行选择（图 6.2）。但基于公共管理对象的复杂性、公共决策过程机制的特殊性及公共管理者对公众的难以直接控制等因素，Thomas 模型对 Vroom-Yetton 模型在公共管理中应用的修正还不够完善。Lawrence 模型将 Thomas 模型的第一个实施步骤删除，因为其在模型中对公众参与选择没有直接影响。同时，Lawrence 模型将 Thomas 模型的最后两个实施步骤调整为相关公众是否愿意参与整体对话以改善情况、公众投入或未来的关系是否会通过公众之间的学习而得到改善。根据其修正的决策树模型，公众参与选择实际就是按照修正后的六个步骤(前两个步骤即 Thomas 模型的第二、第三个步骤，中间两个步骤即 Thomas 模型第四个步骤的分解)逐次回答"是"与"不是"，并据此在与 Thomas 模型相同的五个参与层次中进行选择。

　　2. 基于参与选择的公众参与实现机制实施的步骤

　　借鉴上述两个模型，并根据前面所提出的参与选择的三个维度及其作用机制选择模型，旅游目的地治理中公众参与实现机制可按照下面八个问题及其所界定的步骤来完成。

　　1)旅游目的地公共事务的专业性

　　该维度实际上就是判断具体旅游目的地公共事务是否属于专业性较高的事务(即公共事务执行对专业知识和技能的需要程度)，并据此判断该事务是否只能由具备一定专业能力的特殊人员(如专家公众)而不是由普通公众的广泛性参与方可执行(问题 1)。在此基础上，还要考虑的问题是政府人员是否已经具有该事务执

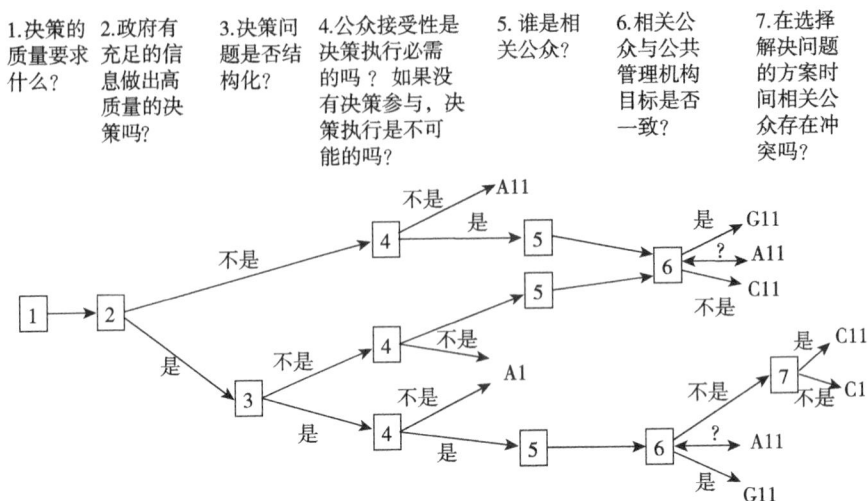

図 6.2　公众参与的有效决策模型

A1(自主式管理决策)；A11(改良式自主管理决策)；C1(分散式公众协商决策)；

C11(整体式公众协商决策)；G11(公众决策)

资料来源：托马斯 J C. 公共决策中的公民参与：公共管理者的新技能与新策略.

孙柏瑛译. 北京：中国人民大学出版社，2001

行所需要的专业知识与专业技术(问题 2)。一般来说，对该问题做出肯定回答则表明，该旅游公共事务执行中公众参与的重要性相对要较小。同时，具体参与层次和参与者范围的确定还需进一步考虑下一个问题——该旅游公共事务执行是否已经有明确且较为细化的行动规则或执行标准(如旅游景区等级评定标准、饭店星级评定标准等)，若有则该事务执行中公众参与层次应适当降低、参与范围可适当缩小(问题 3)。基于此，参与选择首先是针对如下三个问题对旅游目的地公共事务的专业性程度做出判断。

问题 1：该旅游目的地公共事务执行需要专业知识和技能的程度。

问题 2：政府人员已经具有该旅游目的地公共事务执行所需专业知识与技能的程度。

问题 3：该旅游目的地公共事务执行已有明确的行动规则或执行标准的程度。

2)公众支持对旅游目的地公共事务执行的重要性

该维度要判断旅游目的地公共事务执行及其预期结果的取得，以及对公众的信息提供、民意支持、资源支持或行动支持等某一个或多个方面的需要程度。其判断的是公众参与对旅游目的地公共事务执行的作用和价值，这主要应取决于三个因素：①政府自身所拥有的信息、资源的数量与质量，以及它们能否保证旅游目的地公共事务的有效执行；②公众所拥有的信息、资源的数量与质量，以及它们对旅游目的地公共事务有效执行的重要性；③该旅游目的地公共事务的价值性要求的高低。一般来说，对①的判断若较肯定的，则公众支持的重要性会相对较小，因而旅游目的地公共事务执行对公众参与的需要程度会较低；对②的判断若是肯定的，则公众支持的重要性会相对较高；而对③的判断若较高，则公众支持的重要性也会相对较高，因而旅游目的地公共事务执行对公众参与的需要程度会较高。

进一步来看，基于旅游目的地治理中公众参与主体的多元化，参与选择还需要考虑旅游目的地公共事务执行需要哪些公众的参与及这些公众的参与意愿。其中，相关公众的参与意愿越高或其易于被发动起来进行参与，则越有利于实现参与主体的广泛性、参与层次和参与方式的多元化；反之则需要结合后面将要提出的问题 7 而进行权衡，并据此或优化激励机制而进一步发动公众、或直接调整相应的参与选择。基于上述分析，参与选择的有效实施尚需针对下面三个问题就公众支持对旅游目的地公共事务执行的重要性做出判断。

问题 4：公众的信息提供、民意支持或资源（主要是指知识、技能、资金及物质性资源等）支持等对该旅游目的地公共事务执行的重要程度。

问题 5：基于上述范畴内的支持性因素，哪些公众对该旅游目的地公共事务执行能够起到支持作用？

问题 6：目前公众愿意参与该旅游目的地公共事务的程度。

3）旅游目的地公共事务执行过程的时间限制性

时间限制因素是参与选择有效实施的一个约束条件。其是在完成上述参与选择实施步骤，并已经对参与主体范围界定且在相应参与层次做出基本选择的基础上对这两个变量进行进一步的调整。时间限制程度一方面取决于旅游目的地公共事务本身的时效性要求，另一方面也要结合问题 6 而考虑发动公众来参与及具体组织与实施相应的公众参与的难易程度。基于此，参与选择还需要针对如下问题对旅游目的地公共事务执行的时间限制程度做出判断。

问题 7：该旅游目的地公共事务是否需要在短时间内完成而无足够的时间来实施公众参与？

3. 基于参与选择的公众参与实现机制实施的模型

根据上述对有效实施步骤的界定，基于参与选择的旅游目的地治理中公众参与实现机制有效实施模型的核心是针对具体旅游目的地公共事务对七个问题进行回答，实现在低度参与（告知）、中度参与（咨询、民意支持、资源支持）及深度参与（协作、授权、公众自主）中进行参与层次选择和界定相关参与主体的范围（图 6.3），进而据此具体选择相应的公众参与方式。基于此，根据对上述七个问题的依次回答，可构建基于参与选择的旅游目的地治理中公众参与实现机制的有效实施模型。

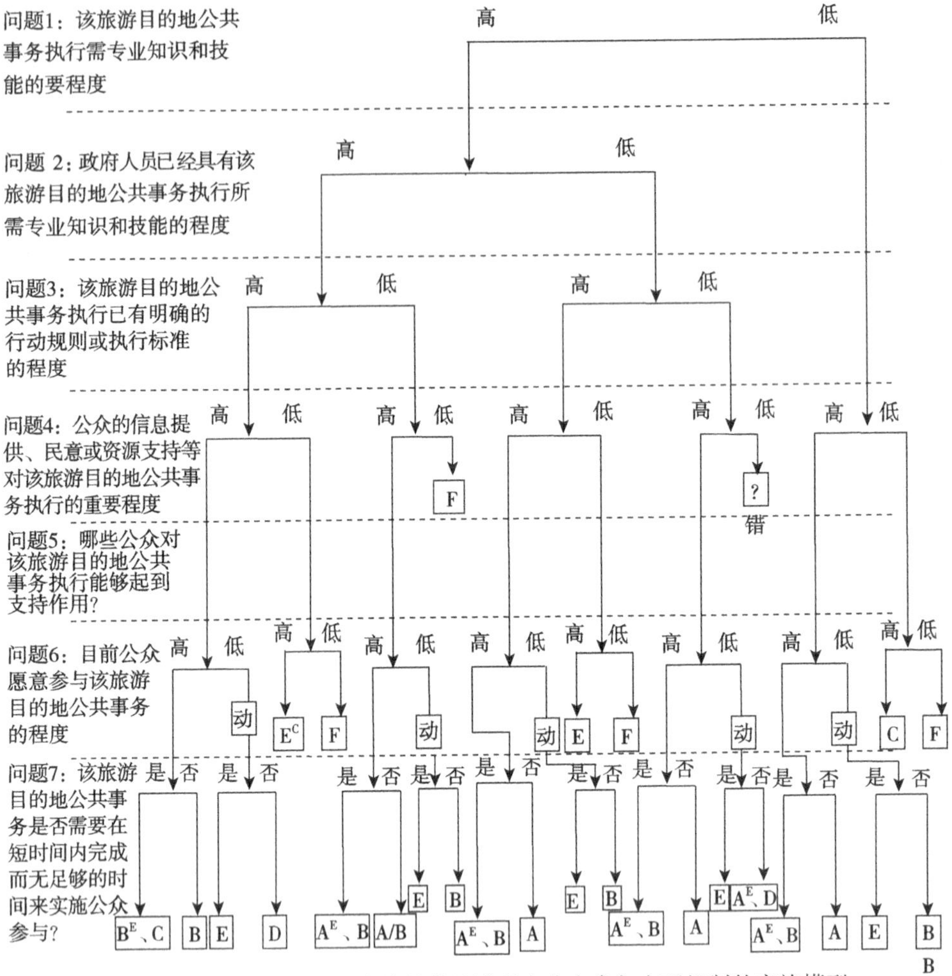
问题1：该旅游目的地公共事务执行需专业知识和技能的要程度
问题 2：政府人员已经具有该旅游目的地公共事务执行所需专业知识和技能的程度
问题3：该旅游目的地公共事务执行已有明确的行动规则或执行标准的程度
问题4：公众的信息提供、民意或资源支持等对该旅游目的地公共事务执行的重要程度
问题5：哪些公众对该旅游目的地公共事务执行能够起到支持作用？
问题6：目前公众愿意参与该旅游目的地公共事务的程度
问题7：该旅游目的地公共事务是否需要在短时间内完成而无足够的时间来实施公众参与？
高
低
是
否
动
F
?
错
E^C
C
E
B^E、C
B
D
A^E、B
A/B
A
E A^E、D

图 6.3　基于参与选择的旅游目的地治理中公众参与实现机制的实施模型

A——深度参与；B——中度参与；C——低度参与；D——分层次参与；E——部分公众的参与；F——无参与；[动]——发动公众参与；[?]——不合理路径；(A/B/C)^{E}——部分公众的深度、中度或低度参与；A/B——根据公众支持的重要程度确定，相对较高者选择 A，相对较低者选择 B

在图 6.3 的模型基础上，旅游目的地治理的具体实践中公众参与方式的最终选择尚需根据政府实施相应参与方式的限制性程度来具体确定。这就要求根据图 6.3的模型所界定的参与选择结果，进一步考虑政府人员对相关公众参与方式的熟悉程度和政府实施这些参与方式存在的投入(即实施相应参与活动需要政府投入的资金、时间等)约束程度。这主要是为了避免因政府人员对公众参与方式的熟悉程度低、政府的投入约束较大而无法保证公众参与活动的有效组织和实施。基于此，旅游目的地治理中公众参与方式选择还需在图 6.3 的模型的基础上，进一步回答下面的问题 8。

问题 8：政府部门实施相应的公众参与方式存在的限制性（主要是指对其熟练程度、投入约束）程度。

第二节　基于参与过程的公众参与实现机制的实施

过程性是旅游目的地治理中公众参与的重要特征。参与过程的有效组织既关乎公众参与实现机制能否有效实施，更关乎整个参与行动能否实现相应的目标。参与选择模型为旅游目的地治理中的公众参与实践提供了在参与层次和参与方式方面的有效选择，但要保证公众参与实现机制的有效实施还要依赖于对实际参与过程的有效组织。在此，参与过程的有效组织要涉及本书前面所提出的两个层面，即单项旅游目的地公共事务整体过程和单次公众参与旅游目的地公共事务活动。基于前者，其要实现公众对旅游目的地公共事务的全程参与，且公众实际开始参与的阶段越早越好（Furia and Jones，2000），因为公众参与的介入时间越早会越有利于提高最终达成一致意见的可能性（韩沙沙，2001）。基于后者，其首先要在具体公众参与活动实施中建立公正的参与程序和公平的参与原则，并要在已经选定的参与主体范围内保证实际参与者的广泛性及他们所代表利益的平衡性，以使公众特别是弱者的利益得到保障而避免旅游公共管理中的"管制俘获"（regulatory capture）[①]现象。综合性来看，公众参与是参与式管理方法在当地公共管理领域的实践，其是一个多元主体协作治理的过程。善治是确保治理有效的基本准则，也是旅游目的地治理中公众参与过程有效组织的整体性原则。善治的基本要素包括合法性、法治、透明性、责任性、回应性、有效性、稳定和公正（俞可平，2002），而核心原则是参与、尊重、透明性、责任性、公正和效率（United Nations Economic Commission for Europe，2008）。基于这些原则，旅游目的地治理中的公众参与应该是一个具有连续性、公平性、互动性的参与过程。概括来说，实现该过程有效组织的核心要素包括四个方面，即公众的全程性参与、公众参与的公平性、参与程序合法及政府的有效回应。

---

① 管制俘获是指在某一政策或决策中具有较大或较直接利益的强势组织和个人通过对管制机构施加影响而使最终政策或决策有利于其利益实现的现象，而在此过程中其他人的利益（特别是那些未经组织化的分散性个体的利益）将得不到保障或受损（Dalbo E. Regulatory capture：a review. Oxford Review of Economic Policy，2006，22(2)：203-225）。

一、基于全程性参与的公众参与过程组织

公众参与是一个连续性过程，公众在旅游目的地公共事务的不同阶段和单次公众参与活动的整个进程中都应实现全过程参与，而不是将公众参与仅仅局限在部分环节之中。

针对某一项旅游目的地公共事务，其公共属性要求执行的整个过程都应具有开放性和透明性，而不是仅由政府部门控制的封闭领域。也就是说，旅游目的地治理中公众参与的过程应是一个包括事前、事中、事后参与的整体性进程。因为事前参与往往具有较强的建设性，而仅仅事中甚至事后参与一般属于补救或救济性参与，后者一般难以对最终决策等公共事务结果产生较大影响。但是，目前国内多个领域的参与实践大都属于事中或事后参与(王周户，2011)。对此，国内外多个领域的相关研究已经表明，公众参与需要实现全程参与(Furia and Jones，2000；王凤，2008；王波，2011)。Lundell(2009)针对瑞典立法的研究提出，公众需要参与到其整个过程中的动议、准备、制定、实施、评估、反馈等阶段；陈芳(2011)针对公共服务提供的研究提出公众参与要贯穿到其决策、生产、提供及评估的整个过程中；Fagence(1977)通过对城市规划领域的研究更加具体地提出，公众应该参与到其计划准备、目标设定、调研分析、假说、测试和评估等多个阶段中。旅游规划领域的理论和实践也表明，要想取得旅游规划的成功就必须要保证公众能够参与到旅游规划整个进程的所有阶段。因为公众若在前面的阶段被排斥，则往往会难以使他们再参与到后面阶段的行动(Tosun，2006)。若将公众参与仅局限于旅游目的地公共事务的某一个阶段或部分阶段，则往往会导致旅游目的地公共事务的执行遇到障碍。例如，马来西亚 Langkawi 岛的旅游业发展规划由于仅在早期阶段实施了公众参与而导致其存在局限性(Azizan et al.，2012)，香港的《重整大澳发展研究》规划则由于制定者在后期未采纳公众意见而导致实施遇到困难(文彤和陈志忻，2009)。因此，旅游目的地治理中应让公众能够持续性地参与到旅游公共事务的整个过程中。当然，在旅游目的地公共事务的不同阶段所需要的公众参与程度及相应的参与层次和参与形式是存在差异的，但由于自身的公共属性，旅游目的地公共事务在整个过程中一般是需要公众参与的。因此，旅游目的地公共事务执行的不同阶段都首先考虑其需要公众参与的程度，并以此为基础来进一步判定其所需的参与层次和方式等。基于此，针对单项旅游目的地公共事务的公众参与过程的有效实施就要在参与选择模型基础上，确保在该事务执行的整个过程中公众能够实现最充分的参与。要注意的是，即使是对那些基于工具性目标判断不需要公众参与的旅游目的地公共事务，也不要轻易将其对公众封闭，有时也可能需要考虑超越工具性目标而基于价值性目标实施低层次的公众参与。

针对单次公众参与活动，也应实现公众在其各个环节的全程性参与。若仅将

公众参与限制在某一个环节会导致两个方面的问题：一是参与者会因仅仅被限制在给定的范围中进行选择，而难以真正将自己的意见及资源充分输入旅游目的地公共事务执行之中。这在国内各地关于旅游景点门票价格听证会中已经普遍出现，大多数听证会的参与者仅是在政府已经给定的价格调整方案中进行选择，而无前期方案制订中的参与。二是参与者会因缺少前期环节的参与而信息不充分，从而难以在参与活动中客观地发表意见或有针对性地投入自己的资源，进而会导致其对参与的不信任和排斥。正如本书前面已经提到的，国内公众对各类听证会的漠视现象已经十分突出。可见，单次公众参与活动应是一个全程对公众开放的透明过程。基于此，图 5.9 所列的从界定参与客体、明确参与目标到参与评估与反馈的各个环节都离不开公众参与。要注意的是，在不同的环节中实际参与公众的具体范围会有所不同。例如，确定参与目标、界定参与主体、参与评估与反馈等环节直接参与的公众要较多，而界定参与客体、制订公众参与计划等环节则直接参与的公众相对要少一些。

二、基于公平性参与的公众参与过程组织

公平性是公众参与过程有效组织的重要因素（Baker et al.，2005），也是确保公众参与实现最终目标的根本因素。公众参与过程中的公平性是指要保证公众参与过程的公正性，也就是要确保公众参与机会的公平及具体参与行动中公众意见表达、资源投入的平等。

首先，合法的参与者应该有公平的参与机会，不能因经济状况、社会地位、时间和地理位置等外部原因而被排斥在公众参与行动之外。根据本书前面对参与主体的界定，合法的参与者是指受到该旅游目的地公共事务影响的人或对其能够产生影响的人。对于这些参与者，他们在参与相应的旅游目的地公共事务中应该具有平等的机会。因此公众参与过程中要确保实际参与公众的广泛性，并要特别注重那些在信息获取、经济和社会地位及地理位置等方面处于弱势的公众的参与。但目前我国公众参与实践中，弱势群体往往被忽略而很少参与，而且很多时候政府所提供的公众参与渠道存在局限性（如很多规划公示展览多是停留在规划大厅内）（张群，2009）。这就要求政府在公众参与过程中要提供全面、便捷的参与渠道，使应当参与的公众的参与机会能够得到保障。例如，针对公众参与旅游公共事务活动的公告、宣传与营销环节要实现参与方式的多元化、全覆盖，且对公众最关注的媒体要进行多次公告和宣传（王锡锌，2008b）。进一步来看，不同空间层次目的地的旅游公共事务所面对的参与主体规模不同。大空间尺度旅游目的地多的参与主体数量一般较多，加之诸多参与方式本身所能容纳的参与者规模是有限的，因而，这些旅游目的地往往难以保证在参与活动中每个公众都同时拥有现场参与的机会。基于此，公众参与过程组织中对参与机会公平的保障，往往

要通过公众代表形式来实现。在此，实际参与者的代表性、平衡性是公众参与机会公平的基本保证。代表性是指实际参与的公众代表要能够代表应该参与的公众整体，而不能仅局限于少数人或群体。对于参与代表的选择要涉及政府的倾向和公众的参与意愿两个维度。基于政府倾向维度，政府往往愿意选择那些拥护并有助于推动其决策的群体参与，而且其往往关注那些呼声最大群体的声音。而这实际上都是不利于参与机会的公平的，因为前者实际上仅是政府指定范围的公众的参与而非广泛性参与，后者则仅是积极行动的公众的参与。国内相关研究表明，参与者代表性缺失的主要原因是公众代表产生方式的不科学，因此应采取随机方式来选取相关的代表以确保其不为政府倾向所左右（王周户，2011）。同时，代表性还有一个十分重要的维度，即公众代表在参与中所表达的观点或投入资源的代表性，也就是说公众代表的意见表达或资源投入应符合其所代表群体的整合性意愿。在此基础上，参与过程中还应注意参与者之间的平衡性，即不同群体代表的力量对比要保持平衡而避免部分群体按照其意愿主导参与过程。这样方可保证公众的声音都能够被听取，进而防止公众参与行动被个别群体俘获而成为其利益维护或获取的工具（林鸿潮和栗燕杰，2008）。而现实的情况却经常是有组织的利益群体占据主导，而分散的个体却始终处于边缘化的地位（王锡锌，2007），从而使公众发出或听取到的往往是公开意见而非所有公众的整合性意见（李伟权，2006）。要强调的是，即使采用公众代表参与形式，也应将参与过程对所有公众开放而使之成为一个透明性进程，从而避免当前国内很多旅游目的地公众参与行动过程中的较为普遍的封闭现象（刘世昕，2005）。

其次，公众在参与行动具体执行过程中的平等，即实际参与行动中实际参与者在意见表达、资源投入等方面的机会平等。也就是说，所有利益相关者在旅游决策及其他旅游目的地公共事务执行过程中都要能够担当合法的角色（Webler and Tuler，2000）。这就要求在公众参与行动中要确保实际参与者具有平等的地位，能够自主、公平、充分地进行信息、观点、意愿及资源等的输入，并且他们投入的资源要得到尊重和重视。根据 Webler 和 Tuler（2000）的观点，旅游目的地治理中公众参与过程公平性的实现程度可以在协商性政策制定或协作性行动过程中以公众被允许做什么为依据进行判定，公平的公众参与过程应该确保个体公众能够参加到公共事务执行的现场（attend/be present）、发起对话（initiate discourse）、参与讨论（要求说明、回复和讨论）、参与最终决策（解决冲突并实现）。与之相近，Lauber 和 Knuth（1999）也提出公平的判断标准要涉及政府对公众投入的接受、受影响的公众拥有决策权、参与各方的关系增进程度等。同时，公众参与过程中公平的实现还需要保证应参与者的知识质量，即他们要能够公平地取得参与所需的足够信息和知识（王凤，2008），而不会因知识不足导致参与中的失语现象（即虽然在参与现场，但因其信息与知识不足而无法提出有效的建议，以及有效地投入自己的资源）（Webler and Tuler，2000）。更具体地来看，旅游目的地治理中公众参与过程的公平，要基于有效政策产出等直接结果和满足参与者的民主预期两个目标的整合，确保公众的声音能够充分地发出并能够被政府和其他公众听到，其可根据如表 6.3 所列的九个方面的标准来进一步实施。

表 6.3　公众参与过程中公平性的标准

项目	标准
议程与进程规则	是否每个人都有平等的机会提出自己对议程的关注点和同意或建议对话的规则？
	是否每个人都有平等的机会对议程和规则的相关建议进行辩论与批评？
	是否每个人都有平等的机会对关于议程和对话规则的最后决定产生影响？
协调者和规则实施	是否每个人都有平等的机会建议协调和实施方法？
	是否每个人都有平等的机会质疑或支持其他人提出的协调和实施方法？
	是否每个人都有平等的机会对关于协调和实施方法的最后决定产生影响？
讨论过程	是否每个人都有平等的机会在对话中成为代表或被代表？
	是否每个人都有平等的机会提出或批评有关语言、事实、准则和表达的有效性要求？
	在讨论中被用来解决关于有效性要求的争议的方法是否在之前已经取得一致性意见？

资料来源：Webler T，Tuler S. Fairness and competence in citizen participation：theoretical reflection from a case study. Administration and Society，2000，32(5)：566-595

三、基于参与程序合法的公众参与过程组织

旅游目的地治理中公众参与过程的有效组织还要依靠合法的参与程序。公众参与过程中，虽然程序合格并不代表实体正确，但是只有参与程序正确才能够争取结果，若参与程序错误，其结果将更加错误（王锡锌，2008b）。正如 Lawrence 等(1997)基于社会心理学理论所提出的，程序公正与结果公正是同等重要的。因此，公众参与实践中有时即使公众的意见没有被采纳，但只要程序公正与合法，则该参与本身也可以说已经取得一定价值（张群，2009）。具体来看，公众参与程序是指"具有功能意义的合法化程序"，其基本要求是在遵循"合法律性"的基础上追求实现"合法性"（legitimacy）（陈振宇，2009）。

首先，程序合法的一个方面就是"合法律性"，即旅游目的地治理中公众参与是依法参与下的有序参与，需要按照现有的相关法律法规要求来依法组织相应的公众参与过程。目前，国内法律法规对公众参与程序的规定尚不完善，但出台的部分法律法规已经对相应领域的公众参与程序做出了一定程度的规定。例如，国家层面的《中华人民共和国行政许可法》、《中华人民共和国行政处罚法》、《中华人民共和国城乡规划法》、《中华人民共和国环境影响评价法》、《中华人民共和国价格法》以及更具体的《全面推进依法行政实施纲要》、《中华人民共和国政府信息

公开条例》及《环境影响评价公众参与暂行办法》等都对部分形式的公众参与（主要是听证会）程序做出了明确的规定，同时国内其他各级政府根据上述法律法规制定实施细则、条例等也对其提出的公众参与程序进行了诸多更加细化的规定。基于此，旅游目的地治理中针对与上述法律法规相关领域的旅游公共事务的公众参与组织实施时必须要遵循上述相关法律法规的规定，按其已经确定的参与程序来实施公众参与并对其具体行动过程进行有效组织。

其次，程序合法的另一个方面是指"合法性"，即旅游目的地治理中公众参与程序必须是公众所普遍认可的，且要能够使公众接受依据该程序进行公众参与所取得的结果。合法性是善治的重要衡量标准，合法性越大则表明该公众参与过程所能够实现的善治程度越高（俞可平，2002）。基于国内现行的相关法律法规对公众参与程序规定的不完善和旅游公共事务本身的多元化，很多情况下旅游目的地治理中公众参与程序尚需依靠参与者在参与活动之前通过共识而确认其"合法性"。也就是说，公众参与程序需要在参与活动实施以前就应该取得旅游目的地实际参与者的最大限度的同意、认可与接受，而不是按照政府意志或部分利益主体的意愿确定。这就要求在公众参与过程之初就要开展针对参与程序的相应公众参与活动。对于法律法规明确规定的参与程序一般是开展公告形式等告知层次的公众参与，而对于其尚未明确规定的则需要开展咨询、协商确定等更高层次的公众参与来提前确定，以确保所采用的公众参与程序的合法性及减少后续公众参与过程中出现公众抵制等障碍因素。而且一旦确立公众参与程序就需要严格按照既定程序组织具体的参与进程，若需调整既定的参与程序也需要提前取得参与者的普遍认可。

四、基于政府有效回应的公众参与过程组织

政府回应是政府能够积极地对公众需求做出回应，并采取积极的措施来公正、有效地实现公众需求与利益的公共管理过程（李伟权，2006）。政府回应是善治的基本构成因素，也是公众参与过程有效组织的直接动力。公众参与成功与否不仅取决于公众的参与水平，还依赖政府的回应能力（王周户，2011）。因为只有政府对公众的参与行动做出反应才能够真正实现公众与政府的对话，真正让公众参与成为一个双向过程，借此公众参与才有可能实现价值目标与工具目标的协同。基于此，在公众参与的整个过程中政府必须要对公众的要求做出及时的和负责的反应，不得无故拖延和没有下文（俞可平，1999）。这就要求在公众参与过程中政府回应必须要达到两个要求，即积极而灵敏、负责而有效（王锡锌，2008a）。

首先，政府回应的积极而灵敏。一方面是指政府要积极、及时地对已经开始的公众参与行动及在参与过程中公众提出的诉求做出快速、准确的反应，而不是采取回避、漠视、拖延甚至忽视等被动方式来应付；另一方面则是基于更高层面的要求，政府要有主动性和预见性，能够主动采取行动去发现公众的诉求所在

（如主动进行公众调查、召开听证会等），从而提前发现公众的意愿与需求并对其变化保持敏感性。其次，政府回应的负责而有效。一方面是指政府应将对公众参与的回应作为"履行政治和法律职责的必要过程"而通过正当程序和公开途径，严肃诚恳地对公众诉求做出反馈；另一方面则要求政府对公众参与的回应必须是务实和有效的，其要对公众诉求做出有针对性的、明确的、客观的、具有约束力的具体行动安排，而不能以应付的态度仅仅做出应付性的、笼统的、流于形式的甚至是欺骗性的反应（王锡锌，2008a）。但当前，国内一些旅游目的地的公众参与案例表明政府对公众参与的回应尚未达到上述两个要求。例如，浙江省楠溪江芙蓉村滩林旅游开发过程中，当地镇政府就因政府违背与公众达成的租用滩林协议，并欺骗公众改为"征用"而引发大规模的集体上访事件和公众与政府在古村落保护中的激烈冲突（翁时秀和彭华，2011）；而桂林"七·二六"导游事件初期所表现出的则是政府对公众参与的回应因缺少调研而失之客观性（毛锦茹，2009b）。

公众参与过程中符合上述两个要求的政府回应才是有效输出，才能够为公众所接受，并实现公众与政府之间互动的有效性。在此，政府回应实际上表现为对公众参与过程的两个方面的直接动力：一是反馈正在进行的公众参与行动而对该参与认可与接受；二是激励未参与者而扩大参与主体范围或新的公众参与行动。同时，政府还要关注公众对政府回应的评价，并针对这些评价对公众进行进一步的反馈。在此基础上，公众参与过程要实现"参与—回应—再参与"的动态性进程，并形成如图 6.4 所示的优化运行机制。要注意的是，此处的政府不仅仅是指旅游行政部门。基于旅游目的地公共事务的多领域，政府部门也可能包括文化、园林等相关行政部门，但旅游行政部门是主要行动者。在公众参与过程中，公众诉求往往是首先输入旅游行政部门，若涉及其他部门则需由旅游行政部门主动联合其他部门来共同回应，要避免因各部门之间的相互推诿而导致无人对公众诉求进行回应情况的出现。

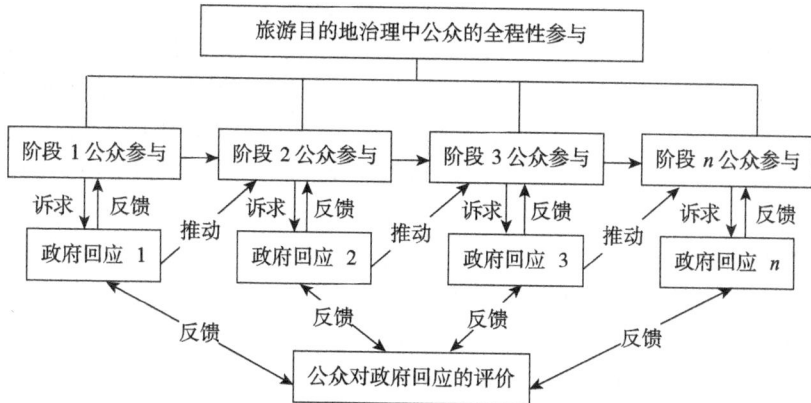

图 6.4　旅游目的地治理中公众参与的"参与—回应—再参与"机制

第三节　基于参与结果的公众参与实现机制的实施

基于参与结果的有效实施，即根据本书前面所提出的旅游目的地治理中公众参与实现机制中的参与结果体系来设计其具体实现程度的评价维度，并据此对公众参与行动的实际结果进行评估。根据本书提出的公众参与结果体系，旅游目的地治理中公众参与实现机制的有效实施要实现的是政府与公众各自的输入与输出的充分实现，以及他们之间输入与输出相互对接的充分实现，从而使公众参与行动能够对旅游目的地公共事务执行过程及结果产生积极影响。这种积极影响的集中体现就是更好地实现旅游目的地公共事务的直接目标，即实现其相应的旅游公共产品与服务供给的 4E 目标。此外，公众参与结果有效实现还应关注参与行动本身层面的指标，这主要包括两个方面，即参与要增进公众之间及政府与公众之间的信任（Beierle，1998）、参与者对参与过程及其结果满意（Lawrence and Deagen，2001；Baker et al.，2005）。正如 Baker 等（2005）提出的，有效的公众参与应当赋予公众权利并影响政策制定结果；参与应当有助于决策质量的提高；参与者应当能从结果中获得一定的满意度。旅游目的地治理中公众参与结果的有效实现要涵盖以下要素，即公众的输出与输入程度、政府的输入与输出程度、旅游目的地治理的 4E 目标的实现程度、参与者对参与过程和参与结果及参与所带来的关系增进的实际感知。

一、基于公众输出与输入的公众参与结果实现

公众是旅游目的地治理中公众参与的主体，其要实现的是输出自己的诉求及其相应的资源到旅游公共事务执行过程中，输入其合法权利的充分保障和有效实现。具体来说，公众输出的构成要素包括信息供给、诉求或意见表达、民意（支持或反对）、资源投入等，其所体现的是公众对自身权利维护、保障和实现的要求；而公众输入的构成要素包括信息获取、得到反馈、取得对旅游公共事务执行的控制力及其最终结果的影响力、获得情感与精神满足等，进而实现自己的知情权、表达权、参与权和监督权等。基于公众在旅游目的地治理中的主体地位，公众参与过程中公众能否充分实现输出会对政府的输入与输出产生直接影响，进而会影响公众自身输入的有效性，并最终决定旅游目的地治理的 4E 目标能否实现；而公众输入的实现程度本身既是公众参与目标体系的重要内容，又是判断公众参与是否有效的重要标准。基于此，公众输出与输入的充分实现是旅游目的地治理中公众参与结果有效实现的基础要素。

旅游目的地治理中公众参与结果的有效实现，首要的因素就是公众输出与输

入的充分实现。也就是说，在旅游目的地公共事务执行中，政府一方面要在参与选择模型所确定的参与者范围内按照相应的参与层次、方式为公众提供足够的参与机会、畅通的参与渠道和充分的话语权，从而确保公众的声音能够发出、资源能够被接纳；另一方面要对公众输入做出积极的反应，确保公众的信息获取渠道畅通、诉求得到充分尊重，并尽最大可能使其体现在最终结果之中、其所投入资源要得到合理高效的使用。具体来说，基于公众输出与输入层面旅游目的地治理中公众参与实现机制有效实施的要点见表 6.4。在实践中，表 6.4 所列标准既可作为公众参与旅游目的地公共事务过程中的参照标准来逐项实施，又可用做对相应参与结果评估的指标来使用（其方法主要是对实际参与的公众进行调研）。

表 6.4　基于公众输出与输入的公众参与结果有效实现

项目	标准
公众 输出	政府是否采用一定的调研方式（如问卷调查、访谈等）向公众就该旅游公共事务执行获取信息、意愿、意见等？
	公众的信息、意愿、意见等是否通过政府所采用的上述调研方式得到充分的表达？
	该旅游公共事务执行的相关决策在做出之前公众是否有机会广泛性地发表意见？
	该旅游公共事务执行过程中，公众是否有资源（主要是指知识、技能、劳动、资金及物质资源等）投入？其涉及的相关主体是否广泛？
公众 输入	公众能否便捷地获取与旅游公共事务和公众参与活动相关的信息？
	公众的信息、意愿输入是否得到了政府的反馈？
	公众在参与过程中是主动的还是被动的？（自主性还是被动性参与：是否对参与中的具体议题确定、参与程序设定具有话语权？）
	公众诉求是否在旅游公共事务执行的最终结果中得到充分体现？
	若未体现，政府是否向公众进行解释与说明？公众是否感到自己的诉求得到重视和尊重？
	公众所投入的资源是否对旅游公共事务执行的结果产生了影响以及具体产生了哪些影响？
	通过公众参与活动，公众是否感到自己的旅游目的地主体地位得到充分体现？其对旅游目的地主人感和归属感是否得到强化？

二、基于政府输入与输出的公众参与结果实现

政府作为旅游目的地公共事务的传统执行者和最终责任者，其在公众参与中要承担推动者、协调者的角色。政府输入与输出是连续性公众参与过程的重要媒介，其有效实现正是公众输出与输入得以实现的基本保障。其能够保障旅游目的地治理中政府与公众互动、协作机制的真正实现，从而推动实现旅游目的地治理的4E目标。基于此，旅游目的地治理中公众参与结果的有效实现还必须要依赖于政府在公众参与旅游目的地公共事务过程中的有效输入与输出。

实际上，基于政府视角的接纳公众参与旅游目的地公共事务的目的主要有两

个，即纳入公众的诉求而增强公众对公共事务执行过程及其结果的接受程度、获取公众的信息或资源而提高公共事务执行结果的质量。而这两个目标实现的前提就是政府输入，具体包括政府对执行旅游公共事务所需信息的获取、公众诉求和意见的听取、民意支持的获得、公众资源支持的实现等方面；其实现的途径则是政府输出，即政府的信息公开、对获取公众信息的相关调研结果的反馈、对公众诉求在最终结果是否得到及如何体现的反馈、对公众投入资源的接纳及其价值的肯定与说明。在旅游目的地治理实践中，虽然政府输入与输出均存在主动性和被动性两种情况，但是此两种情况下其有效性的基本原则是相同的：政府输入均要做到及时、全面和充分，政府输出则要做到及时、明确和负责任。基于此，旅游目的地治理中公众参与结果的有效实现还需要从政府视角来判断其输入与输出是否达到上述基本原则的相关要求。当然正如本书前面所分析的，政府输入与输出是和公众输出与输入相对应的，两者有效实现的判断标准是存在对应性的，但两者的评价主体是不同的。此处公众参与结果是否有效实现的判断方法是对旅游行政部门及其他参与旅游目的地公共事务的政府部门进行调研(一般采用问卷调查法、访谈法)，根据他们对表 6.5 所列的政府输入与输出相关项目的判断来具体确定。

表 6.5 基于政府输入与输出的公众参与结果有效实现

项目	标准
政府输入	政府是否已经对该旅游公共事务执行所需信息及公众的意愿与意见进行了相关调研(如问卷调查、访谈等)?
	通过上述调研，政府从公众处所取得的信息、意愿、意见等是否及时和全面?
	在该旅游公共事务执行的相关决策做出之前，政府是否已经取得相关公众的民意支持?
	该旅游公共事务执行过程中，政府是否取得了公众的资源(主要是指知识、技能、劳动、资金及物质资源等)支持? 其涉及的主体是否广泛?
政府输出	政府是否建立了完善的信息公开制度?
	政府是否为公众获取该旅游公共事务和公众参与活动相关信息提供了便捷的渠道?
	政府是否就其信息获取、意愿调查等调研活动结果向公众进行反馈?
	政府是否对参与中公众诉求进行回应? 该政府回应是否及时、具体和负责任?
	政府是否将公众诉求纳入旅游公共事务执行的最终结果中? 若未纳入，政府是否向公众进行解释与说明?
	政府是否就公众投入的资源在旅游目的地公共事务执行过程及其结果实现中的作用对公众进行反馈?

三、基于旅游目的地治理 4E 目标的公众参与结果实现

旅游公共事务执行的 4E 目标是旅游目的地治理中公众参与结果的整合性体

现。基于此，实现 4E 目标是旅游目的地治理中公众参与实践进程的根本导向及其结果的核心，也正是基于参与结果的旅游目的地治理中公众参与实现机制有效实施的核心所在。

具体来说，经济实际上就是要在旅游公共事务执行中少花钱多办事，这就要求政府节约公共资源、避免资源浪费，从而实现对政府有限财政资源的合理使用。旅游目的地治理实践中，公众参与"经济"结果的实现可具体表现为公众参与能够纠正政府就该旅游公共事务相关决策的错误或提出了更为优化的旅游公共事务执行方案，公众参与使旅游公共事务执行的实际支出较政府最初预算有所减少，与当地以往或其他目的地相同或类似的旅游公共事务的执行相比该目的地公众参与推动相应的公共支出降低，供给单位旅游公共产品与服务的生产成本降低。效率要求旅游目的地公共事务执行过程及结果要能够及时回应公众需求，并高质量供给公众所需的旅游公共产品与服务。基于此，旅游目的地治理中公众参与"效率"结果的最终体现就是作为消费者的公众对相应旅游公共产品与服务供给的针对性、及时性、质量等维度的感知和评价。"效能"结果则要求公众参与要使消费者对相应的旅游公共产品与服务更加满意，其实现的关键因素是公众需求能够整合到旅游公共需求之中、旅游公共产品与服务供给更加符合旅游公共需求等。基于公众视角，"效能"结果的直接表现就是作为消费者的公众对相应旅游公共产品与服务供给的满意度，因而该结果实现程度的判定标准就是测定公众对相应旅游公共产品与服务供给的满意程度。"公平"则要求公众参与能够使旅游公共事务更好地遵循公共需求导向而避免政府导向或部分主体利益导向，能够推动更广泛的公众获得旅游公共产品与服务消费机会。基于此，其判定标准就是公众参与是否使更多的公众(特别是弱势群体)有机会消费旅游目的地公共事务执行所供给的旅游公共产品与服务。综合来看，基于 4E 目标的旅游目的地治理中公众参与结果的有效实现可按照表 6.6 的相关项目而具体判断。

表 6.6　基于 4E 目标的公众参与结果有效实现

项目	标准
经济	公众参与是否纠正了政府就该旅游公共事务相关决策的错误或提出了更为优化的旅游公共事务执行方案？
	公众参与是否使旅游公共事务执行的实际支出较政府最初预算有所减少？
	与当地以往或其他目的地相比，公众参与是否能够使相应的公共支出降低？
效率	该旅游公共事务执行所形成的旅游公共产品与服务供给是否能够符合公众需求及其变化？
效能	公众对该旅游公共事务执行所形成的旅游公共产品与服务供给是否满意？（这同时也是旅游公共产品与服务的质量的判定）
公平	通过公众参与是否使更多的公众特别是弱势群体获得了消费旅游公共产品与服务的机会？

四、基于参与者实际感知的公众参与结果实现

参与者对公众参与过程本身的实际感知会直接影响其能否坚持持续参与，能否在参与中积极、主动和充分地提供信息、表达诉求及投入资源。因此，参与者对参与过程的积极感知往往是公众参与能够得以有效实施，并有效实现前面所提出的公众和政府的输入与输出、4E 目标等参与结果的重要保障。因为公众只有对公众参与本身有积极感知，才会保持对参与的热情而主动参与，也才有可能将自身资源充分地输入旅游目的地公共事务执行过程中。这就要求在公众参与过程中，政府必须要随时关注公众对参与的实际感知，积极采取措施消除负面感知和不断强化积极感知。整体来看，公众对参与的实际感知是涉及多个方面因素的综合性感知，其核心体现就是公众对参与的满意程度。具体来说，公众对参与的满意度既涉及前面已经分析的公众参与的过程性因素，也包括上面分析的相关结果性因素，同时还包括公众的直接感知因素：参与对公众与政府及公众之间关系加强（如对冲突的解决、信任增强）的影响（Lauber and Knuth，1999）。在旅游目的地治理实践中，参与者对公众参与的实际感知可通过对上述相关因素的感知满意程度来进行判断，并据此来强化积极感知和减少负面感知。因此，基于参与者对参与的实际感知层面，旅游目的地治理中公众参与结果的有效实现可按照表 6.7 所示，通过对公众进行调查进行判断。

表 6.7　基于参与者实际感知的公众参与结果有效实现

项目		标准
公众对参与的满意程度	参与者对过程性因素的感知	参与者对自身在该公众参与中实现全程性参与的程度是否满意？
		参与者对自身参与的公平性是否满意？
		参与者对该参与所使用的参与程序是否满意？
		公众对政府就公众参与的回应是否满意？
	参与者对结果性因素的感知	参与者对自身在参与中的输出与输入是否满意？
		参与者对政府在参与中的输入与输出是否满意？
		参与者对其所参与的旅游公共事务执行实现 4E 目标的程度是否满意？
		参与者对参与所推动的自身与政府之间关系的加强是否满意？
		参与者对参与所推动的自身与其他公众之间关系的加强是否满意？

第七章　旅游目的地治理中
公众参与的保障机制

　　整体来看，旅游目的地治理中公众参与要实现的是公众愿意且有能力参与、参与过程有效组织并最终能够取得相应的参与结果。借鉴其他领域的实践经验，旅游目的地治理中公众参与要达到上述要求就必须要超越象征性参与而实现组织化参与和制度化参与(赵德关，2006)。但是，目前我国旅游目的地治理实践中，公众参与尚多是象征性参与而组织化参与不足、制度化参与不健全，公众参与的常态化、规范化和制度化还远未实现。其中一个重要的原因就是旅游目的地治理中公众参与的具体实践会受到来自参与主体、客体等方面的诸多因素的限制。国外研究中，Tosun(2000)基于社区层面提出，发展中国家的公众参与旅游业发展存在执行性、结构性和文化性三个层面的限制性因素，Gallardo 和 Stein(2007)的研究也发现目的地已经存在的权力关系会限制参与者的范围；国内研究中则更具体地发现，社会民主化程度和经济主导型旅游发展观及社区结构(叶俊，2009)、居民的社会经济地位低与参与意识薄弱(张荆艳，2009)、政治失权(朱玉熹，2011)等都会限制公众参与旅游目的地公共事务。而其中最大的问题就是公众本身有无意愿及能力参与相应的旅游目的地公共事务，以及政府的制度是否为公众参与提供了渠道和机会，即公众的参与意愿、参与能力、参与制度的完备程度等(王春雷，2010)。基于此，我国旅游目的地治理中公众参与的实施尚需针对上述限制性因素构建包括参与型政治文化构建、政府职能转变、公众参与能力提升、制度供给等因素的有效保障机制(图 7.1)。其中，参与型政治文化构建是旅游目的地治理中公众参与的政治保障，也是其他保障因素能够形成并发挥作用的政治前提；服务型政府建设会通过使政府旅游行政部门成为公众参与实践的推动者、组织者而为公众参与提供组织保障，而且其会直接影响公众参与制度的完善和有效激励机制的建立；公众参与能力提升是公众具备参与所需知识与技能的能力保障，公众参与制度完善是公众参与实现常态化与正规化的制度保障，而有效激励机制的建立则是激发和保持公众参与热情的动力保障。

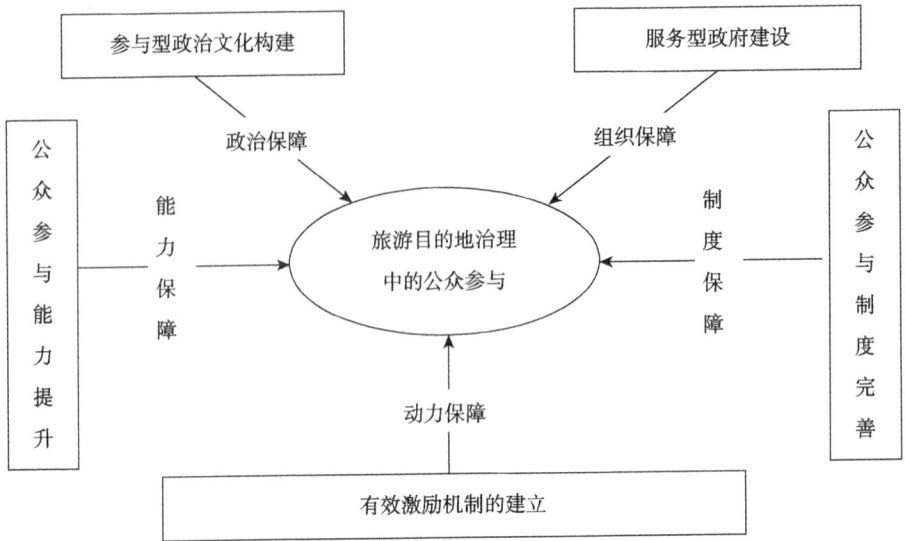

图 7.1　旅游目的地治理中公共参与的保障机制

第一节　基于参与型政治文化构建的政治保障

政治因素不仅是公众参与的政治基础，更是公众权利确认从而使公众参与得到制度保障的决定性因素。目前，我国政治结构、政治制度中均已确立了公众参与的合法性，国家发展战略也对公众参与有明确的规定。这表明公众参与已经得到政治层面的认可。但是我国政治文化转型尚未完全实现，其部分因素在一定时期内仍将会对我国公众的参与意识强化、参与动机形成具有较大的阻碍。这就既要求在国家层面不断完善我国政治的民主化程度，更要求在各级地方层面加强对新型政治文化的阐释和实践而提高公众的参与主动性与积极性。

具体来说，政治文化是社会在特定时期流行的一套政治态度、政治信仰和感情(阿尔蒙德和鲍威尔，1987)，是一个国家或地区的历史、当代社会、经济和政治活动进程共同作用的结果。政治文化主要有三种类型：地域型或蒙昧型，公众既不向政府表示自己的愿望和要求，也不关心政府的政策和法令；服从型，公众缺乏参与政治和向政府表达利益要求的意识，但尊重并执行政府所作的权威性决策；参与型，公众抱有恰当的参与热情，对合法的权威充分尊重(阿尔蒙德和维巴，2008)。政治文化是影响社会成员政治参与的重要因素(王绍光，2008)，也是公众是否愿意积极主动参与公共事务的决定性因素。我国传统的政治文化属于服从型，官本位、集权是其特征(高放，2002)。改革开放以后我国一直在构建理性、民主、开放的政治文化，但传统政治文化中的许多深层因素还依然存在，因此当前我国政治文化的转型在很大程度上尚局限在表层(熊光清，2011)。可见，当前我国参与型政治文化尚未有效形成。实际上，参与型政治文化构建的不完善已经成为我国旅游目的地治理中公众参与实践难以有效实施的重要原因，主要表现有二：①传统政治文化残留因素导致政府(官)本位和公众政治漠视等现象在很多地区还较显著；②我国已有的公众参与旅游目的地公共事务实践多是公众在自身利益已经受到侵害时的非常规性参与(黄仁佳，2008)。它们大都属于救济性参与而难以确保有序性和有效性，因此存在着两大风险，即利益诉求的非理性会导致利益整合难以实现而使参与无果、参与无规则会使参与过程无序而导致参与失控。基于此，改变传统的政治文化、构建参与型政治文化是旅游目的地治理中公众参与的基础条件，否则公众参与就难以有效实现。这就要求旅游目的地要比其他地区更加积极地在社会整体层面践行社会主义民主制度，并针对旅游公共事务采取更加开放的公共管理模式。

参与型政治文化构建是一个综合性范畴。旅游目的地加强参与型政治文化构建的关键点有三个，即合理扩充公众参与权的实践范畴、加强对公众的宣传与教育、践行有效的公众参与实践活动。首先，在公众参与权层面，我国政府已经提出的公众参与权包括知情权、参与权、表达权、监督权，确保这些权利的实现是旅游目的地治理中强化参与型政治文化构建的基本要求。对于在现行制度规定中那些存在较大自由裁量权的公众参与的相关要求，旅游目的地治理中要尽可能积极充分地实施。在此基础上，旅游目的地治理要积极实践更为完善的公众参与权利体系，即在当前制度的可行性范畴中扩充针对旅游目的地公共事务的公众参与权的实践范畴，践行公众的知情权、动议权、听证权、监督权及救济权。其次，在公众宣传与教育层面，旅游目的地参与型政治文化构建要以对公众进行公民教育为途径，强化公众在旅游目的地发展中的主体意识、权利意识及责任意识。一般情况下，公民教育涵盖公民人格教育(教育公民独立人格)、公民意识教育(培养公民的主体意识、民主意识、法制意识、责任意识等)、公民素质教育(公民应具备的知识技能教育)、公民道德教育(石路，2008)。最后，卓有成效的公众参与实践是旅游目的地治理中参与型政治文化构建的最直接途径。公众参与实践本身就是对公众最好的教育，行之有效的公众参与实践最能够推动旅游目的地参与型政治文化的构建。基于此，公众参与旅游目的地公共事务的实践本身就是旅游目的地治理中公众参与有效实现的保障因素。

第二节　基于服务型政府建设的组织保障

　　治理和公众参与都不是不要政府，而是要构建政府、私营组织、非政府组织、公众之间的新型协作关系。基于此，政府在公众参与实际行动中能否很好地发挥其推动者、协调者等作用，也是公众参与能否有效取得其目标的决定性因素。治理是增强公民社会制度的一项改革战略，其目标是要使政府更具开放性、回应性、责任性和民主性（Minogue et al.，1998）。基于此，旅游目的地治理本质上就要求目的地政府行为的开放性与透明性，要求政府旅游行政部门以将旅游目的地公共事务执行过程向公众开放为基础，实现旅游公共管理模式的优化与创新。而其根本目标就是更好地为公众提供旅游公共产品与服务，国内提出的服务型政府建设实际上正是对此的直接回应。

　　服务型政府建设与公众参与是统一的：前者是后者的前提和保障，后者要想取得成功也离不开前者。服务型政府要实现的是以人为本的治理理念、依法行政的行为准则、公众需求导向的服务模式及回应民意的政府责任（姜晓萍，2007）。这就要求政府必须让公众更充分表达公共需求和选择公共服务，并引导公众参与到公共服务过程中来（陈保中，2011）。进一步从我国当前服务型政府建设的实践来看，我国所提出的"健全社会公示、社会听证等制度""让人民群众更广泛地参与公共事务管理""推进政务公开"等正是公众参与的主要内容。可见，服务型政府正是要摒弃传统的"官本位、政府本位、权力本位"的行政理念，而构建"民本位、社会本位、权利本位"和追求公共利益的新型行政模式（刘熙瑞，2002）。这实际上正是基于政府角度对公众主体地位的认可，是对公众参与有效实现的保障。具体来说，服务型政府建设的理论与实践对旅游目的地治理中公众参与保障的实现要点是政府对公众参与的认可与接受、政府信息公开、政府对公众参与渠道的提供及政府组织和回应公众参与能力的提升。

　　首先，政府的认可和接受是旅游目的地治理中公众参与的前提条件。政府及其人员确立"良好关系的建立是公众参与的结果"的理念是公众参与能够有效实施并取得预期目标的基本保障（托马斯，2001）。但是目前我国许多地方政府的自利性倾向严重，其表现是地方保护主义、部门利益垄断、追求领导个人政绩或实际收入等私利（李伟权，2006）。这直接导致公共决策中违背我国已经确立的民主决策程序，而将公众排斥在外的（石路，2008），或仅按照政府意愿选择有利于其决策执行的组织或个人来参与而使公众参与沦为政府推行其意志的工具（刘婷和蔡君，2009）。基于对政府主导型旅游发展模式的误解，我国很多地方旅游目的地政府主宰、政府主财、政府主干现象突出（章尚正，1998）。基于此，旅游目的地治理中公众参与的有效实践，首先需要政府认可公众参与并科学认识其价值所在。政府不仅要接受公众参与，更要基于价值理性与工具理性的整合性视角来科学认识公众参与的价值。只有形成对公众参与的全面认识，政府才可能在旅游目的地治理中真正成为公众参与的推动者、协调者和行动者。

其次，政府信息公开是旅游目的地治理中公众参与的基本保障，若公众无法从政府那里获取与旅游公共事务相关的信息则他们就难以有效参与。这表现在两个方面：①基于政府是旅游公共事务的主要行动者，若政府不及时将旅游公共事务的相关信息对公众开放，则公众将难以了解旅游目的地公共事务的执行进程而导致参与意识不足，也就不可能主动开展相关的公众参与行动；②在已经实施的公众参与行动中若公众无法从政府部门取得相关信息，也存在着两个风险——信息双向流动机制难以形成，使旅游目的地治理过程难以有效实现政府与公众的双向互动而仅表现为政府管制状态；公众缺少必要的信息，会导致其在参与行动中知识运用变得极其困难而使自身参与能力受到限制（王锡锌，2007）。基于此，政府要根据《政府信息公开条例》等法律法规的相关规定，建立健全政府信息公开机制，主动向公众开放一切应该开放的信息，并在公众参与过程中发挥信息中枢的作用而及时、负责任地发布、处理相关信息。

再次，政府正式渠道的有效提供是旅游目的地治理中公众参与的渠道保障。在此，正式渠道是指政府根据相关法律法规或工作需要而开设的公众参与渠道，是政府自上而下所提供的公众参与途径。政府是否为公众参与提供相应的渠道是公众参与能否有效实施的关键所在（王春雷，2010）。目前，国内一些旅游目的地政府已经提供的渠道主要有政务公开、决策公示、各种媒介特别是以网络为媒介的投诉或问政平台、听证会、专门组织的咨询等形式。但是这些渠道并不畅通，尚无法满足公众参与的需要（陈芳，2011）。例如，政务公开的信息更新不及时、问政平台的回应性差、听证会的参与范围有限、咨询等参与活动的非常规化等。而这些参与渠道的共同缺陷是便捷性不足，其往往会因对公众的宣传不足而导致已有的参与渠道及已经开展或计划开展的具体公众参与活动难于为公众所及时知晓，从而公众参与往往表现为少数人的参与。而且在具体实践中，这些参与渠道的功能大多是单向信息输出而缺少及时、有效的双向沟通能力。同时，国内一些地方旅游目的地还尚未开设专门的公众参与平台。基于此，政府要针对本书前面所提出的多种公众参与方式而尽可能地提供相应的参与渠道，并确保这些渠道的权威性、便捷性、及时性、全面性和回应性。

最后，政府组织回应公众参与的能力是旅游目的地治理中公众参与取得成功的重要保障。一般来说，自上而下的公众参与需要政府具备组织公众参与的能力，自下而上的公众参与则需要政府具备引导、回应公众参与的能力。这就要求政府既要根据现行法律法规的要求而开展已有明确要求的、与旅游目的地公共事务执行相关的公众参与，又能够科学判断还有哪些旅游目的地公共事务需要公众参与、如何选择参与者、参与层次和参与方式。但是，目前我国政府还普遍缺乏组织和应对公众参与的能力(陈芳，2011)。目前，我国法律法规对公众参与的相关规定尚不完善，加之地方政府多是仅对上级政策进行简单复制而创新不足。这直接导致各级政府特别是地方政府对公众参与的组织或回应大都仅局限于法律规定的范围和方式，且主要为简单的信息输出。很多地方政府面对自下而上的公众参与时经常是被动的，其往往对公众参与先采取压制、回避或应付，在无效的情况下进行更严厉的打击或无原则的妥协。这些方式都不利于公众参与的有序和有效实施，且往往会导致公众对参与的漠视，甚至会导致公众参与的无序以至于发展成群体性冲突事件。基于此，旅游目的地治理中公众参与的有效实施尚需加强组织和回应公众参与的能力建设，这可通过如下三个方面来实现，即设置专门机构负责公众参与的相关事务、制订组织和回应公众参与相关预案、对政府人员开展公众参与相关知识与技能的培训。

第三节　基于公众参与能力提升的能力保障

公众参与中公众的角色定位应是制造者和塑造者，而不仅仅是传统意义的使用者和选择者(Cornwall and Gaventa，2011)。这表明公众在参与中是积极的生产者，而不仅仅停留在诉求表达层面；公众必须要具备一定的参与能力才能做一个称职的参与者，但目前我国公众参与能力局限的困境突出(李伟权，2006)。

公众参与能力取决于公民精神、公共精神、公众所拥有的有关公众参与及具体参与对象的知识等。公民精神是指好的或积极的公民应具备的特征，即公民能够理解一国的政策与法律、相信本国政体的价值、能承担个人的道德责任、具有容忍与宽容的品德(Hart，1984)；公共精神则是指公众要基于社会嵌入(socially-embedded)而不是自利去参与公共事务(Gaventa，2002)，并在认可公共价值、维护公共原则的基础上积极参与公共事务(刘武军，2009)；有关公众参与的知识主要包括公众参与的基本知识、具体参与对象的有关知识(石路，2008)。但是国内相关实证研究表明，我国公众的公民精神与公共精神还较为缺乏(陈芳，2011；梁莹，2012)、相关知识达不到参与的要求(季元礼和张立波，2004)。具体到旅游领域来看，一方面公众参与旅游业发展的目的还主要是获取经济利益而不是使自己在决策进程中发出声音(Tosun，2000)；另一方面旅游目的地公共事务的多样性、层次性使大多数公众难以掌握这些多学科、多领域的相关知识。这表明我国旅游目的地治理中公众参与能力不足问题尤为突出，因而公众参与能力尚需进一步提升。

　　具体来说，首先，公众参与能力提升需要强化公众的公民精神，使他们成为积极公民。实际上，积极公民角色的确立也正是形成和强化旅游目的地治理中公众参与意识的核心所在。积极公民强调公众是旅游目的地及其政府的所有者而不是顾客(井敏，2007)，参与当地旅游公共事务是公众权利与义务相统一的体现。处在"积极公民"角色的旅游目的地居民等公众应视自己为当地所有者，是旅游目的地的真正主人。这主要通过提升公众在旅游目的地治理中的主体地位、强化公众的主人意识，进而使其形成相应的责任意识来实现。

　　其次，公众参与能力提升还需要在具体公众参与过程中强化公众的公共精神。这既是公众参与意识形成的动力，更是公众参与能够取得结果的核心条件。公共精神强调公众要认可公共价值，而不仅仅局限于个人的自利。当然，这并不排斥公众在公共事务执行中追求个人利益，但其要求公众追求的应是以不损害公共利益为底线的个人利益。其核心是公众通过参与来塑造公共空间，进而实现或维护公共利益(李友梅等，2012)。在公众参与旅游目的地公共事务过程中，公共精神要求作为参与者的公众摒弃死抱个人利益不放的意识而实现以建设性为导向的参与。也就是说，公众要具有"无条件的建设性"(Fisher and Brown，1988)，要在参与中遵循对合作关系和自身都有利的建设性原则，要秉承"半个面包仍然是面包"(德鲁克，2003)的理念而积极争取协作性结果。否则，若所有参与者都对自身利益坚持"半个孩子却不是半个儿童"(德鲁克，2003)的原则，那么公众参与将会因一致性难以达成(Marzano and Scott，2009)而不能取得任何结果。

　　最后，公众参与能力提升还必须要以对公众进行相关知识的教育培训及强化组织化参与为保障。为保障公众参与的有效实施，政府要以信息公开为基础向公众提供旅游公共事务的充分信息，从而使其充分获取知识或能够将自身已有知识与参与所需知识有效对接。基于国内公众参与实践的缺乏及旅游公共事务本身的多元化，目的地旅游行政部门既要对公众开展公众参与的相关知识与技能的教育培训，又要对其进行关于旅游公共事务的知识教育，从而减少知识与技能对公众参与行动的抑制。同时，基于公众知识水平的多样化及他们学习机会与能力的不同，即使是接受相关教育培训也难以保证公众普遍性具备相关的知识与技能，组织化参与是对此的有效保障。因为组织化参与可以使公众得以借助相关组织特别是专业性组织所拥有的知识来解决知识不足问题。而且，组织化参与更能够使公众利益表达实现有效整合、放大与协调(王锡锌，2007)，从而使公众更有可能对旅游目的地公共事务执行产生更大的影响。组织化渠道既包括实体组织(如企业、社区)，也包括利益组织。作为公民社会的重要主体，非政府组织是利益组织化的最主要形式，也是非正式参与的主要渠道。但是，目前我国直接属于旅游领域的非政府组织较少，且主要是按行政层次设置的旅游协会及各业务领域的分支组织。这类自上而下的非政府组织对政府的依赖性很强(严若森，2010)，其目前尚难以真正成为目的地公众参与的有效渠道。除此类组织外，旅游目的地其他与旅游相关的非政府组织则大多侧重自身的利益领域而对旅游公共事务关注不多。可见，我国旅游目的地治理中公众参与渠道不足的障碍也较显著。基于此，强化旅游协会、饭店协会及其相关专业分支机构等非政府组织的发展，引导其他相关领域的非政府组织基于旅游目的地发展视角来关注旅游公共事务，是旅游目的地治理中公众参与组织化有效实现的重要保障。

第四节　基于公众参与制度完善的制度保障

制度化参与是公众参与有效实施和实现常态化、正规化的保障（赵德关，2006），而实现制度化参与所必需的就是完善的公众参与制度。没有完善的制度保障，公众参与就难以启动，即使启动也难以持续，更难以取得实质性结果。这是因为，没有制度保障的公众参与即使得到实施也存在两个方面的风险：一是因其随机性而难以保证参与的持续性，这往往会使公众参与仅表现偶然性的行动而难以得到公众的信任；二是因其缺少严格的实施程序而难以对参与过程进行有效组织，这往往会导致参与者机会不公平、参与者目标分散、参与过程无序而最终使参与行动失败。目前，国内大多数领域的相关法律法规对公众参与的规定是原则性规定，尚未对公众参与的具体实施程序做出明确的全面性规定。这使政府在执行旅游目的地公共事务过程中对是否实施和如何实施公众参与具有很大的自由裁量权，而这也正是国内公众参与实践经常流于形式而难以取得应有的结果的原因所在。具体到旅游领域，现行的《旅游规划通则》《旅游景区质量等级评定管理办法》等法规都没有对公众参与做出具体规定，因此公众参与旅游目的地公共事务的直接制度供给尚缺失。

根据奥斯特罗姆的观点，制度包括宪法、集体选择及操作三个层次（奥斯特罗姆，2000）。对此三个层次的制度，本书前面从整体层面的分析表明，我国已经构建了公众参与制度的基本框架。但是该制度框架尚不健全，所界定的制度体系还不完整，因而是难以保障公众参与有效实施的。基于此，完善公众参与制度就需要在此三个层次进一步完善公众参与的相关制度供给。其中宪法层次的核心就是对公众参与权的确认，即要在宪法层面确立公众参与权的基本构成。这包括两个方面：一是宪法层次确立并保障当前我国国家层面的法律、法规、战略等已明确提出的知情权、参与权、表达权、监督权，扩充公众参与权的内容，构建由知情权、动议权、听证权、监督权及救济权构成的更加全面的公众参与权体系（石路，2008）；二是集体选择层次对上述权利的实现和保障做出原则性规定与约束，并通过法律法规等形式对不同领域的公共事务执行中的公众参与做出明确的要求。但是，这两个层次的制度供给均非单独旅游领域所独自能够实现的，其要依托国家和地区整体层面的制度供给方可实现。因此，旅游目的地治理中公众参与制度完善的最直接途径就是实施那些国家整体层面或其他相关领域已经制定的相关制度，并针对其在旅游领域的实施而制定相应的行业性制度，如旅游行政部门的信息公开、旅游项目的环境影响评价、目的地旅游规划、旅游价格调整和旅游行政处罚听证会等。当然，对旅游目的地自身来说，公众参与制度完善最具可操作性的是操作层面的制度供给。基于旅游业的综合性和交叉性，旅游目的地公众参与的操作层次制度完善一方面是按照那些在国家层面或其他领域已经建立的相关制度所规定的具体参与方式、参与程序等组织公众参与活动，如听证会程序、环境影响评价中公众参与程序；另一方面则是要在旅游领域进行制度创新，即根据旅游目的地公共事务的特征而创新已有公众参与制度所规定的具体实施程序和制定目前尚缺少该层次制度供给领域的相关公众参与制度。

第五节　基于有效激励机制建立的动力保障

公众参与旅游目的地公共事务是要付出时间、劳动或物质资源等多种形式的成本的，加之在很多情况下公众参与旅游目的公共事务中所追求的旅游公共利益往往难以迅速、直接地得以体现和为公众所具体感知。因此，公众参与实践还面临一个关键的问题，即如何让公众在利益实现尚未得以显现时也能够产生并保持较高的参与热情。这就要求旅游目的地治理中公众参与实践必须要建立有效的激励机制，通过政府回应、影响力预期、奖励等多种手段来使公众能够拥有持续参与的动力。

首先，政府回应和对参与过程或结果具有影响力是旅游目的地治理中公众参与的最根本的激励因素。公众参与旅游目的地公共事务不仅是公众诉求表达、资源输出的表现，更是其对旅游目的地发展认可、重视和支持的体现。如果公众参与未得到政府重视或者公共事务执行未对公众参与做出任何反应，那么公众就难以继续拥有参与热情。国内有调查表明，74.8%的受访公民对参与公共服务不感兴趣是因为公众参与未受到重视、流于形式、无实际意义（陈芳，2011）。政府回应既是政府对公众及其参与行动重视的体现，又是公众与政府交流得以实现双向沟通的渠道。正如本书前面已经提出的，政府有效回应是公众参与过程得以进展的直接动力，没有政府回应则公众参与难以继续和实现其目标。如此，则公众就不可能对公众参与再产生信任，其参与热情也将消失。同时，公众参与的前提是权力分享与让渡，有效参与是以政府让渡公共权力为基础的，因此公众参与有效实施是要以产生影响力为前提的（王锡锌，2008b）。也就是说，政府要想获得某种特定水平的公众参与，就必须提供与之相当的影响力作为激励方式（托马斯，2001）。因此在公众参与实践中，让公众产生其参与能够对旅游目的地公共事务执行具有影响力的预期，并通过实际参与活动得到证实是对公众最大的激励。在此应注意的是，的确并非每个参与者的诉求都会在最终决策中得到体现，也并非每个参与者所投入的资源都会对旅游目的地公共事务执行产生明显的影响。但是，政府必须要对未通过影响力得以体现的诉求或资源予以尊重，并进行及时回应或说明。

其次，奖励、提供便利条件、补偿等是旅游目的地治理中公众参与的直接激励措施。奖励是指对公众参与实践中进行参与并做出一定贡献的参与者的精神奖励和物质奖励。其所体现的是政府对公众参与的积极性及公众所投入资源的重视、肯定与鼓励，是使正在参与者保持或激发未参与者的参与热情的直接手段。奖励应坚持精神奖励与物质奖励相辅的原则，注重精神奖励的附加价值，即奖励要能够为获奖者带来自我约束、社会责任感，以及对他人产生引导与示范效应。基于此，针对公众参与旅游目的地公共事务的奖励不同于一般的社会性评选活动，也非单纯的方案优选。奖励应该具备如下四个特征：授奖主体的合法性与权威性，即授奖主体应该得到公众的普遍性认可，其一般应是政府和较具权威性的非政府组织；奖项设置要具有公益性，即各奖项要以奖励为旅游公共利益做出贡献者为导向，且其名称也应直接体现公共利益导向；获奖者范围不宜过窄，因为该奖励设置的目的是激励公众的参与热情、强化公众的参与动机而不是单纯评优或评比，其要能够使参与者因参与就可能获得一定的奖励而非仅仅局限于最优者或贡献最突出者；评奖过程应该坚持公开性原则，应让公众成为评选的主体而非由政府内部确定或少数专家评选。目前，国内的一些地区在实践中已经有一些较好的做法。例如，广东省针对网络问政而设置的"南粤智多星"金点子奖由省政府作为授奖主体确保了该奖励的权威性（梁秀梅，2012），曲阜高铁旅游主题口号与标志征集设置的三个层次奖项（初选奖各 100 名、复选奖各 5 名、入围奖各 1 名）扩大了奖励范围而使较多的参与者能够得到激励（曲阜文物旅游局，2011）。除奖励性激励外，政府还应积极地为公众参与活动提供便利条件。这主要是指政府应积极为自下而上的公众参与实践提供所需的信息咨询、教育培训、舆论支持、活动场所、设施设备及必要的经费资助等。同时，公众参与旅游目的地公共事务是要付出时间等多方面成本的，因此有时还必须要考虑以报酬或经济补偿作为激励公众参与的重要方式（王锡锌，2008b）。要注意的是，上述激励手段均属于辅助性手段。在旅游目的地治理实践中，无论是奖励还是资助、补偿的额度都不宜过大，以避免公众仅仅为获得奖励、报酬而参与；对政府来说，则不能仅仅根据自身意愿与目标而仅在部分旅游目的地公共事务执行中有选择性地采用激励手段，以避免使公众参与变成政府为获取资源的"利用性参与"（陈芳，2011）。

第八章 旅游目的地治理中公众 参与机制的案例研究

第一节 案例基本情况

本书前面已经提到的相关实例表明,公众参与旅游公共事务已经在我国许多旅游目的地得到实践。作为我国的旅游大省,山东省早在"十五"旅游业发展规划中就将"社会参与"确立为宏观领导体制和管理体制的重要内容;"十二五"规划则明确将东道主居民满意度列为旅游业和谐发展的重要原则,并将旅游业发展的目标扩展为城市-旅游一体、社区-旅游互动、环境-旅游共荣和实现综合功能(山东省旅游局,2011)。在此基础上,山东省在"好客山东"旅游品牌营销传播、旅游行业监督等具体旅游目的地公共事务中已经开始接纳公众参与①。同时,山东省各地市也已经有不少公众参与旅游目的地公共事务的实践,如旅游宣传口号与标志征集、旅游价格听证会、旅游商品评选等。基于此,本书选择山东省的部分旅游目的地作为案例,通过对政府人员和公众的问卷调查来了解他们对旅游目的地公共事务、公众参与目的地旅游公共事务等问题的认知,并应用本书所提出的旅游目的地治理中的公众参与机制来推动和提升当地的相关实践。

基于中国优秀旅游城市在我国旅游目的地体系中的核心地位,以及山东省的"文化圣地、度假天堂"品牌形象,本书选择中国优秀旅游城市青岛市、济宁市及其下辖的中国优秀旅游城市即墨市、曲阜市、邹城市为案例开展问卷调查。青岛市下辖的胶南市,已经于 2012 年 12 月 1 日并入青岛市黄岛区,因此不再单独作为案例。具体来看,五个案例包括三个行政层次的旅游目的地,即副省级一个、地市级一个、县市级三个;所拥有的旅游资源是山东省旅游品牌形象的核心依托,其中曲阜是世界遗产孔府、孔庙、孔林所在地。五个案例 2011 年的旅游总收入分别是,青岛市 681.4 亿元、济宁市 247.8 亿元、即墨市 45.8 亿元、曲阜市 40.38 亿元、邹城市 19.6 亿元(山东省旅游局,2012)。五个案例都已有公

---

① 例如,山东省旅游局联合各地旅游企业和相关企业在企业对外服务场所及其营销媒介中同时传播"好客山东"的相关品牌要素,出台推动公众参与行业监管的《旅行社违法违规行为有奖举报制度》以拓展旅游企业经营管理的社会监督渠道(桂园 . 山东出新规治理旅游业 举报违法旅行社奖 1500 元 . 大众网,http://www.dzwww.com/rollnews/sh/201206/t20120625 _ 7641460.htm,2012-05-25)。

众参与旅游目的地公共事务的实践，如青岛市、济宁市、即墨市、邹城市、曲阜市的旅游宣传口号与标志征集和方案选择，曲阜市的旅游价格听证会，青岛市的旅游产品(世界园艺博览会门票)定价公开征集意见，曲阜市、邹城市的公众参与当地旅游节庆，曲阜市的公众参与文化遗产保护、彬彬有礼道德城市建设等。

第二节　调研方案设计与实施

本书使用自填式问卷进行调查，调研对象为政府旅游行政部门人员和个体公众中的居民(选择居民作为调研样本主要是基于两点考虑：居民在旅游目的地发展中的主人地位；组织化公众的构成人员及其他个体公众也大都首先是当地的居民)，调研目的是判断调研对象对旅游目的地公共事务的专业化程度和公众支持的重要程度等相关属性，并据此对不同旅游目的地公共事务各自所需的参与主体、参与层次及相应的参与方式做出选择；了解政府人员接纳公众参与的意愿、公众自身的参与意愿，以及他们对旅游目的地治理中公众参与过程有效组织和参与结果有效实现的认识；以案例为依托，了解国内旅游目的地治理中公众参与的保障机制的完善程度，探索目前当地旅游目的地治理中公众参与的现状和存在的问题。

本书分别设计"公众参与旅游目的地公共事务"调查问卷(公众)(详见附录A)、"公众参与旅游目的地公共事务"调查问卷(政府人员)(详见附录B)，调研内容包括基于参与选择、参与过程及参与结果三个层面的旅游目的地治理中公众参与实现机制实施，以及旅游目的地治理中公众参与的保障机制。在问卷设计过程中，笔者于 2012 年 10 月 20 日至 11 月 15 日先后三次组织六名专家进行专题研讨，对问卷结构、具体调研项目、文字表述等进行调整、删减与整合，以提高问卷的效度。2012 年 11 月 20 日至 11 月 26 日在曲阜市、济宁市进行预调查，调研样本为当地政府旅游行政部门人员 30 人、公众 40 人。为使问卷设计更加完善，笔者与部分受访者就问卷设计进行面对面沟通，征求他们对调研项目及选项设计、文字表述等的意见，再次对问卷设计进行优化。同时，运用 SPSS 19.0 软件对预调查数据进行统计与分析。信度检验结果表明，政府人员问卷第一部分量表的信度系数 $\alpha=0.950$，第七部分量表的信度系数 $\alpha=0.937$，整体信度系数 $\alpha=0.954$；公众问卷第二部分量表的信度系数 $\alpha=0.958$，整体信度系数 $\alpha=0.960$。可见，问卷测量结果信度较高，利用此问卷开展调研所取得的调研结果具有较高的可靠性。

在此基础上，正式调研于 2012 年 12 月 3 日至 2013 年 1 月 18 日进行。调研过程中，当地旅游行政部门人员选取的样本数量为青岛市和济宁市(包括市内各区旅游局)30 人、曲阜市(文物局和旅游局)20 人、即墨市和邹城市各 15 人；公众样本数量为每个旅游目的地 50 人。前者在政府旅游行政部门办公场所进行随机性调查，后者在当地核心景区周围或城市广场进行随机性调查。为方便受访者填写，问卷采用纸质版和电子版两种形式，政府人员按其意愿选择电子版或纸质版，在办公室填写问卷并回收；公众若不愿在调查现场完成纸质问卷，则请其提供电子邮箱或 QQ 账号，将问卷发放至邮箱中请其填写电子版问卷。最后，共回收政府旅游行政部门人员问卷 91 份，其中有效问卷 90 份；共回收公众问卷 228 份，其中有效问卷 225 份。

第三节　调研数据统计与分析

本书运用 SPSS 19.0 软件对调研数据进行统计与分析。在对问卷调研项目进行编码基础上，调研数据录入由曲阜师范大学的四位硕士研究生协助，最后由笔者对调研数据进行具体的统计与分析。SPSS 19.0 对调研数据的信度检验结果如下：政府人员问卷第一部分量表的信度系数 $\alpha=0.916$，第七部分量表的信度系数 $\alpha=0.958$，整体信度系数 $\alpha=0.940$；公众问卷第二部分量表的信度系数 $\alpha=0.967$，整体信度系数 $\alpha=0.968$。可见，两问卷调研结果信度均较高。

一、调研样本基本情况

为确保受访者身份的隐匿性，政府人员问卷没有涉及受访者基本情况的相关内容；公众问卷设计性别、年龄、职业、教育程度、在当地居住时间、是否参与过旅游目的地公共事务共六项受访者基本信息。总体来看，本书调查的公众样本中大学教育程度者较多，在当地居住时间六年及以上者较多，且大多数受访者都没有参与过旅游目的地公共事务，具体情况见表 8.1。

表 8.1　公众样本基本情况

基本信息		样本数	所占比例/%
性别	男	107	47.6
	女	118	52.4
年龄	18 岁以下	4	1.8
	19～24 岁	46	20.4
	25～34 岁	109	48.4
	35～44 岁	53	23.6
	45～54 岁	12	5.3
	55～64 岁	1	0.4
	65 岁及以上	0	0

基本信息		样本数	所占比例/%
职业	政府公务员	16	7.1
	事业单位人员	71	31.6
	企业人员	87	38.7
	个体或自由职业者	14	6.2
	农民	3	1.3
	学生	25	11.1
	其他	9	4
教育程度	高中(中专)及以下	34	15.1
	大学(大专、本科)	156	69.3
	硕士	34	15.1
	博士	1	0.4
在当地居住时间	1 年及以下	8	3.6
	2～3 年	35	15.6
	4～5 年	23	10.2
	6 年及以上	159	70.7
是否参与过旅游公共事务	没有参与过	164	72.9
	参与过	61	27.1

二、基于参与选择的公众参与实现机制实施的调研数据分析

调查针对前面所提出的参与选择模型中的相关问题分别设置调研项目,并通过对调研数据的统计与分析,将政府人员和公众对旅游目的地公共事务的认知整合,以此作为基于参与选择的旅游目的地治理中公众参与实现机制的实施表格,从而针对 22 项旅游目的地公共事务分别做出参与层次及相应参与主体范围等的选择。

1. 旅游目的地公共事务执行需要专业知识和技能的程度

政府人员对 22 项旅游目的地公共事务执行需要专业知识和技能程度的认知见表 8.2,公众对此的认知见表 8.3。整合政府人员和公众的认知,表 8.4 对调研数据的统计表明,他们共同认为多数旅游目的地公共事务执行需专业知识和技能的程度在 3.8 以上,其中旅游规划制定(实施、评估)、旅游教育与培训、当地旅业业发展相关问题研究、旅游政策制定(实施、评估)、旅游目的地品牌设计(营销传播、评估)、旅游经济(社会、文化)影响监测、旅游行业管理、不同地区之间的旅游产品开发等合作、旅游市场营销(方案制订、实施、评估)、旅游资源

传承与保护、旅游危机管理等14项事务执行需要专业知识与技能程度在4.0以上，仅当地弱势群体旅游利益保障、当地旅游基础设施保护、当地公众好客精神培育、当地旅游领域志愿者行动需要专业知识与技能的程度低于3.8。这表明相关主体普遍认为目前当地旅游目的地公共事务执行对专业知识与技能的需要程度偏高。

表 8.2　政府人员认为旅游目的地公共事务执行需要专业知识与技能的程度

旅游目的地公共事务名称	N	均值	标准差	均值的标准误
行政部门旅游执法	90	3.888 9	0.799 50	0.084 27
旅游政策的制定、实施、评估	90	4.211 1	0.930 08	0.098 04
旅游规划的制定、实施、评估	90	4.388 9	0.956 29	0.100 80
旅游市场营销(方案制订、实施、评估)	90	4.011 1	0.827 81	0.087 26
旅游目的地品牌设计、营销传播、评估	90	4.233 3	0.848 66	0.089 46
旅游公共信息服务供给	90	3.766 7	0.887 49	0.093 55
保障"食宿行游购娱"等的旅游公共服务	90	3.800 0	0.796 06	0.083 91
旅游公共安全服务供给	90	3.922 2	0.690 67	0.072 80
当地代表性景区、公共景观、旅游节庆开发与管理	90	3.922 2	0.752 94	0.079 37
当地公众好客精神培育	90	3.500 0	0.851 30	0.089 74
当地旅游资源传承与保护	90	4.066 7	0.909 38	0.095 86
当地自然、社会、文化环境维护	90	3.900 0	0.848 66	0.089 46
当地旅游行业管理	90	4.211 1	0.800 20	0.084 35
当地旅游基础设施保护	90	3.677 8	0.897 28	0.094 58
当地旅游对经济、社会、文化影响监测	90	4.211 1	0.867 57	0.091 45
旅游教育与培训	90	4.366 7	0.827 21	0.087 20
不同地区之间的旅游产品开发、市场营销合作	90	4.255 6	0.786 99	0.082 96
旅游危机管理	90	3.977 8	0.947 83	0.099 91
当地旅游业发展相关问题研究	90	4.300 0	0.929 54	0.097 98
当地弱势群体旅游利益保障	90	3.633 3	0.953 41	0.100 50
当地旅游领域志愿者行动	90	3.377 8	0.918 94	0.096 86
当地旅游可持续发展	90	3.877 8	0.845 71	0.089 15

表 8.3　公众认为旅游目的地公共事务执行需要专业知识与技能的程度

旅游目的地公共事务名称	N	均值	标准差	均值的标准误
行政部门旅游执法	225	3.951 1	0.950 71	0.063 38
旅游政策的制定、实施、评估	225	4.395 6	0.795 62	0.053 04

旅游目的地公共事务名称	N	均值	标准差	均值的标准误
旅游规划的制定、实施、评估	225	4.391 1	0.864 95	0.057 66
旅游市场营销(方案制订、实施、评估)	225	4.324 4	0.909 56	0.060 64
旅游目的地品牌设计、营销传播、评估	225	4.213 3	0.905 74	0.060 38
旅游公共信息服务供给	225	3.902 2	0.990 69	0.066 05
保障"食宿行游购娱"等的旅游公共服务	225	3.942 2	1.013 85	0.067 59
旅游公共安全服务供给	225	4.231 1	0.949 58	0.063 31
当地代表性景区、公共景观、旅游节庆开发与管理	225	4.253 3	0.814 38	0.054 29
当地公众好客精神培育	225	3.555 6	1.101 05	0.073 40
当地旅游资源传承与保护	225	4.186 7	0.891 83	0.059 46
当地自然、社会、文化环境维护	225	4.088 9	0.977 93	0.065 20
当地旅游行业管理	225	4.217 8	0.882 19	0.058 81
当地旅游基础设施保护	225	3.791 1	1.128 33	0.075 22
当地旅游对经济、社会、文化影响监测	225	4.075 6	0.967 59	0.064 51
旅游教育与培训	225	4.142 2	0.900 02	0.060 00
不同地区之间的旅游产品开发、市场营销合作	225	3.924 4	0.962 96	0.064 20
旅游危机管理	225	4.253 3	0.877 70	0.058 51
当地旅游业发展相关问题研究	225	4.222 2	0.942 28	0.062 82
当地弱势群体旅游利益保障	225	3.862 2	1.040 97	0.069 40
当地旅游领域志愿者行动	225	3.568 9	0.993 69	0.066 25
当地旅游可持续发展	225	3.964 4	1.008 26	0.067 22

表 8.4　政府人员和公众共同认为旅游目的地公共事务执行需要专业知识与技能的程度

旅游目的地公共事务名称	N	均值	标准差	均值的标准误
行政部门旅游执法	315	3.933 3	0.909 26	0.051 23
旅游政策的制定、实施、评估	315	4.342 9	0.838 89	0.047 27
旅游规划的制定、实施、评估	315	4.390 5	0.890 45	0.050 17
旅游市场营销(方案制订、实施、评估)	315	4.234 9	0.896 94	0.050 54
旅游目的地品牌设计、营销传播、评估	315	4.219 0	0.888 51	0.050 06
旅游公共信息服务供给	315	3.863 5	0.962 89	0.054 25
保障"食宿行游购娱"等的旅游公共服务	315	3.901 6	0.957 62	0.053 96
旅游公共安全服务供给	315	4.142 9	0.893 31	0.050 33

续表

旅游目的地公共事务名称	N	均值	标准差	均值的标准误
当地代表性景区、公共景观、旅游节庆开发与管理	315	4.158 7	0.810 09	0.045 64
当地公众好客精神培育	315	3.539 7	1.034 83	0.058 31
当地旅游资源传承与保护	315	4.152 4	0.897 07	0.050 54
当地自然、社会、文化环境维护	315	4.034 9	0.945 35	0.053 26
当地旅游行业管理	315	4.215 9	0.858 31	0.048 36
当地旅游基础设施保护	315	3.758 7	1.067 27	0.060 13
当地旅游对经济、社会、文化影响监测	315	4.114 3	0.940 74	0.053 00
旅游教育与培训	315	4.206 3	0.884 38	0.049 83
不同地区之间的旅游产品开发、市场营销合作	315	4.019 0	0.927 10	0.052 24
旅游危机管理	315	4.200 0	0.841 59	0.047 42
当地旅游业发展相关问题研究	315	4.244 4	0.937 84	0.052 84
当地弱势群体旅游利益保障	315	3.796 8	1.020 49	0.057 50
当地旅游领域志愿者行动	315	3.514 3	0.975 31	0.054 95
当地旅游可持续发展	315	3.939 7	0.964 09	0.054 32

2. 政府已经具有旅游目的地公共事务执行所需专业知识与技能的程度

表8.5表明，政府人员认为政府具有相应专业知识与技能程度高于4.0的，仅有当地旅游行业管理和旅游教育与培训两项事务。次之的是当地自然（社会、文化）环境维护、旅游公共安全服务供给、旅游政策制定（实施、评估）、旅游公共信息服务供给，其均值在3.8～4.0。可见，虽然政府人员自我判断政府具备21项旅游目的地公共事务执行所需专业知识与技能的程度均在3.5以上，但4.0以上的仅有两项，且保障"食宿行游购娱"等的旅游公共服务、当地公众好客精神培育等六项事务都还在3.5～3.7，而当地旅游领域志愿者行动则仅为3.300 0。这表明旅游目的地公共事务执行尚难以全部由政府独自承担，需要公众的支持方可保证其有效执行。

表8.5　政府人员认为政府具有旅游目的地公共事务执行所需专业知识与技能的程度

旅游目的地公共事务名称	N	均值	标准差	均值的标准误
行政部门旅游执法	90	3.788 9	0.880 43	0.092 81
旅游政策的制定、实施、评估	90	3.877 8	0.884 67	0.093 25
旅游规划的制定、实施、评估	90	3.655 6	0.823 27	0.086 78
旅游市场营销（方案制订、实施、评估）	90	3.755 6	0.852 11	0.089 82
旅游目的地品牌设计、营销传播、评估	90	3.655 6	0.863 25	0.090 99

旅游目的地公共事务名称	N	均值	标准差	均值的标准误
旅游公共信息服务供给	90	3.877 8	0.871 88	0.091 90
保障"食宿行游购娱"等的旅游公共服务	90	3.633 3	0.892 54	0.094 08
旅游公共安全服务供给	90	3.900 0	0.874 74	0.092 21
当地代表性景区、公共景观、旅游节庆开发与管理	90	3.833 3	0.864 40	0.091 12
当地公众好客精神培育	90	3.688 9	0.869 51	0.091 65
当地旅游资源传承与保护	90	3.777 8	0.818 02	0.086 23
当地自然、社会、文化环境维护	90	3.933 3	0.858 53	0.090 50
当地旅游行业管理	90	4.066 7	0.667 04	0.070 31
当地旅游基础设施保护	90	3.777 8	0.858 24	0.090 47
当地旅游对经济、社会、文化影响监测	90	3.666 7	0.703 12	0.074 12
旅游教育与培训	90	4.100 0	0.835 32	0.088 05
不同地区之间的旅游产品开发、市场营销合作	90	3.688 9	0.802 31	0.084 57
旅游危机管理	90	3.788 9	0.710 98	0.074 94
当地旅游业发展相关问题研究	90	3.800 0	0.767 31	0.080 88
当地弱势群体旅游利益保障	90	3.788 9	1.011 11	0.106 58
当地旅游领域志愿者行动	90	3.300 0	0.892 54	0.094 08
当地旅游可持续发展	90	3.811 1	0.732 77	0.077 24

3. 旅游目的地公共事务现有执行标准的完善程度

政府人员是当前我国旅游目的地公共事务的主要执行者。基于技术理性层面，旅游目的地公共事务现有执行标准越完善其独自执行旅游目的地公共事务的可行性就越高。表8.6表明，政府人员认为当前旅游目的地公共事务现有执行标准完善程度均在4.0以下，其中最高的旅游公共安全服务供给、当地代表性景区等节庆开发与管理分别为3.844 4和3.800 0，而最低的当地旅游领域志愿者行动、当地弱势群体旅游利益保障仅为3.288 9和3.211 1。这表明对于大多数旅游目的地公共事务来说，其执行尚缺少完善的执行标准，政府还难以仅依据已有执行标准来独自有效执行这些旅游目的地公共事务。就此而言，旅游目的地公共事务执行大都需要公众的有效参与，公众参与乃是其有效取得相应目标的重要保障。

表 8.6　政府人员认为旅游目的地公共事务现有执行标准的完善程度

旅游目的地公共事务名称	N	均值	标准差	均值的标准误
行政部门旅游执法	90	3.433 3	0.972 08	0.102 47
旅游政策的制定、实施、评估	90	3.377 8	0.696 34	0.073 40
旅游规划的制定、实施、评估	90	3.566 7	0.793 94	0.083 69
旅游市场营销(方案制订、实施、评估)	90	3.477 8	0.722 48	0.076 16
旅游目的地品牌设计、营销传播、评估	90	3.533 3	0.767 31	0.080 88
旅游公共信息服务供给	90	3.600 0	0.746 53	0.078 69
保障"食宿行游购娱"等的旅游公共服务	90	3.577 8	0.792 91	0.083 58
旅游公共安全服务供给	90	3.844 4	0.935 10	0.098 57
当地代表性景区、公共景观、旅游节庆开发与管理	90	3.800 0	0.876 66	0.092 41
当地公众好客精神培育	90	3.400 0	0.858 53	0.090 50
当地旅游资源传承与保护	90	3.733 3	0.957 52	0.100 93
当地自然、社会、文化环境维护	90	3.400 0	0.761 43	0.080 26
当地旅游行业管理	90	3.444 4	0.672 26	0.070 86
当地旅游基础设施保护	90	3.477 8	0.837 70	0.088 30
当地旅游对经济、社会、文化影响监测	90	3.444 4	0.836 14	0.088 14
旅游教育与培训	90	3.711 1	0.927 05	0.097 72
不同地区之间的旅游产品开发、市场营销合作	90	3.455 6	0.926 04	0.097 61
旅游危机管理	90	3.544 4	0.888 90	0.093 70
当地旅游业发展相关问题研究	90	3.555 6	0.888 26	0.093 63
当地弱势群体旅游利益保障	90	3.211 1	0.977 21	0.103 01
当地旅游领域志愿者行动	90	3.288 9	0.864 33	0.091 11
当地旅游可持续发展	90	3.488 9	0.738 12	0.077 80

4. 公众支持对旅游目的地公共事务执行的重要程度

表 8.7 和表 8.8 表明，政府人员和公众就公众支持对旅游目的地公共事务执行的重要程度的认知基本相同，他们认为公众支持的重要程度多在 3.8 以上。整合政府人员和公众的认知，表 8.9 的数据统计表明，公众支持对当地自然(社会、文化)环境维护、当地旅游资源传承与保护、当地公众好客精神培育、当地旅游基础设施保护、旅游教育与培训、旅游公共安全服务供给、当地旅游领域志愿者行动、当地旅游可持续发展、当地弱势群体旅游利益保障的重要程度高于 4.0，而仅公众支持对不同地区之间的旅游产品开发等合作、当地旅游业发展相关问题

研究的重要程度低于 3.8。可见，旅游目的地公共事务执行的重要性已经得到政府和公众的共同认可，旅游目的地公共事务执行需要公众的信息提供、民意支持、资源（主要是指知识、技能、资金及物质性资源等）支持或行动支持。

表 8.7　政府人员认为公众支持对旅游目的地公共事务执行的重要程度

旅游目的地公共事务名称	N	均值	标准差	均值的标准误
行政部门旅游执法	90	3.622 2	1.012 04	0.106 68
旅游政策的制定、实施、评估	90	3.866 7	0.837 33	0.088 26
旅游规划的制定、实施、评估	90	3.955 6	0.846 82	0.089 26
旅游市场营销（方案制订、实施、评估）	90	3.677 8	0.790 79	0.083 36
旅游目的地品牌设计、营销传播、评估	90	3.811 1	0.805 80	0.084 94
旅游公共信息服务供给	90	3.577 8	0.886 58	0.093 45
保障"食宿行游购娱"等的旅游公共服务	90	3.633 3	0.799 58	0.084 28
旅游公共安全服务供给	90	3.988 9	0.953 93	0.100 55
当地代表性景区、公共景观、旅游节庆开发与管理	90	3.511 1	0.837 93	0.088 33
当地公众好客精神培育	90	4.033 3	0.917 37	0.096 70
当地旅游资源传承与保护	90	4.144 4	0.828 71	0.087 35
当地自然、社会、文化环境维护	90	4.044 4	0.651 90	0.068 72
当地旅游行业管理	90	3.700 0	0.988 13	0.104 16
当地旅游基础设施保护	90	4.155 6	0.806 03	0.084 96
当地旅游对经济、社会、文化影响监测	90	3.900 0	0.848 66	0.089 46
旅游教育与培训	90	4.144 4	0.942 88	0.099 39
不同地区之间的旅游产品开发、市场营销合作	90	3.833 3	0.927 12	0.097 73
旅游危机管理	90	3.888 9	0.866 93	0.091 38
当地旅游业发展相关问题研究	90	3.711 1	0.962 73	0.101 48
当地弱势群体旅游利益保障	90	4.077 8	1.030 19	0.108 59
当地旅游领域志愿者行动	90	4.033 3	0.953 41	0.100 50
当地旅游可持续发展	90	4.200 0	0.863 75	0.091 05

表 8.8　公众认为公众支持对旅游目的地公共事务执行的重要程度

旅游目的地公共事务名称	N	均值	标准差	均值的标准误
行政部门旅游执法	225	3.911 1	0.926 36	0.061 76
旅游政策的制定、实施、评估	225	3.955 6	0.971 83	0.064 79
旅游规划的制定、实施、评估	225	3.911 1	1.004 95	0.067 00
旅游市场营销（方案制订、实施、评估）	225	3.897 8	1.023 49	0.068 23
旅游目的地品牌设计、营销传播、评估	225	3.973 3	1.012 95	0.067 53

旅游目的地公共事务名称	N	均值	标准差	均值的标准误
旅游公共信息服务供给	225	4.057 8	0.887 03	0.059 14
保障"食宿行游购娱"等的旅游公共服务	225	4.000 0	0.958 98	0.063 93
旅游公共安全服务供给	225	4.133 3	0.911 24	0.060 75
当地代表性景区、公共景观、旅游节庆开发与管理	225	3.951 1	0.912 37	0.060 82
当地公众好客精神培育	225	4.248 9	0.861 02	0.057 40
当地旅游资源传承与保护	225	4.226 7	0.962 33	0.064 16
当地自然、社会、文化环境维护	225	4.302 2	0.879 96	0.058 66
当地旅游行业管理	225	3.862 2	1.053 75	0.070 25
当地旅游基础设施保护	225	4.200 0	0.963 62	0.064 24
当地旅游对经济、社会、文化影响监测	225	3.888 9	1.061 13	0.070 74
旅游教育与培训	225	3.946 7	1.011 89	0.067 46
不同地区之间的旅游产品开发、市场营销合作	225	3.662 2	1.031 49	0.068 77
旅游危机管理	225	3.773 3	0.989 77	0.065 98
当地旅游业发展相关问题研究	225	3.662 2	1.065 55	0.071 04
当地弱势群体旅游利益保障	225	3.986 7	1.045 74	0.069 72
当地旅游领域志愿者行动	225	4.057 8	0.936 01	0.062 40
当地旅游可持续发展	225	3.982 2	0.986 36	0.065 76

表8.9　政府人员和公众共同认为公众支持对旅游目的地公共事务执行的重要程度

旅游目的地公共事务名称	N	均值	标准差	均值的标准误
行政部门旅游执法	315	3.828 6	0.958 94	0.054 03
旅游政策的制定、实施、评估	315	3.930 2	0.934 93	0.052 68
旅游规划的制定、实施、评估	315	3.923 8	0.961 31	0.054 16
旅游市场营销(方案制订、实施、评估)	315	3.834 9	0.966 67	0.054 47
旅游目的地品牌设计、营销传播、评估	315	3.927 0	0.959 90	0.054 08
旅游公共信息服务供给	315	3.920 6	0.911 74	0.051 37
保障"食宿行游购娱"等的旅游公共服务	315	3.895 2	0.929 94	0.052 40
旅游公共安全服务供给	315	4.092 1	0.924 42	0.052 09
当地代表性景区、公共景观、旅游节庆开发与管理	315	3.825 4	0.912 40	0.051 41
当地公众好客精神培育	315	4.187 3	0.881 42	0.049 66
当地旅游资源传承与保护	315	4.203 2	0.925 57	0.052 15
当地自然、社会、文化环境维护	315	4.228 6	0.828 52	0.046 68

旅游目的地公共事务名称	N	均值	标准差	均值的标准误
当地旅游行业管理	315	3.815 9	1.036 47	0.058 40
当地旅游基础设施保护	315	4.187 3	0.920 31	0.051 85
当地旅游对经济、社会、文化影响监测	315	3.892 1	1.003 70	0.056 55
旅游教育与培训	315	4.003 2	0.995 21	0.056 07
不同地区之间的旅游产品开发、市场营销合作	315	3.711 1	1.004 31	0.056 59
旅游危机管理	315	3.806 3	0.956 35	0.053 88
当地旅游业发展相关问题研究	315	3.676 2	1.035 93	0.058 37
当地弱势群体旅游利益保障	315	4.012 7	1.040 50	0.058 63
当地旅游领域志愿者行动	315	4.050 8	0.939 55	0.052 94
当地旅游可持续发展	315	4.044 4	0.956 67	0.053 90

5. 哪些公众对旅游目的地公共事务执行能够起到支持作用

旅游目的地公共事务执行中具体参与公众的界定，需要自上而下和自下而上两种方法的结合（托马斯，2001）。基于此，本书调查根据本书前面提出的公众参与主体范畴，让受访的政府人员和公众对每一项旅游目的地公共事务执行所需要的参与者进行判断，依此界定不同事务执行中应该参与的公众。表 8.10～表 8.31 对政府人员和公众所认为的能够对 22 项旅游目的地公共事务执行起到支持作用的公众的统计数据表明，仅极少数受访者（累计个案数仅为 26 个）认为某些旅游目的地公共事务执行不需要公众的参与，而绝大多数旅游目的地公共事务是需要多种类型公众参与的。整合政府人员和公众的认知，能够对各旅游目的地公共事务执行起到支持作用的公众中受访者选择的排序（按个案百分比降序排列）见表 8.32。表 8.32 的数据表明，前面表 8.9 中公众支持重要程度高的事务，即当地旅游可持续发展行动、当地旅游资源传承与保护、当地自然（社会、文化）环境维护、当地旅游领域志愿者行动、当地旅游基础设施保护、当地公众好客精神培育、旅游教育与培训、旅游目的地品牌设计（营销传播、评估）、当地弱势群体旅游利益保障的总个案百分比均在 500% 以上，其中旅游资源传承与保护、公众好客精神培育、自然（社会、文化）环境维护等的单个个案百分比超过 50% 的公众类型有一半以上。其他旅游目的公共事务中总个案百分比最低者为当地旅游行业管理，其总个案百分比为 374.9%、个案总数为 1 177。这一方面再次验证了旅游目的地治理中公众参与的重要性，另一方面揭示了不同旅游目的地公共事务执行需要公众参与的差异性。

表 8.10　政府人员和公众认为能够对行政部门旅游执法起到支持作用的公众

旅游公共事务	公众类型	政府人员			公众		
		N	百分比/%	个案百分比/%	N	百分比/%	个案百分比/%
行政部门旅游执法[1]	A. 居民	23	6.3	25.6	81	8.7	36.0
	B. 居委会、业主委员会、村委会等社区组织	33	9.1	36.7	74	8.0	32.9
	C. 旅游企业	66	18.1	73.3	149	16.1	66.2
	D. 旅游从业人员	49	13.5	54.4	137	14.8	60.9
	E. 旅游者	35	9.6	38.9	109	11.8	48.4
	F. 旅游协会等非政府组织	51	14.0	56.7	139	15.0	61.8
	G. 教育机构	12	3.3	13.3	49	5.3	21.8
	H. 研究机构	21	5.8	23.3	46	5.0	20.4
	I. 媒体	42	11.5	46.7	89	9.6	39.6
	J. 专家学者	23	6.3	25.6	38	4.1	16.9
	K. 其他	9	2.5	10.0	15	1.6	6.7
	L. 无	0	0	0	1	0.1	0.4
总计		364	100.0	404.5	927	100.0	412.0

1)值为 1 时制表的二分组

表 8.11　政府人员和公众认为能够对旅游政策制定、实施、评估起到支持作用的公众

旅游公共事务	公众类型	政府人员			公众		
		N	百分比/%	个案百分比/%	N	百分比/%	个案百分比/%
旅游政策制定、实施、评估[1]	A. 居民	30	6.9	33.3	88	8.4	39.3
	B. 居委会、业主委员会、村委会等社区组织	21	4.9	23.3	88	8.4	39.3
	C. 旅游企业	63	14.6	70.0	153	14.6	68.3
	D. 旅游从业人员	47	10.9	52.2	131	12.5	58.5
	E. 旅游者	25	5.8	27.8	92	8.8	41.1
	F. 旅游协会等非政府组织	60	13.9	66.7	139	13.3	62.1
	G. 教育机构	27	6.3	30.0	56	5.3	25.0
	H. 研究机构	60	13.9	66.7	110	10.5	49.1
	I. 媒体	36	8.3	40.0	66	6.3	29.5
	J. 专家学者	62	14.3	68.9	100	9.5	44.6
	K. 其他	1	0.2	1.1	25	2.4	11.2
总计		432	100.0	480.0	1 048	100.0	468.0

1)值为 1 时制表的二分组

表 8.12　政府人员和公众认为能够对旅游规划的制定、实施、评估起到支持作用的公众

旅游公共事务	公众类型	政府人员			公众		
		N	百分比/%	个案百分比/%	N	百分比/%	个案百分比/%
旅游规划制定、实施、评估[1]	A. 居民	39	8.8	43.3	92	8.3	40.9
	B. 居委会、业主委员会、村委会等社区组织	33	7.5	36.7	94	8.5	41.8
	C. 旅游企业	65	14.7	72.2	161	14.6	71.6
	D. 旅游从业人员	35	7.9	38.9	139	12.6	61.8
	E. 旅游者	31	7.0	34.4	81	7.3	36.0
	F. 旅游协会等非政府组织	50	11.3	55.6	140	12.7	62.2
	G. 教育机构	27	6.1	30.0	57	5.2	25.3
	H. 研究机构	55	12.5	61.1	123	11.2	54.7
	I. 媒体	22	5.0	24.4	59	5.4	26.2
	J. 专家学者	73	16.5	81.1	120	10.9	53.3
	K. 其他	12	2.7	13.3	35	3.2	15.6
	L. 无	0	0	0	1	0.1	0.4
总计		442	100.0	491.0	1 102	100.0	489.8

1)值为 1 时制表的二分组

表 8.13　政府人员和公众认为能够对旅游市场营销起到支持作用的公众

旅游公共事务	公众类型	政府人员			公众		
		N	百分比/%	个案百分比/%	N	百分比/%	个案百分比/%
旅游市场营销[1]	A. 居民	36	8.2	40.0	73	6.7	32.4
	B. 居委会、业主委员会、村委会等社区组织	26	5.9	28.9	75	6.9	33.3
	C. 旅游企业	73	16.6	81.1	180	16.5	80.0
	D. 旅游从业人员	47	10.7	52.2	128	11.7	56.9
	E. 旅游者	34	7.7	37.8	81	7.4	36.0
	F. 旅游协会等非政府组织	53	12.1	58.9	151	13.8	67.1
	G. 教育机构	11	2.5	12.2	58	5.3	25.8
	H. 研究机构	45	10.3	50.0	117	10.7	52.0
	I. 媒体	46	10.5	51.1	107	9.8	47.6
	J. 专家学者	52	11.9	57.8	103	9.4	45.8
	K. 其他	15	3.4	16.7	19	1.7	8.4
	L. 无	1	0.2	1.1	1	0.1	0.4
总计		439	100.0	487.8	1 093	100.0	485.7

1)值为 1 时制表的二分组

表 8.14　政府人员和公众认为能够对旅游品牌设计、营销传播、评估起到支持作用的公众

旅游公共事务	公众类型	政府人员			公众		
		N	百分比/%	个案百分比/%	N	百分比/%	个案百分比/%
旅游品牌设计、营销传播、评估[1]	A. 居民	39	7.6	43.3	83	6.6	36.9
	B. 居委会、业主委员会、村委会等社区组织	29	5.6	32.2	84	6.7	37.3
	C. 旅游企业	70	13.6	77.8	166	13.2	73.8
	D. 旅游从业人员	51	9.9	56.7	156	12.4	69.3
	E. 旅游者	40	7.8	44.4	110	8.7	48.9
	F. 旅游协会等非政府组织	56	10.9	62.2	153	12.1	68.0
	G. 教育机构	37	7.2	41.1	87	6.9	38.7
	H. 研究机构	66	12.9	73.3	125	9.9	55.6
	I. 媒体	59	11.5	65.6	126	10.0	56.0
	J. 专家学者	49	9.5	54.4	134	10.6	59.6
	K. 其他	18	3.5	20.0	37	2.9	16.4
	L. 无	0	0	0	0	0	0
	总计	514	100.0	571.0	1 261	100.0	560.5

1)值为 1 时制表的二分组

表 8.15　政府人员和公众认为能够对旅游公共信息服务起到支持作用的公众

旅游公共事务	公众类型	政府人员			公众		
		N	百分比/%	个案百分比/%	N	百分比/%	个案百分比/%
旅游公共信息服务[1]	A. 居民	28	8.1	31.1	103	10.0	46.0
	B. 居委会、业主委员会、村委会等社区组织	41	11.8	45.6	107	10.4	47.8
	C. 旅游企业	59	17.1	65.6	163	15.8	72.8
	D. 旅游从业人员	42	12.1	46.7	151	14.7	67.4
	E. 旅游者	22	6.4	24.4	89	8.6	39.7
	F. 旅游协会等非政府组织	50	14.4	55.6	143	13.9	63.8
	G. 教育机构	11	3.2	12.2	48	4.7	21.4
	H. 研究机构	24	6.9	26.7	59	5.7	26.3
	I. 媒体	35	10.1	38.9	92	8.9	41.1
	J. 专家学者	22	6.4	24.4	51	5.0	22.8
	K. 其他	12	3.5	13.3	24	2.3	10.7
	L. 无	0	0	0	0	0	0
	总计	346	100.0	384.5	1 030	100.0	459.8

1)值为 1 时制表的二分组

表 8.16　政府人员和公众认为能够对保障"食宿行游购娱"的公共服务起到支持作用的公众

旅游公共事务	公众类型	政府人员			公众		
		N	百分比/%	个案百分比/%	N	百分比/%	个案百分比/%
保障"食宿行游购娱"的公共服务[1]	A. 居民	34	9.0	37.8	90	8.7	40.0
	B. 居委会、业主委员会、村委会等社区组织	38	10.1	42.2	108	10.5	48.0
	C. 旅游企业	85	22.6	94.4	177	17.1	78.7
	D. 旅游从业人员	56	14.9	62.2	147	14.2	65.3
	E. 旅游者	43	11.5	47.8	93	9.0	41.3
	F. 旅游协会等非政府组织	55	14.6	61.1	148	14.3	65.8
	G. 教育机构	7	1.9	7.8	48	4.6	21.3
	H. 研究机构	17	4.5	18.9	57	5.5	25.3
	I. 媒体	27	7.2	30.0	82	8.0	36.4
	J. 专家学者	8	2.1	8.9	55	5.3	24.4
	K. 其他	6	1.6	6.7	27	2.6	12.0
	L. 无	0	0	0	2	0.2	0.9
总计		376	100.0	417.8	1 034	100.0	459.4

1)值为 1 时制表的二分组

表 8.17　政府人员和公众认为能够对旅游公共安全服务供给起到支持作用的公众

旅游公共事务	公众类型	政府人员			公众		
		N	百分比/%	个案百分比/%	N	百分比/%	个案百分比/%
旅游公共安全服务供给[1]	A. 居民	42	10.2	46.7	90	8.7	40.0
	B. 居委会、业主委员会、村委会等社区组织	44	10.8	48.9	108	10.4	48.0
	C. 旅游企业	70	17.1	77.8	177	17.1	78.7
	D. 旅游从业人员	62	15.2	68.9	147	14.2	65.3
	E. 旅游者	44	10.8	48.9	93	9.0	41.3
	F. 旅游协会等非政府组织	57	13.9	63.1	148	14.3	65.8
	G. 教育机构	8	2.0	8.9	48	4.7	21.3
	H. 研究机构	20	4.9	22.2	57	5.5	25.3
	I. 媒体	27	6.6	30.0	82	8.0	36.4
	J. 专家学者	21	5.1	23.3	55	5.3	24.4
	K. 其他	14	3.4	15.6	27	2.6	12.0
	L. 无	0	0	0	2	0.2	0.9
总计		409	100.0	454.5	1 034	100.0	459.4

1)值为 1 时制表的二分组

表 8.18　政府人员和公众认为能够对代表性景区等开发与管理起到支持作用的公众

旅游公共事务	公众类型	政府人员			公众		
		N	百分比/%	个案百分比/%	N	百分比/%	个案百分比/%
代表性景区、公共景观、旅游节庆开发与管理[1]	A. 居民	27	7.1	30.0	63	6.3	28.0
	B. 居委会、业主委员会、村委会等社区组织	32	8.5	35.6	79	7.9	35.1
	C. 旅游企业	71	18.7	78.9	170	16.9	75.6
	D. 旅游从业人员	51	13.5	56.7	116	11.5	51.6
	E. 旅游者	42	11.1	46.7	62	6.2	27.6
	F. 旅游协会等非政府组织	55	14.6	61.1	155	15.4	68.9
	G. 教育机构	11	2.9	12.2	73	7.3	32.4
	H. 研究机构	29	7.7	32.2	104	10.4	46.2
	I. 媒体	28	7.4	31.1	74	7.4	32.9
	J. 专家学者	31	8.2	34.4	83	8.3	36.9
	K. 其他	1	0.3	1.1	23	2.3	10.2
	L. 无	0	0	0	1	0.1	0.4
	总计	378	100.0	420.0	1 003	100.0	445.8

1)值为 1 时制表的二分组

表 8.19　政府人员和公众认为能够对公众好客精神培育起到支持作用的公众

旅游公共事务	公众类型	政府人员			公众		
		N	百分比/%	个案百分比/%	N	百分比/%	个案百分比/%
公众好客精神的培育[1]	A. 居民	72	12.6	80.0	178	14.2	79.5
	B. 居委会、业主委员会、村委会等社区组织	62	10.8	68.9	175	13.9	78.1
	C. 旅游企业	77	13.4	85.6	146	11.6	65.2
	D. 旅游从业人员	76	13.3	84.4	137	10.9	61.2
	E. 旅游者	43	7.5	47.8	83	6.6	37.1
	F. 旅游协会等非政府组织	73	12.8	81.1	138	11.0	61.6
	G. 教育机构	31	5.4	34.4	100	8.0	44.6
	H. 研究机构	27	4.7	30.0	66	5.2	29.5
	I. 媒体	68	11.9	75.6	133	10.6	59.4
	J. 专家学者	30	5.2	33.3	61	4.8	27.2
	K. 其他	14	2.4	15.6	38	3.0	17.0
	L. 无	0	0	0	3	0.2	1.3
	总计	573	100.0	636.7	1 258	100.0	561.7

1)值为 1 时制表的二分组

表 8.20　政府人员和公众认为能够对当地旅游资源的传承与保护起到支持作用的公众

旅游公共事务	公众类型	政府人员			公众		
		N	百分比/%	个案百分比/%	N	百分比/%	个案百分比/%
旅游资源的传承与保护[1]	A. 居民	10	2.8	11.1	162	11.3	72.6
	B. 居委会、业主委员会、村委会等社区组织	7	1.9	7.8	145	10.1	65.0
	C. 旅游企业	79	21.9	87.8	173	12.1	77.6
	D. 旅游从业人员	42	11.7	46.7	160	11.2	71.7
	E. 旅游者	23	6.4	25.6	148	10.3	66.4
	F. 旅游协会等非政府组织	60	16.6	66.7	165	11.5	74.0
	G. 教育机构	18	5.0	20.0	111	7.8	49.8
	H. 研究机构	53	14.7	58.9	103	7.2	46.2
	I. 媒体	33	9.2	36.7	132	9.2	59.2
	J. 专家学者	29	8.1	32.2	91	6.4	40.8
	K. 其他	6	1.7	6.7	39	2.7	17.5
	L. 无	0	0	0	3	0.2	1.3
总计		360	100.0	400.2	1 432	100.0	642.1

1)值为 1 时制表的二分组

表 8.21　政府人员和公众认为能够对当地自然、社会、文化环境维护起到支持作用的公众

旅游公共事务	公众类型	政府人员			公众		
		N	百分比/%	个案百分比/%	N	百分比/%	个案百分比/%
当地自然、社会、文化环境的维护[1]	A. 居民	71	11.0	78.9	164	11.6	73.2
	B. 居委会、业主委员会、村委会等社区组织	66	10.2	73.3	159	11.3	71.0
	C. 旅游企业	67	10.4	74.4	171	12.2	76.3
	D. 旅游从业人员	72	11.1	80.0	165	11.7	73.7
	E. 旅游者	69	10.6	76.7	143	10.2	63.8
	F. 旅游协会等非政府组织	64	9.9	71.1	144	10.3	64.3
	G. 教育机构	47	7.3	52.2	101	7.2	45.1
	H. 研究机构	40	6.2	44.4	98	7.0	43.8
	I. 媒体	75	11.6	83.3	130	9.3	58.0
	J. 专家学者	54	8.4	60.0	86	6.1	38.4
	K. 其他	20	3.1	22.2	43	3.1	19.2
	L. 无	1	0.2	1.1	0	0	0
总计		646	100.0	717.6	1 404	100.0	626.8

1)值为 1 时制表的二分组

表 8.22　政府人员和公众认为能够对旅游行业管理起到支持作用的公众

旅游公共事务	公众类型	政府人员			公众		
		N	百分比/%	个案百分比/%	N	百分比/%	个案百分比/%
旅游行业管理[1]	A. 居民	14	4.2	15.6	39	4.6	17.4
	B. 居委会、业主委员会、村委会等社区组织	15	4.5	16.7	39	4.6	17.4
	C. 旅游企业	66	19.7	73.3	162	19.2	72.3
	D. 旅游从业人员	46	13.8	51.1	115	13.7	51.3
	E. 旅游者	20	6.0	22.2	54	6.4	24.1
	F. 旅游协会等非政府组织	71	21.2	78.9	152	18.0	67.9
	G. 教育机构	16	4.8	17.8	54	6.4	24.1
	H. 研究机构	22	6.6	24.4	73	8.7	32.6
	I. 媒体	41	12.3	45.6	85	10.1	37.9
	J. 专家学者	18	5.4	20.0	49	5.8	21.9
	K. 其他	5	1.5	5.6	21	2.5	9.4
	L. 无	0	0	0	0	0	0
总计		334	100.0	371.2	843	100.0	376.3

1)值为 1 时制表的二分组

表 8.23　政府人员和公众认为能够对旅游基础设施保护起到支持作用的公众

旅游公共事务	公众类型	政府人员			公众		
		N	百分比/%	个案百分比/%	N	百分比/%	个案百分比/%
旅游基础设施保护[1]	A. 居民	60	11.5	66.7	146	10.9	64.9
	B. 居委会、业主委员会、村委会等社区组织	55	10.5	61.1	143	10.7	63.6
	C. 旅游企业	72	13.8	80.0	178	13.3	79.1
	D. 旅游从业人员	67	12.8	74.4	159	11.9	70.7
	E. 旅游者	74	14.2	82.2	161	12.0	71.6
	F. 旅游协会等非政府组织	49	9.4	54.4	144	10.8	64.0
	G. 教育机构	23	4.4	25.6	93	6.9	41.3
	H. 研究机构	34	6.5	37.8	90	6.7	40.0
	I. 媒体	45	8.6	50.0	113	8.4	50.2
	J. 专家学者	28	5.4	31.1	70	5.2	31.1
	K. 其他	13	2.5	14.4	41	3.1	18.2
	L. 无	2	0.4	2.2	2	0.1	0.9
总计		522	100.0	579.9	1 340	100.0	595.6

1)值为 1 时制表的二分组

表 8.24　政府人员和公众认为能够对旅游经济、社会、文化影响监测起到支持作用的公众

旅游公共事务	公众类型	政府人员			公众		
		N	百分比/%	个案百分比/%	N	百分比/%	个案百分比/%
旅游对经济、社会、文化影响的监测[1]	A. 居民	17	4.3	18.9	56	5.6	24.9
	B. 居委会、业主委员会、村委会等社区组织	16	4.0	17.8	59	5.9	26.2
	C. 旅游企业	37	9.2	41.1	138	13.7	61.3
	D. 旅游从业人员	27	6.7	30.0	104	10.3	46.2
	E. 旅游者	23	5.8	25.6	66	6.5	29.3
	F. 旅游协会等非政府组织	55	13.7	61.1	136	13.5	60.4
	G. 教育机构	46	11.5	51.1	72	7.1	32.0
	H. 研究机构	68	17.0	75.6	143	14.2	63.6
	I. 媒体	52	13.0	57.8	117	11.6	52.0
	J. 专家学者	42	10.5	46.7	95	9.4	42.2
	K. 其他	17	4.3	18.9	22	2.2	9.8
	L. 无	0	0	0	0	0	0
总计		400	100.0	444.6	1 008	100.0	447.9

1)值为 1 时制表的二分组

表 8.25　政府人员和公众认为能够对旅游教育培训起到支持作用的公众

旅游公共事务	公众类型	政府人员			公众		
		N	百分比/%	个案百分比/%	N	百分比/%	个案百分比/%
旅游教育与培训[1]	A. 居民	40	7.3	44.4	99	7.9	44.0
	B. 居委会、业主委员会、村委会等社区组织	39	7.1	43.3	98	7.8	43.6
	C. 旅游企业	79	14.3	87.8	154	12.3	68.4
	D. 旅游从业人员	52	9.5	57.8	135	10.8	60.0
	E. 旅游者	45	8.2	50.0	95	7.6	42.2
	F. 旅游协会等非政府组织	58	10.5	64.4	147	11.8	65.3
	G. 教育机构	79	14.3	87.8	176	14.1	78.2
	H. 研究机构	46	8.4	51.1	102	8.2	45.3
	I. 媒体	45	8.2	50.0	110	8.8	48.9
	J. 专家学者	52	9.5	57.8	112	8.9	49.8
	K. 其他	15	2.7	16.7	21	1.7	9.3
	L. 无	0	0	0	1	0.1	0.4
总计		550	100.0	611.1	1 250	100.0	555.4

1)值为 1 时制表的二分组

表 8.26　政府人员和公众认为能够对不同地区之间的旅游合作起到支持作用的公众

旅游公共事务	公众类型	政府人员			公众		
		N	百分比/%	个案百分比/%	N	百分比/%	个案百分比/%
不同地区之间的旅游产品开发、营销等合作[1]	A. 居民	10	2.8	11.1	38	4.3	17.0
	B. 居委会、业主委员会、村委会等社区组织	7	1.9	7.8	44	5.0	19.6
	C. 旅游企业	79	21.9	87.8	159	18.1	71.0
	D. 旅游从业人员	42	11.6	46.7	101	11.5	45.1
	E. 旅游者	23	6.4	25.6	57	6.5	25.4
	F. 旅游协会等非政府组织	60	16.7	66.7	138	15.7	61.6
	G. 教育机构	18	5.0	20.0	58	6.6	25.9
	H. 研究机构	53	14.7	58.9	103	11.7	46.0
	I. 媒体	33	9.2	36.7	79	9.0	35.3
	J. 专家学者	29	8.1	32.2	74	8.5	33.0
	K. 其他	6	1.7	6.7	27	3.1	12.1
	L. 无	0	0	0	0	0	0
总计		360	100.0	400.2	878	100.0	392.0

1) 值为 1 时制表的二分组

表 8.27　政府人员和公众认为能够对旅游危机管理起到支持作用的公众

旅游公共事务	公众类型	政府人员			公众		
		N	百分比/%	个案百分比/%	N	百分比/%	个案百分比/%
旅游危机管理[1]	A. 居民	14	4.0	15.6	38	4.1	16.9
	B. 居委会、业主委员会、村委会等社区组织	22	6.3	24.4	61	6.6	27.1
	C. 旅游企业	63	18.0	70.0	150	16.1	66.7
	D. 旅游从业人员	46	13.1	51.1	104	11.2	46.2
	E. 旅游者	21	6.0	23.3	60	6.4	26.7
	F. 旅游协会等非政府组织	49	14.0	54.4	131	14.1	58.2
	G. 教育机构	20	5.7	22.2	62	6.7	27.6
	H. 研究机构	49	14.0	54.4	117	12.6	52.0
	I. 媒体	22	6.3	24.4	90	9.7	40.0
	J. 专家学者	31	8.9	34.4	80	8.6	35.6
	K. 其他	13	3.7	14.4	35	3.8	15.6
	L. 无	0	0	0	1	0.1	0.4
总计		350	100.0	388.6	929	100.0	413.0

1) 值为 1 时制表的二分组

表 8.28　政府人员和公众认为能够对当地旅游业发展相关问题研究起到支持作用的公众

旅游公共事务	公众类型	政府人员			公众		
		N	百分比/%	个案百分比/%	N	百分比/%	个案百分比/%
当地旅游业发展相关问题研究[1]	A. 居民	19	4.3	21.1	43	4.4	19.1
	B. 居委会、业主委员会、村委会等社区组织	17	3.9	18.9	50	5.1	22.2
	C. 旅游企业	65	14.8	72.2	141	14.4	62.7
	D. 旅游从业人员	51	11.6	56.7	89	9.1	39.6
	E. 旅游者	23	5.2	25.6	50	5.1	22.2
	F. 旅游协会等非政府组织	50	11.3	55.6	122	12.4	54.2
	G. 教育机构	42	9.5	46.7	102	10.4	45.3
	H. 研究机构	69	15.7	76.7	163	16.6	72.4
	I. 媒体	27	6.1	30.0	64	6.5	28.4
	J. 专家学者	65	14.7	72.2	135	13.8	60.0
	K. 其他	13	2.9	14.4	22	2.2	9.8
	L. 无	0	0	0	0	0	0
总计		441	100.0	490.1	981	100.0	435.9

1)值为 1 时制表的二分组

表 8.29　政府人员和公众认为能够对弱势群体旅游利益保障起到支持作用的公众

旅游公共事务	公众类型	政府人员			公众		
		N	百分比/%	个案百分比/%	N	百分比/%	个案百分比/%
弱势群体旅游利益保障[1]	A. 居民	39	8.1	43.3	117	9.9	52.5
	B. 居委会、业主委员会、村委会等社区组织	46	9.5	51.1	144	12.2	64.6
	C. 旅游企业	69	14.3	76.7	146	12.3	65.5
	D. 旅游从业人员	55	11.4	61.1	114	9.6	51.1
	E. 旅游者	30	6.2	33.3	94	8.0	42.2
	F. 旅游协会等非政府组织	69	14.3	76.7	148	12.5	66.4
	G. 教育机构	35	7.3	38.9	81	6.9	36.3
	H. 研究机构	35	7.3	38.9	96	8.1	43.0
	I. 媒体	65	13.5	72.2	123	10.4	55.2
	J. 专家学者	29	6.0	32.2	73	6.2	32.7
	K. 其他	10	2.1	11.1	45	3.8	20.2
	L. 无	0	0	0	1	0.1	0.4
总计		482	100.0	535.5	1 182	100.0	530.1

1)值为 1 时制表的二分组

表 8.30　政府人员和公众认为能够对旅游领域的志愿者行动起到支持作用的公众

旅游公共事务	公众类型	政府人员			公众		
		N	百分比/%	个案百分比/%	N	百分比/%	个案百分比/%
旅游领域的志愿者行动[1]	A. 居民	63	11.2	70.0	156	11.6	69.3
	B. 居委会、业主委员会、村委会等社区组织	63	11.2	70.0	158	11.8	70.2
	C. 旅游企业	68	12.0	75.6	148	11.0	65.8
	D. 旅游从业人员	71	12.6	78.9	143	10.7	63.6
	E. 旅游者	58	10.3	64.4	127	9.5	56.4
	F. 旅游协会等非政府组织	62	11.0	68.9	144	10.7	64.0
	G. 教育机构	43	7.6	47.8	113	8.4	50.2
	H. 研究机构	33	5.8	36.7	83	6.2	36.9
	I. 媒体	53	9.4	58.9	135	10.1	60.0
	J. 专家学者	24	4.3	26.7	77	5.7	34.2
	K. 其他	25	4.4	27.8	57	4.2	25.3
	L. 无	1	0.2	1.1	1	0.1	0.4
总计		564	100.0	626.8	1 342	100.0	596.3

1)值为 1 时制表的二分组

表 8.31　政府人员和公众认为能够对旅游可持续发展行动起到支持作用的公众

旅游公共事务	公众类型	政府人员			公众		
		N	百分比/%	个案百分比/%	N	百分比/%	个案百分比/%
旅游可持续发展行动[1]	A. 居民	65	9.0	72.2	142	9.4	63.1
	B. 居委会、业主委员会、村委会等社区组织	68	9.4	75.6	155	10.2	68.9
	C. 旅游企业	78	10.8	86.7	171	11.3	76.0
	D. 旅游从业人员	75	10.4	83.3	156	10.3	69.3
	E. 旅游者	68	9.4	75.6	134	8.9	59.6
	F. 旅游协会等非政府组织	64	8.9	71.1	169	11.2	75.1
	G. 教育机构	64	8.9	71.1	127	8.4	56.4
	H. 研究机构	64	8.9	71.1	144	9.5	64.0
	I. 媒体	73	10.1	81.1	143	9.4	63.6
	J. 专家学者	74	10.2	82.2	114	7.5	50.7
	K. 其他	29	4.0	32.2	58	3.8	25.8
	L. 无	0	0	0	1	0.1	0.4
总计		722	100.0	802.2	1 514	100.0	672.9

1)值为 1 时制表的二分组

表 8.32　能够对旅游目的地公共事务执行起到支持作用的公众（按个案百分比降序排列）

旅游目的地公共事务	能够起到支持作用的公众
行政部门旅游执法（N＝1 291，总个案百分比＝409.9%）	旅游企业（68.3%）、旅游协会等非政府组织（60.3%）、旅游从业人员（59.0%）、旅游者（45.7%）、媒体（41.6%）、社区组织（34.0%）、居民（33.0%）、研究机构（21.3%）、教育机构（19.4%）、专家学者（19.4%）其他（7.6%）、无（0.3%）
旅游政策制定、实施、评估（N＝1 480，总个案百分比＝470.5%）	旅游企业（68.6%）、旅游协会等非政府组织（63.5%）、旅游从业人员（56.5%）、研究机构（54.0%）、专家学者（51.7%）、居民（37.5%）、旅游者（37.1%）、社区组织（34.6%）、媒体（32.4%）、教育机构（26.3%）、其他（8.3%）
旅游规划制定、实施、评估（N＝1 544，总个案百分比＝490.1%）	旅游企业（71.7%）、专家学者（61.3%）、旅游协会等非政府组织（60.3%）、研究机构（56.5%）、旅游从业人员（55.2%）、居民（41.6%）、社区组织（40.3%）、旅游者（35.6%）、教育机构（26.7%）、媒体（25.7%）、其他（14.9%）、无（0.3%）
旅游市场营销（方案制订、实施、评估）（N＝1 532，总个案百分比＝486.4%）	旅游企业（80.3%）、旅游协会等非政府组织（64.8%）、旅游从业人员（55.6%）、研究机构（51.4%）、专家学者（49.2%）、媒体（48.6%）、旅游者（36.5%）、居民（34.6%）、社区组织（32.1%）、教育机构（21.9%）、其他（10.8%）、无（0.6%）
旅游目的地品牌设计、营销传播、评估（N＝1 775，总个案百分比＝563.4%）	旅游企业（74.9%）、旅游协会等非政府组织（66.3%）、旅游从业人员（65.7%）、研究机构（60.6%）、媒体（58.7%）、专家学者（58.1%）、旅游者（47.6%）、教育机构（39.4%）、居民（38.7%）、社区组织（35.9%）、其他（17.5%）
旅游公共信息服务供给（N＝1 376，总个案百分比＝438.2%）	旅游企业（70.7%）、旅游从业人员（61.5%）、旅游协会等非政府组织（61.5%）、社区组织（47.1%）、居民（41.7%）、媒体（40.4%）、旅游者（35.4%）、研究机构（26.4%）、专家学者（23.2%）、教育机构（18.8%）、其他（11.5%）
保障"食宿行游购娱"等的旅游公共服务（N＝1 410，总个案百分比＝414.0%）	旅游企业（84.8%）、旅游从业人员（65.4%）、旅游协会等非政府组织（61.0%）、旅游者（41.9%）、社区组织（39.7%）、居民（34.9%）、媒体（31.7%）、研究机构（18.4%）、教育机构（14.6%）、专家学者（13.0%）、其他（8.6%）
旅游公共安全服务供给（N＝1 443，总个案百分比＝458.0%）	旅游企业（78.4%）、旅游从业人员（66.3%）、旅游协会等非政府组织（65.1%）、社区组织（48.3%）、旅游者（43.5%）、居民（41.9%）、媒体（34.6%）、研究机构（24.4%）、专家学者（24.1%）、教育机构（17.8%）、其他（13.0%）、无（0.6%）
当地代表性景区、公共景观、旅游节庆开发与管理（N＝1 381，总个案百分比＝438.4%）	旅游企业（76.5%）、旅游协会等非政府组织（66.7%）、旅游从业人员（53.0%）、研究机构（42.2%）、专家学者（36.2%）、社区组织（35.2%）、旅游者（33.0%）、媒体（32.4%）、居民（28.6%）、教育机构（26.7%）、其他（7.6%）、无（0.3%）
当地公众好客精神培育（N＝1 831，总个案百分比＝583.1%）	居民（79.6%）、社区组织（75.5%）、旅游企业（71.0%）、旅游从业人员（67.8%）、旅游协会等非政府组织（67.2%）、媒体（64.0%）、教育机构（41.7%）、旅游者（40.1%）、研究机构（29.6%）、专家学者（29.0%）、其他（16.6%）、无（1.0%）

续表

旅游目的地公共事务	能够起到支持作用的公众
当地旅游资源传承与保护（$N=1792$，总个案百分比$=657.0\%$）	旅游企业（77.1%）、旅游协会等非政府组织（74.2%）、居民（71.7%）、旅游从业人员（71.0%）、旅游者（66.9%）、社区组织（66.2%）、媒体（63.1%）、教育机构（51.9%）、研究机构（50.6%）、专家学者（45.5%）、其他（17.5%）、无（1.3%）
当地自然、社会、文化环境维护（$N=2050$，总个案百分比$=653.2\%$）	旅游企业（75.9%）、旅游从业人员（75.6%）、居民（74.9%）、社区组织（71.7%）、旅游者（67.6%）、旅游协会等非政府组织（66.0%）、媒体（65.4%）、教育机构（47.3%）、专家学者（44.4%）、研究机构（44.1%）、其他（20.0%）、无（0.3%）
当地旅游行业管理（$N=1177$，总个案百分比$=374.9\%$）	旅游企业（72.6%）、旅游协会等非政府组织（71.0%）、旅游从业人员（51.3%）、媒体（40.1%）、研究机构（30.3%）、旅游者（23.6%）、教育机构（22.3%）、专家学者（21.3%）、社区组织（17.2%）、居民（16.9%）、其他（8.3%）
当地旅游基础设施保护（$N=1862$，总个案百分比$=591.2\%$）	旅游企业（79.4%）、旅游者（74.6%）、旅游从业人员（71.7%）、居民（65.4%）、社区组织（62.9%）、旅游协会等非政府组织（61.3%）、媒体（50.2%）、研究机构（39.4%）、教育机构（36.8%）、专家学者（31.1%）、其他（17.1%）、无（1.3%）
当地旅游对经济、社会、文化影响监测（$N=1408$，总个案百分比$=447.2\%$）	研究机构（67.0%）、旅游协会等非政府组织（60.6%）、旅游企业（55.6%）、媒体（53.7%）、专家学者（43.5%）、旅游从业人员（41.6%）、教育机构（37.5%）、旅游者（28.3%）、社区组织（23.8%）、居民（23.2%）、其他（12.4%）
旅游教育与培训（$N=1800$，总个案百分比$=571.5\%$）	教育机构（81.0%）、旅游企业（74.0%）、旅游协会等非政府组织（65.1%）、旅游从业人员（59.4%）、专家学者（52.1%）、媒体（49.2%）、研究机构（47.0%）、旅游者（44.4%）、居民（44.1%）、社区组织（43.5%）、其他（11.4%）、无（0.3%）
不同地区之间的旅游产品开发、市场营销合作（$N=1238$，总个案百分比$=394.3\%$）	旅游企业（75.6%）、旅游协会等非政府组织（62.9%）、研究机构（49.5%）、旅游从业人员（45.4%）、媒体（35.9%）、专家学者（33.0%）、旅游者（25.4%）、教育机构（24.4%）、社区组织（16.5%）、居民（15.2%）、其他（10.5%）
旅游危机管理（$N=1279$，总个案百分比$=405.8\%$）	旅游企业（67.6%）、旅游协会等非政府组织（57.1%）、研究机构（52.7%）、旅游从业人员（47.6%）、媒体（35.6%）、专家学者（35.2%）、社区组织（26.3%）、教育机构（26.0%）、旅游者（25.7%）、居民（16.5%）、其他（15.2%）、无（0.3%）
当地旅游业发展相关问题研究（$N=1422$，总个案百分比$=451.5\%$）	研究机构（73.7%）、旅游企业（65.4%）、专家学者（63.5%）、旅游协会等非政府组织（54.6%）、教育机构（45.7%）、旅游从业人员（44.4%）、媒体（28.9%）、旅游者（23.2%）、社区组织（21.3%）、居民（19.7%）、其他（11.1%）
当地弱势群体旅游利益保障（$N=1664$，总个案百分比$=531.7\%$）	旅游协会等非政府组织（69.3%）、旅游企业（68.7%）、社区组织（60.7%）、媒体（60.1%）、旅游从业人员（54.0%）、居民（49.8%）、研究机构（41.9%）、旅游者（39.6%）、教育机构（37.1%）、专家学者（32.6%）、其他（17.6%）、无（0.3%）

续表

旅游目的地公共事务	能够起到支持作用的公众
当地旅游领域志愿者行动($N=1\,906$,总个案百分比$=605.0\%$)	社区组织(70.2%)、居民(69.5%)、旅游企业(68.6%)、旅游从业人员(67.9%)、旅游协会等非政府组织(65.4%)、媒体(59.7%)、旅游者(58.7%)、教育机构(49.5%)、研究机构(36.8%)、专家学者(32.1%)、其他(26.0%)、无(0.6%)
当地旅游可持续发展行动($N=2\,236$,总个案百分比$=709.7\%$)	旅游企业(79.0%)、旅游协会等非政府组织(74.0%)、旅游从业人员(73.3%)、社区组织(70.8%)、媒体(68.6%)、研究机构(66.0%)、居民(65.7%)、旅游者(64.1%)、教育机构(60.6%)、专家学者(59.7%)、其他(27.6%)、无(0.3%)

6. 公众愿意参与旅游目的地公共事务的程度

表 8.33 对公众愿意参与旅游目的地公共事务程度的统计表明,公众愿意参与当地自然、社会、文化环境维护,旅游资源传承与保护,公众好客精神培育,旅游基础设施保护,旅游教育与培训 5 项事务的服务程度高于 4.0;愿意参与当地旅游领域志愿者行动、旅游可持续发展行动、弱势群体旅游利益保障、旅游公共安全服务供给共 4 项事务的程度在 3.8~3.9;愿意参与其他 13 项事务的程度均低于 3.7,其中旅游政策制定(实施、评估)、行政部门旅游执法的程度仅为3.351 1 和 3.262 2。因此,对于其中那些公众支持重要程度高、但公众愿意参与程度较低的事务来说,尚需采取有效的手段来激发公众的参与热情、强化其参与动机以提高公众的实际参与程度,从而获得该事务执行所需要的公众支持。

表 8.33　公众愿意参与旅游目的地公共事务的程度

旅游目的地公共事务名称	N	均值	标准差	均值的标准误
行政部门旅游执法	225	3.262 2	1.105 04	0.073 67
旅游政策的制定、实施、评估	225	3.351 1	1.201 31	0.080 09
旅游规划的制定、实施、评估	225	3.408 9	1.146 39	0.076 43
旅游市场营销(方案制订、实施、评估)	225	3.377 8	1.196 89	0.079 79
旅游目的地品牌设计、营销传播、评估	225	3.631 1	1.161 86	0.077 46
旅游公共信息服务供给	225	3.551 1	1.080 80	0.072 05
保障"食宿行游购娱"等的旅游公共服务	225	3.604 4	1.038 96	0.069 26
旅游公共安全服务供给	225	3.822 2	1.099 69	0.073 31
当地代表性景区、公共景观、旅游节庆开发与管理	225	3.586 7	1.119 15	0.074 61
当地公众好客精神培育	225	4.097 8	0.949 27	0.063 28
当地旅游资源传承与保护	225	4.142 2	0.948 33	0.063 22
当地自然、社会、文化环境维护	225	4.173 3	0.926 40	0.061 76
当地旅游行业管理	225	3.546 7	1.060 15	0.070 68

续表

旅游目的地公共事务名称	N	均值	标准差	均值的标准误
当地旅游基础设施保护	225	4.128 9	0.971 15	0.064 74
当地旅游对经济、社会、文化影响监测	225	3.586 7	1.099 03	0.073 27
旅游教育与培训	225	4.004 4	2.940 63	0.196 04
不同地区之间的旅游产品开发、市场营销合作	225	3.666 7	3.517 81	0.234 52
旅游危机管理	225	3.622 2	1.045 59	0.069 71
当地旅游业发展相关问题研究	225	3.466 7	1.035 10	0.069 01
当地弱势群体旅游利益保障	225	3.857 8	1.046 78	0.069 79
当地旅游领域志愿者行动	225	3.942 2	1.094 32	0.072 95
当地旅游可持续发展行动	225	3.897 8	1.036 50	0.069 10

7. 旅游目的地公共事务执行的时间限制程度

基于政府人员是当前我国旅游目的地公共事务的最直接行动者，其对各项事务时间限制程度的认知是判断该事务是否会因需要在短时间内完成而无足够的时间来组织公众参与的主要依据。表 8.34 对就该问题认为"是"的个案数与比例的统计表明，除旅游危机管理的个案百分比为 72.9% 外，其他事务的个案百分比均低于 40%，最低的旅游公共信息服务供给为 14.1%。可见，政府人员普遍认为除旅游危机管理外的其他 21 项旅游目的地公共事务，都不会因需要在短时间内完成而无足够的时间来组织公众参与，即这些事务执行中实施公众参与的时间限制程度不显著。

表 8.34　政府人员认为旅游目的地公共事务执行无足够的时间
来组织公众参与的个案数与比例

旅游目的地公共事务名称		响应		个案百分比/%
		N	百分比/%	
认为"是"的个案数与比例[1]	行政部门旅游执法	30	5.6	35.3
	旅游政策的制定、实施、评估	21	3.9	24.7
	旅游规划的制定、实施、评估	22	4.1	25.9
	旅游市场营销（方案制订、实施、评估）	28	5.2	32.9
	旅游目的地品牌设计、营销传播、评估	23	4.3	27.1
	旅游公共信息服务供给	12	2.2	14.1
	保障"食宿行游购娱"等的旅游公共服务	21	3.9	24.7
	旅游公共安全服务供给	18	3.3	21.2

续表

旅游目的地公共事务名称		响应		个案百分比/%
		N	百分比/%	
认为"是"的个案数与比例[1]	当地代表性景区、公共景观、旅游节庆开发与管理	28	5.2	32.9
	当地公众好客精神培育	16	3.0	18.8
	当地旅游资源传承与保护	22	4.1	25.9
	当地自然、社会、文化环境维护	17	3.2	20.0
	当地旅游行业管理	27	5.0	31.8
	当地旅游基础设施保护	25	4.6	29.4
	当地旅游对经济、社会、文化影响监测	26	4.8	30.6
	旅游教育与培训	24	4.5	28.2
	不同地区之间的旅游产品开发、市场营销合作	30	5.6	35.3
	旅游危机管理	62	11.6	72.9
	当地旅游业发展相关问题研究	29	5.4	34.1
	当地弱势群体旅游利益保障	25	4.6	29.4
	当地旅游领域志愿者行动	13	2.4	15.3
	当地旅游可持续发展行动	19	3.5	22.4
总计		538	100.0	632.9

1)值为 1 时制表的二分组

8. 政府部门实施各种公众参与方式存在的限制性程度

在此，政府部门实施各种公众参与方式存在的限制性程度主要通过政府人员对各种公众参与方式的熟悉程度及政府实施各种公众参与方式的投入约束程度来界定。一般来说，政府部门易于实施那些熟悉程度较高、投入约束程度较低的公众参与方式。表 8.35 的数据统计表明，政府人员对各种公众参与方式的熟悉程度不高，最高的政府信息公开、公示、公告、展示为 3.9333，而斡旋调解、公众任务团队或联合工作小组、社区规划伙伴关系等 8 种公众参与方式均在 3.0 以下。可见，目前政府实施公众参与在此方面存在着较大的限制性。但是考虑到政府人员对所有公众参与方式的熟悉程度都不高，我国政府旅游行政部门在旅游目的地治理实践中，仅选择熟悉程度相对较高的方式实施还难以满足公众参与旅游公共事务实践的需要。因此，政府人员尚需加强关于此方面知识与技能的学习、教育和培训，从理论与实践两个层面提高对这些公众参与方式的认识、理解及实践操作能力。另外，从表 8.36 的数据统计来看，政府实施各种公众参与方式的投入约束程度均不高于 3.5，其中政府说明会或新闻发布会、公开意见或建议等征集、民意调查等 12 种方式均低于 3.0。这反映出当前政府部门实施各种公众参与方式的投入约束低，目前当地旅游目的地治理中实施这些公众参与方式面临的人力、资金及其他资源限制不明显，它们具备较高的可行性。综合上述两个方面来看，政府实施各种公众参与方式所存在的限制性因素主要是熟悉程度不高，而投入约束的限制性程度不明显。

表 8.35　政府人员对各种公众参与方式的熟悉程度

公众参与方式	N	均值	标准差	均值的标准误
政府信息公开、公示、公告、展示	90	3.933 3	0.831 95	0.087 69
政府说明会或新闻发布会	90	3.511 1	0.962 73	0.101 48
媒体宣传、政府营销	90	3.700 0	0.799 58	0.084 28
访问公众、现场办公会或接受公众咨询	90	3.455 6	0.888 90	0.093 70
设立常规性信息中心	90	3.366 7	0.840 68	0.088 62
公众座谈会	90	3.267 0	1.109 70	0.117 00
专家论证会	90	3.544 4	1.172 35	0.123 58
听证会	90	3.066 7	1.139 68	0.120 13
公众调查	90	3.411 1	0.777 41	0.081 95
公共论坛	90	3.388 9	1.002 18	0.105 64
公开意见或建议等征集	90	3.611 1	0.967 96	0.102 03
公众发起的咨询(如公众质询、意见反映)	90	3.355 6	0.951 77	0.100 33
民意调查	90	3.522 2	0.914 65	0.096 41
公众会议、公众评估	90	3.044 4	0.819 85	0.086 42
斡旋调解	90	2.955 6	0.947 04	0.099 83
公众培训与奖励	90	3.366 7	0.799 58	0.084 28
公众公开方案/计划等征集	90	3.277 8	0.887 21	0.093 52
公众志愿性资源投入	90	2.977 8	1.016 47	0.107 15
角色扮演与游戏模拟	90	2.600 0	1.036 42	0.109 25
名义小组	90	2.633 3	1.126 29	0.118 72
政府与公众对话	90	3.055 6	0.826 00	0.087 07
公众协商会议	90	3.022 2	1.027 46	0.108 30
公众任务团队或联合工作小组	90	2.866 7	1.113 75	0.117 40
社区规划伙伴关系	90	2.722 2	0.912 19	0.096 15
政府与公众共同生产、共同提供	90	2.933 3	0.992 10	0.104 58
公众监督	90	3.644 4	0.951 77	0.100 33
公众投票	90	3.666 7	1.049 34	0.110 61
公众决策委员会	90	3.144 4	1.011 85	0.106 66
政府授权公众承担公共事务	90	3.122 2	1.058 17	0.111 54
公众自发承担公共事务熟悉程度	90	2.966 7	1.194 09	0.125 87
志愿行动	90	3.422 2	1.027 46	0.108 30
社区自治或村民自治	90	3.222 2	0.933 49	0.098 40

表 8.36　政府实施各公众参与方式存在的投入约束程度

公众参与方式	N	均值	标准差	均值的标准误
政府信息公开、公示、公告、展示	90	3.122 2	0.981 03	0.103 41
政府说明会或新闻发布会	90	2.966 7	0.953 41	0.100 50
媒体宣传、政府营销	90	3.277 8	0.994 68	0.104 85
访问公众、现场办公会或接受公众咨询	90	3.044 4	1.120 91	0.118 15
设立常规性信息中心	90	3.311 1	1.138 15	0.119 97
公众座谈会	90	3.144 4	1.166 59	0.122 97
专家论证会	90	3.400 0	1.089 27	0.114 82
听证会	90	3.255 6	0.966 41	0.101 87
公众调查	90	3.233 3	1.091 85	0.115 09
公共论坛	90	3.033 3	1.194 09	0.125 87
公开意见或建议等征集	90	2.766 7	0.994 93	0.104 87
公众发起的咨询(如公众质询、意见反映)	90	2.933 3	0.884 32	0.093 22
民意调查	90	2.933 3	0.969 19	0.102 16
公众会议、公众评估	90	2.977 8	0.734 05	0.077 38
斡旋调解	90	3.033 3	0.905 04	0.095 40
公众培训与奖励	90	3.266 7	0.945 72	0.099 69
公众公开方案/计划等征集	90	2.933 3	0.845 34	0.089 11
公众志愿性资源投入	90	2.566 7	0.835 32	0.088 05
角色扮演与游戏模拟	90	2.988 9	0.867 57	0.091 45
名义小组	90	3.033 3	0.953 41	0.100 50
政府与公众对话	90	3.011 1	1.033 10	0.108 90
公众协商会议	90	3.433 3	1.060 53	0.111 79
公众任务团队或联合工作小组	90	3.066 7	0.731 32	0.077 09
社区规划伙伴关系	90	3.011 1	0.827 81	0.087 26
政府与公众共同生产、共同提供	90	3.244 4	1.063 29	0.112 08
公众监督	90	2.900 0	1.049 88	0.110 67
公众投票	90	3.077 8	1.019 23	0.107 44
公众决策委员会	90	3.266 7	1.057 88	0.111 51
政府授权公众承担公共事务	90	3.433 3	1.151 94	0.121 43
公众自发承担公共事务熟悉程度	90	2.800 0	1.350 82	0.142 39
志愿行动	90	2.744 4	1.410 72	0.148 70
社区自治或村民自治	90	2.733 3	1.159 23	0.122 19

三、基于参与过程的公众参与实现机制实施的调研数据分析

1. 全程性参与

基于单项旅游目的地公共事务层面，表 8.37 对政府人员愿意让公众参与的阶段和表 8.38 对公众愿意参与的阶段的调研数据统计表明，全程性参与已经得到政府人员和公众的共同认可。政府人员和公众选择的愿意让公众/愿意参与的旅游目的地公共事务之阶段的总个案百分比分别为 446.8%、425.4%，而且前者有 23 个、后者有 57 个个案选择了该事务的所有阶段。具体来看，政府人员愿意让公众参与的阶段中，个案百分比超过 50% 的有对该事务执行过程的监督（80.0%）、识别与该事务相关的公共问题（67.8%）、该事务执行的实际行动（67.8%）、对该事务所实现的结果进行评估（51.1%），其余阶段的个案百分比在 30%～50%；公众愿意参与的阶段中，个案百分比超过 50% 的有该事务执行的实际行动（65.8%）、对该事务执行过程的监督（61.8%）、选择该事务的行动计划或方案（52.0%）、制订该事务的行动计划或方案（50.2%），其余阶段的个案百分比大多在 40%～50%，仅界定该事务的范畴为 33.8%。可见，政府人员和公众都认同公众参与应贯穿在旅游目的地公共事务执行的整个过程之中，而不是一个或少数几个阶段。

表 8.37　政府人员愿意让公众参与的某项旅游目的地公共事务的阶段

旅游目的地公共事务的阶段		响应		个案百分比/%
		N	百分比/%	
政府人员愿意让公众参与的阶段[1]	A. 识别与该事务相关的公共问题	61	15.2	67.8
	B. 界定该事务的范畴	30	7.5	33.3
	C. 确定该事务执行的目标	41	10.2	45.6
	D. 制订该事务的行动计划或方案	33	8.2	36.7
	E. 选择该事务的行动计划或方案	35	8.7	38.9
	F. 该事务执行的实际行动	61	15.2	67.8
	G. 对该事务执行过程的监督	72	17.9	80.0
	H. 对该事务所实现的结果进行评估	46	11.4	51.1
	I. 以上全部	23	5.7	25.6
总计		402	100.0	446.8

1）值为 1 时制表的二分组

表 8.38　公众愿意参与某项旅游目的地公共事务的阶段

旅游目的地公共事务的阶段		响应		个案百分比/%
		N	百分比/%	
公众愿意参与的阶段[1]	A. 识别与该事务相关的公共问题	99	10.3	44.0
	B. 界定该事务的范畴	76	7.9	33.8
	C. 确定该事务执行的目标	96	10.0	42.7
	D. 制订该事务的行动计划或方案	113	11.8	50.2
	E. 选择该事务的行动计划或方案	117	12.2	52.0
	F. 该事务执行的实际行动	148	15.5	65.8
	G. 对该事务执行过程的监督	139	14.5	61.8
	H. 对事务所实现的结果进行评估	112	11.7	49.8
	I. 以上全部	57	6.0	25.3
总计		957	100.0	425.4

1)值为 1 时制表的二分组

　　基于单次公众参与旅游目的地公共事务活动层面,表 8.39 对政府人员愿意让公众参与的阶段和表 8.40 对公众愿意参与的阶段的数据统计表明,全程性参与也已经得到政府人员和公众的共同认可。政府人员和公众选择的愿意让公众/愿意参与的阶段的总个案百分比分别为 451.1%、495.0%,而且前者有 17 个、后者有 81 个个案选择了参与该活动的所有阶段。因此,针对某一次公众参与活动,公众也应实现全程性参与。具体来看,政府人员愿意让公众参与的阶段中,个案百分比超过 50% 的有实际参与过程的组织(64.4%)、说明公众意见和资源被接纳或使用情况(57.8%)、界定该活动的目标(57.8%)、对该活动的结果进行评估(53.3%)、对选中的参与者进一步提供信息及教育与培训(53.3%),其余阶段的个案百分比在 40%～50%;公众愿意参与的阶段中,个案百分比超过 50% 的有接受政府的进一步信息提供及教育与培训(68.9%)、要求政府说明公众诉求、意见或资源被接纳或使用情况(67.1%)、对该活动的结果进行评估(60.0%)、参与针对该活动的公告、宣传与营销等行动(59.1%)、实际参与过程的组织(55.1%)、制订该活动的实施计划(54.2%),其余阶段的个案百分比也都在 40% 以上,而且愿意参与所有阶段的个案的百分比高达 36.0%。

表8.39　政府人员愿意让公众参与的某次公众参与旅游公共事务活动的阶段

| 旅游目的地公共事务的阶段 | | 响应 | | 个案百分比/% |
		N	百分比/%	
政府人员愿意让公众参与的阶段[1]	A. 界定该活动的目标	52	12.8	57.8
	B. 制订该活动的实施计划	45	11.1	50.0
	C. 参与针对该活动的公告、宣传与营销等行动	44	10.8	48.9
	D. 招募与选择参与者	42	10.3	46.7
	E. 对选中的参与者进一步提供信息及教育与培训	48	11.8	53.3
	F. 实际参与过程的组织	58	14.3	64.4
	G. 说明公众意见、资源被接纳或使用情况	52	12.8	57.8
	H. 对该活动的结果进行评估	48	11.8	53.3
	I. 以上全部	17	4.3	18.9
总计		406	100.0	451.1

1)值为1时制表的二分组

表8.40　公众愿意参与的某次公众参与旅游公共事务活动的阶段

| 旅游目的地公共事务的阶段 | | 响应 | | 个案百分比/% |
		N	百分比/%	
公众愿意参与的阶段[1]	A. 界定该活动的目标	102	9.2	45.3
	B. 制定该活动的实施计划	122	11.0	54.2
	C. 参与针对该活动的公告、宣传与营销等行动	133	11.9	59.1
	D. 招募与选择参与者	111	10.0	49.3
	E. 若被选为参与者，接受政府的进一步信息提供及教育与培训	155	13.9	68.9
	F. 实际参与过程的组织	124	11.1	55.1
	G. 要求政府说明公众诉求、意见或资源被接纳或使用情况	151	13.6	67.1
	H. 对该活动的结果进行评估	135	12.1	60.0
	I. 以上全部	81	7.3	36.0
总计		1 114	100.0	495.0

1)值为1时制表的二分组

2. 公平性参与

表8.41关于公众对参与过程公平性的相关因素重要程度的认知的调研数据统计表明，公众对参与过程公平性四个测量项的重要程度的认知在3.7～4.0。相对来说，公众对实际参与者的代表性中的"参与者所表达的观点或投入的资源

要能够代表公众的整体意愿"和公众参与行动过程中的平等，即"参与者表达观点与投入资源的机会平等"更为看重，其重要程度分别为 3.964 4、3.893 3。这表明，旅游目的地治理过程中应特别关注在实际参与过程中参与者的观点表达与资源投入的代表性和平等性，要使它们能够代表公众的整体意愿而不局限于参与者个人或小团体，并让参与者能够平等地表达观点与投入资源而避免因各种主客观原因所导致的机会不平等。在此基础上，"参与者及其所代表利益的平衡性"和"参与者能够代表该旅游公共事务的所有利益相关者"也是公众认可的保证参与过程公平性的重要因素。

表 8.41　公众对参与过程公平性的相关因素重要程度的认知

参与过程公平性因素	N	均值	标准差	均值的标准误
"参与者能够代表该旅游公共事务的所有利益相关者"对保证参与过程公平性的重要程度	225	3.728 9	1.070 01	0.071 33
"参与者所表达的观点或投入的资源要能够代表公众的整体意愿"对保证参与过程公平性的重要程度	225	3.964 4	0.920 30	0.061 35
"参与者及其所代表利益的平衡性"对保证参与过程公平性的重要程度	225	3.817 8	1.003 41	0.066 89
"参与者表达观点与投入资源的机会平等"对保证参与过程公平性的重要程度	225	3.893 3	0.924 47	0.061 63

3. 参与程序合法

表 8.42 关于公众对参与程序合法的相关因素重要程度的认知的调研数据统计表明，公众看重本书所提出的参与程序合法的两个维度，其重要程度分别为3.991 1和4.080 0。也就是说公众参与的程序既要符合法律法规的规定，又要提前取得公众的认可。相对来看，公众更为看重"参与程序要提前取得公众认可"，这表明公众要求在参与过程中遵循其所认可的而不是外部强加的参与程序。

表 8.42　公众对参与程序合法的相关因素重要程度的认知

参与程序合法性因素	N	均值	标准差	均值的标准误
"其实际采用的参与程序要符合当地现行法律法规"的重要程度	225	3.991 1	0.845 11	0.056 34
"其实际采用的参与程序要提前取得公众认可"的重要程度	225	4.080 0	0.882 77	0.058 85

4. 政府的有效回应

表 8.43 关于公众对政府有效回应的相关因素重要程度的认知的调研数据统

计表明，公众对本书所提出的政府有效回应的两个维度均看重，其重要程度分别为 3.991 1 和 4.071 1。这就要求政府应对公众参与活动积极而灵敏地做出负责而有效的回应，而后者更被公众看重。因此，回应公众参与活动政府更要注重公开性、严肃性、务实性、针对性和有效性，从而使政府回应达到负责而有效的要求。

表 8.43　公众对政府有效回应的相关因素重要程度的认知

政府有效回应因素	N	均值	标准差	均值的标准误
"政府回应积极而灵敏"的重要程度	225	3.991 1	1.052 17	0.070 14
"政府回应负责而有效"的重要程度	225	4.071 1	1.036 96	0.069 13

四、基于参与结果的公众参与实现机制实施的调研数据分析

1. 公众对参与结果的认知

表 8.44 就公众对旅游目的地治理中公众参与结果各要素的认知的调研数据统计表明，公众相对更为看重参与结果中的实际感知满意、公众输入的"诉求或意见能够得到政府的反馈"、公众输出的参与者"能够充分表达诉求或意见"和"能够充分表达民意"，其重要程度在 3.9 以上；次之的是公众输入的"能够充分获得该公众参与活动的相关信息"、公众输出的"能够充分实现信息提供"、公众输入的"能够获得归属感、主人感等情感收益"、公众输入的"能够实现自己应有的权利（如知情权、表达权、参与权和监督权等）"，其看重程度在 3.7～3.9；而对公众输出的"要有一定的资源投入"、公众输入的"能够取得对旅游公共事务执行过程的控制力"的看重程度相对要低，其重要程度低于 3.6。上述分析表明，公众就自身对参与过程实际感知满意、表达权的相关要素更为看重，但是对旅游公共事务执行的控制力的要求不高。

表 8.44　公众对旅游目的地治理中公众参与结果各要素的认知

参与结果要素	N	均值	标准差	均值的标准误
"参与者能够充分实现信息提供"的重要程度	225	3.853 3	0.968 61	0.064 57
"参与者能够充分表达诉求或意见"的重要程度	225	3.942 2	0.926 42	0.061 76
"无论支持还是反对，参与者都能够充分表达民意"的重要程度	225	3.937 8	0.993 57	0.066 24
"参与者要有一定的资源投入（如知识、技能、资金或物质资源投入）"的重要程度	225	3.520 0	3.595 73	0.239 72

续表

参与结果要素	N	均值	标准差	均值的标准误
"参与者能够充分获得该公众参与活动的相关信息"的重要程度	225	3.893 3	0.874 85	0.058 32
"参与者的诉求或意见能够得到政府的反馈"的重要程度	225	4.000 0	0.886 41	0.059 09
"参与者能够取得对旅游公共事务执行过程的控制力"的重要程度	225	3.511 1	1.048 43	0.069 90
"参与者能够对旅游公共事务执行的最终结果产生影响力"的重要程度	225	3.684 4	1.005 78	0.067 05
"参与者通过公众参与活动能够获得归属感、主人感等情感收益"的重要程度	225	3.760 0	0.913 78	0.060 92
"参与者能够实现自己应有的权利(如知情权、表达权、参与权和监督权等)"的重要程度	225	3.737 8	0.998 95	0.066 60
如果您对某次公众参与活动感到满意,这对您以后参与旅游公共事务的影响程度	225	4.031 1	0.942 03	0.062 80
如果您对某次公众参与活动感到不满意,这对您以后参与旅游公共事务的影响程度	225	3.680 0	1.211 85	0.080 79

2. 政府人员对参与结果的认知

表8.45就政府人员对旅游目的地治理中公众参与结果各要素的认知的调研数据统计表明,政府人员对多数公众参与结果的看重程度高于公众,各要素的重要程度大都在3.8以上。具体来看,政府人员更为看重政府输出的"政府充分实现信息公开"、4E目标的"能够使该事务执行所提供的旅游公共产品与服务更加符合公众需求"、政府输入的"取得公众对该事务执行的民意支持"和"行动支持",其重要程度在4.0以上;次之的是4E目标的"能够使公众对该事务执行所提供的旅游公共产品与服务更加满意"、政府输入的"能够充分获取与该事务执行相关的公众信息"、4E目标的"能够使更多人(尤其是弱势群体)有机会享用旅游公共产品与服务"、政府输出的"应及时向公众反馈该调研的结果与结论"及"对公众诉求在该事务最终结果中是否得到体现以及如何体现进行解释与说明"等,其重要程度在3.8~4.0;而较低的是4E目标的"与当地以往或其他地区相比,公众参与能够使执行该事务所需的公共支出降低"和"能够使该事务执行的实际支出较政府最初预算有减少",其重要程度分别为3.544 4和3.300 0。上述分析表明,政府人员对政府输入和4E目标的结果总体更为看重,而对政府输出的政府信息公开也特别重视。但是基于政府人员对取得公众资源支持看重程度相对要低

（3.755 6），其对 4E 目标的节省预算和减少公共支出看重程度也相对偏低。

表 8.45 政府人员对旅游目的地治理中公众参与结果各要素的认知

参与结果要素	N	均值	标准差	均值的标准误
"政府能够充分获取与该事务执行相关的公众信息（如公众的年龄结构、需求偏好）"的重要程度	90	3.933 3	0.818 33	0.086 26
"公众诉求和意见能够被政府充分听取"的重要程度	90	3.800 0	0.823 80	0.086 84
"政府取得公众对该事务执行的民意支持（如公众对该事务相关决策的认可与接受、舆论支持）"的重要程度	90	4.066 7	0.804 48	0.084 80
"政府取得公众对该事务执行的资源支持（如资金支持、物质支持）"的重要程度	90	3.755 6	0.997 88	0.105 19
"政府取得公众对该事务执行的行动支持（公众愿意承担一些旅游公共事务）"的重要程度	90	4.011 1	0.905 59	0.095 46
"政府充分实现信息公开"的重要程度	90	4.144 4	0.757 90	0.079 89
"政府如果开展过面向公众的调研活动，应及时向公众反馈该调研的结果与结论"的重要程度	90	3.922 2	0.782 21	0.082 45
"政府对公众诉求在该事务最终结果中是否得到体现以及如何体现进行解释与说明"的重要程度	90	3.888 9	0.879 79	0.092 74
"政府对公众所投入的资源是否得到使用及其所产生的作用进行解释与说明"的重要程度	90	3.800 0	0.889 39	0.093 75
"公众参与能够纠正政府就该事务相关决策的错误或提出更好的行动方案"的重要程度	90	3.855 6	0.742 92	0.078 31
"公众参与能够使该事务执行的实际支出较政府最初预算有减少"的重要程度	90	3.300 0	0.929 54	0.097 98
"与当地以往或其他地区相比，公众参与能够使执行该事务所需的公共支出降低"的重要程度	90	3.544 4	1.051 07	0.110 79
"公众参与能够使该事务执行所提供的旅游公共产品与服务更加符合公众需求"的重要程度	90	4.088 9	0.713 35	0.075 19
"公众参与能够使公众对该事务执行所提供的旅游公共产品与服务更加满意"的重要程度	90	3.955 6	0.833 45	0.087 85
"公众参与能够使更多人（尤其是弱势群体）有机会享用旅游公共产品与服务"的重要程度	90	3.933 3	0.790 39	0.083 31

五、公众参与保障机制的调研数据分析

1. 参与型政治文化构建

表 8.46 对公众认为自己在旅游目的地公共事务执行中应拥有的权利的调研数据统计表明，旅游目的地公众的权利意识强，知情权、参与权等六项权利均得到他们的认可和重视，选择此六项权利的个案总数达到 1 034、个案百分比高达459.5%。其中个案百分比在 50% 以上的有知情权(87.6%)、监督权(80.4%)、参与权(75.1%)、表达权(66.2%)、受益权(57.8%)，其余两项权利——救济权和动议权的个案百分比分别为 48.0% 和 44.4%。基于此，当地参与型政治文化构建的基础较好，具备实施公众参与旅游目的地公共事务所需的前提条件。但是表 8.47 的调研数据统计表明，公众认为旅游公共事务与个人生活、工作等的密切程度不高，仅为 3.382 2，这说明当地参与型政治文化构建的激发因素尚不足。同时，表 8.48 表明，公众中接近一半(42.2%)认为近两年当地没有开展过公众参与旅游公共事务活动(实际上均开展过，但受访者不知道。这一方面表明当地公众参与实践数量仍不足，另一方面则表明其已经开展的相关实践还没有实现有效参与)。可见，当地公众参与旅游公共事务的有效实践还很少，参与型政治文化构建的直接途径不够。总体来看，当地参与型政治文化构建的基础条件已经具备，但尚缺少必需的前提条件和有效的直接途径。

表 8.46　公众认为自己在旅游目的地公共事务执行中应拥有的权利

公众权利		响应		个案百分比/%
		N	百分比/%	
公众认为自己应拥有的权利[1]	A. 知情权	197	19.1	87.6
	B. 表达权	149	14.4	66.2
	C. 参与权	169	16.3	75.1
	D. 监督权	181	17.5	80.4
	E. 动议权	100	9.7	44.4
	F. 救济权	108	10.4	48.0
	G. 受益权	130	12.6	57.8
总计		1 034	100.0	459.5

a. 值为 1 时制表的二分组

表 8.47 公众认为旅游公共事务与个人生活、工作等的密切程度

项目	N	均值	标准差	均值的标准误
您认为旅游公共事务与您个人生活、工作等的密切程度	225	3.382 2	0.918 87	0.061 26

表 8.48 公众对近两年当地开展过的公众参与旅游公共事务活动次数的认知

当地开展公众参与活动的次数	频率	百分比/%	有效百分比/%	累积百分比/%
没有组织过	95	42.2	42.2	42.2
一次	26	11.6	11.6	53.8
两次	45	20.0	20.0	73.8
三次	28	12.4	12.4	86.2
四次	8	3.6	3.6	89.8
五次及以上	23	10.2	10.2	100.0
合计	225	100.0	100.0	

2. 服务型政府建设

表 8.49 对政府人员对其所在部门服务型政府建设的认知的调研数据统计表明，政府目前在信息公开方面的进展较为显著，政府人员认为其实现程度的均值接近 4(其值为 3.955 6)。但是服务型政府建设的其他两个维度——政府部门为公众参与提供的渠道、政府部门对公众参与活动的组织能力和回应能力，政府人员对其所在部门上述两个方面的实现程度的判断是 3.277 8 和 3.422 2。可见，基于这两个维度当地服务型政府建设尚需加强，政府要进一步拓宽公众参与渠道、提高组织与回应公众参与的能力，以更好地实施公众参与旅游目的地公共事务活动。

表 8.49 政府人员对所在部门服务型政府建设的认知

项目	N	均值	标准差	均值的标准误
您所在部门政府信息公开的程度	90	3.955 6	0.791 97	0.083 48
您所在部门为公众参与提供的渠道	90	3.277 8	0.912 19	0.096 15
您所在部门对公众参与活动的组织能力和回应能力	90	3.422 2	0.834 34	0.087 95

3. 公众参与能力提升

表 8.50 就公众对自身参与旅游目的地公共事务能力的认知的调研数据统计表明，公众的公共精神尚需进一步培育，公众对自身作为旅游地主人的认知程度仅为 2.128 9，对旅游目的地公共利益的关注程度为 3.640 0，其愿意为维护旅游

公共利益而对个人利益做出一定让步的意愿程度还不高（3.404 4）。这表明当地公众主动、积极参与旅游目的地公共事务的动力尚不足，而且即使公众实际参与旅游目的地公共事务也可能会因为过分关注个人利益而使公众参与难以取得有效的结果。进一步来看，公众愿意参与政府等举办的公众参与方面教育培训的程度为 3.693 3，公众获取与公众参与相关的知识和技能的主动性还需要进一步强化。同时，公众对组织化参与的认可也尚需提高，他们愿意参与旅游协会等非政府组织并在其组织下参与旅游公共事务的程度仅为 3.568 9。

表 8.50　公众对自身参与旅游目的地公共事务能力的认知

项目	N	均值	标准差	均值的标准误
您认为自己是所在旅游地的主人吗？	225	2.128 9	0.782 80	0.052 19
您关注所在旅游地的公共利益吗？	225	3.640 0	0.944 53	0.062 97
您愿意在参与旅游公共事务过程中为维护公共利益而对个人利益做出一定的让步吗？	225	3.404 4	0.926 29	0.061 75
您愿意接受政府等举办的公众参与方面的教育培训吗？	225	3.693 3	0.910 85	0.060 72
您愿意参加旅游协会等非政府组织，并在其组织下参与旅游公共事务吗？	225	3.568 9	0.894 38	0.059 63

4. 公众参与制度完善

表 8.51 就政府人员和公众对当地公众参与旅游公共事务制度保障的认知的调研数据统计表明，政府人员和公众都认为当地公众参与旅游目的地公共事务的制度供给不足，当地尚缺少相关的法律、法规及政策。政府人员和公众认为当地正在执行的关于公众参与旅游目的地公共事务的法律、法规及政策的数量仅处在"少"和"一般"水平之间，其均值仅为 2.988 9、2.724 4。这表明，当地旅游目的地治理中公众参与的制度保障尚不健全，相关制度迫切需要制定与完善以推动公众参与的有序、有效实施。

表 8.51　政府人员和公众对当地公众参与旅游公共事务的制度保障的认知

项目	N	均值	标准差	均值的标准误
政府人员认为当地正在执行的关于公众参与旅游公共事务的法律、法规以及政策	90	2.988 9	0.854 52	0.090 07
公众认为当地正在执行的关于公众参与旅游公共事务的法律、法规以及政策	225	2.724 4	1.032 76	0.068 85

5. 有效激励机制的建立

表 8.52 就公众对旅游目的地治理中公众参与激励机制的认知的调研数据统

计表明，公众对公众参与激励机制五个维度的认可程度的排序是"意见或投入的资金、物质资源等能够对旅游公共事务执行的结果具有影响力"，"政府给予参与者一定的经济报酬或补偿"，"政府为公众参与活动提供便利条件（如场所、设施、经费）"，"政府对参与者进行奖励"，"政府对公众参与的有效回应"。这些因素使公众愿意参与旅游目的地公共事务的程度均在 3.8 以上，其中前两者超过 3.9。可见，在旅游目的地治理实践中，政府应采取多种手段来激发公众的参与热情和强化他们的参与动机，从而使旅游目的地公共事务执行能够充分获得所需的公众支持。

表 8.52　公众对旅游目的地治理中公众参与激励机制的认知

项目	N	均值	标准差	均值的标准误
"政府对公众参与的有效回应"使您愿意参与旅游公共事务的程度	225	3.800 0	1.008 89	0.067 26
"您的意见或投入的资金、物质资源等能够对旅游公共事务执行的结果具有影响力"使您愿意参与旅游公共事务的程度	225	3.942 2	0.887 03	0.059 14
"政府对参与者进行奖励"使您愿意参与旅游公共事务的程度	225	3.875 6	0.974 03	0.064 94
"政府为公众参与活动提供便利条件（如场所、设施、经费）"使您愿意参与旅游公共事务的程度	225	3.880 0	1.025 91	0.068 39
"政府给予参与者一定的经济报酬或补偿"使您愿意参与旅游公共事务的程度	225	3.924 4	1.051 60	0.070 11

第四节　调研结论与相关建议

综合上述对相关调研数据的统计与分析，我们可以将本书所提出的旅游目的地治理中公众参与选择模型应用到五个案例之中，并提出当地相应的公众参与选择的实施模型。进一步来看，关于政府人员和公众对旅游目的地治理中公众参与过程相关要素认知的调研结果表明，全程性参与、公平性参与、参与程序合法、政府回应等已得到他们的重视；关于政府人员和公众对旅游目的地治理中公众参与结果相关要素认知的调研结果表明，公众输出与输入、政府输入与输出及 4E 目标也已得到他们的认可，但他们对各要素的看重程度尚存在一定的差异；对旅游目的地治理中公众参与保障机制的调研结果表明，当地公众的公共精神尚不强，公众的主体意识、政府的参与渠道供给及相关制度供给等都还不足。

1. 关于旅游目的地治理中公众参与选择

综合表 8.2～表 8.36 对旅游目的地公共事务属性、公众支持重要程度及能够起到支持作用的公众等的调研数据分析结果，22 项旅游目的地公共事务执行中公众参与选择的具体实施模型见表 8.53。关于调研结果量度值高分组与低分组的划分，借鉴 5 刻度李克特量度的通常划分方法，本书将均值 3.5 作为划分标准(李龙梅等，2012)，将均值大于 3.5 的界定为程度高、小于 3.5 的界定为程度低。基于此，表 8.53 根据图 6.3 所示模型做出当地旅游目的地治理中公众层次选择，并可据之选择相应的公众参与方式。对于图 6.3 模型中的"A/B"参与选择结果，表 8.53 将根据各旅游目的地公共事务中公众支持重要程度的均值进行再次筛选，其中均值高于 22 项事务公众支持重要程度均值的平均值 3.961 6 的选择"A"，低于的则选择"B"，以确保公众支持重要程度较高的事务能够充分取得其执行所需的公众支持。对于参与主体范围界定，政府人员和公众共同认为对各旅游目的地公共事务执行起到支持作用的公众中个案百分比>50%的，是首先要确保能够参与的公众；其余参与者可按照各事务中个案百分比排序前六位(即本书调查问卷中关于公众范围的 12 个选项的半数)的最低值(即对当地旅游行业管理起到支持作用的公众中旅游者的个案百分比 23.6%)为依据选取，若高于此值则尽量要让其参与到该事务执行之中。据此标准，各旅游目的地公共事务执行中参与主体范围可整合为表 8.53 中的最后一列"参与主体范围界定"。

表 8.53　基于五个案例的旅游目的地治理中的公众参与选择

旅游目的地公共事务名称	需要专业知识与技能的程度	政府具有专业知识与技能的程度	事务现有执行标准的完善程度	公众支持的重要程度	公众愿意参与的程度	时间限制性	参与层次选择	参与主体范围界定
行政部门旅游执法	高 3.933 3	高 3.788 9	低 3.433 3	高 3.828 6	低 3.262 2	否	B	旅游企业(68.3%)、旅游协会等非政府组织(60.3%)、旅游从业人员(59.0%)、旅游者(45.7%)、媒体(41.6%)、社区组织(34.0%)、居民(33.0%)
旅游政策制定、实施、评估	高 4.342 9	高 3.877 8	低 3.377 8	高 3.930 2	低 3.351 1	否	B	旅游企业(68.6%)、旅游协会等非政府组织(63.5%)、旅游从业人员(56.5%)、研究机构(54.0%)、专家学者(51.7%)、居民(37.5%)、旅游者(37.1%)、社区组织(34.6%)、媒体(32.4%)、教育机构(26.3%)

续表

旅游目的地公共事务名称	需要专业知识与技能的程度	政府具有专业知识与技能的程度	事务现有执行标准的完善程度	公众支持的重要程度	公众愿意参与的程度	时间限制性	参与层次选择	参与主体范围界定
旅游规划制定、实施、评估	高 4.390 5	高 3.655 6	高 3.566 7	高 3.923 8	低 3.408 9	否	D	旅游企业（71.7%）、专家学者（61.3%）、旅游协会等非政府组织（60.3%）、研究机构（56.5%）、旅游从业人员（55.2%）、居民（41.6%）、社区组织（40.3%）、旅游者（35.6%）、教育机构（26.7%）、媒体（25.7%）
旅游市场营销（方案制订、实施、评估）	高 4.234 9	高 3.755 6	低 3.477 8	高 3.834 9	低 3.377 8	否	B	旅游企业（80.3%）、旅游协会等非政府组织（64.8%）、旅游从业人员（55.6%）、研究机构（51.4%）、专家学者（49.2%）、媒体（48.6%）、旅游者（36.5%）、居民（34.6%）、社区组织（32.1%）
旅游目的地品牌设计、营销传播、评估	高 4.219 0	高 3.655 6	高 3.533 3	高 3.927 0	高 3.631 1	否	B	旅游企业（74.9%）、旅游协会等非政府组织（66.3%）、旅游从业人员（65.7%）、研究机构（60.6%）、媒体（58.7%）、专家学者（58.1%）、旅游者（47.6%）、教育机构（39.4%）、居民（38.7%）、社区组织（35.9%）
旅游公共信息服务供给	高 3.863 5	高 3.877 8	高 3.600 0	高 3.920 6	高 3.551 1	否	B	旅游企业（70.7%）、旅游从业人员（61.5%）、旅游协会等非政府组织（61.5%）、社区组织（47.1%）、居民（41.7%）、媒体（40.4%）、旅游者（35.4%）、研究机构（26.4%）
保障"食宿行游购娱"等的旅游公共服务	高 3.901 6	高 3.633 3	高 3.577 8	高 3.895 2	高 3.604 4	否	B	旅游企业（84.8%）、旅游从业人员（65.4%）、旅游协会等非政府组织（61.0%）、旅游者（41.9%）、社区组织（39.7%）、居民（34.9%）、媒体（31.7%）

续表

旅游目的地公共事务名称	需要专业知识与技能的程度	政府具有专业知识与技能的程度	事务现有执行标准的完善程度	公众支持的重要程度	公众愿意参与的程度	时间限制性	参与层次选择	参与主体范围界定
旅游公共安全服务供给	高 4.142 9	高 3.900 0	高 3.844 4	高 4.092 1	高 3.822 2	否	B	旅游企业（78.4%）、旅游从业人员（66.3%）、旅游协会等非政府组织（65.1%）、社区组织（48.3%）、旅游者（43.5%）、居民（41.9%）、媒体（34.6%）、研究机构（24.4%）、专家学者（24.1%）
当地代表性景区、公共景观、旅游节庆开发与管理	高 4.158 7	高 3.833 3	高 3.800 0	高 3.825 4	高 3.586 7	否	B	旅游企业（76.5%）、旅游协会等非政府组织（66.7%）、旅游从业人员（53.0%）、研究机构（42.2%）、专家学者（36.2%）、社区组织（35.2%）、旅游者（33.0%）、媒体（32.4%）、居民（28.6%）、教育机构（26.7%）
当地公众好客精神培育	高 3.539 7	高 3.688 9	低 3.400 0	高 4.187 3	高 4.097 8	否	A	居民（79.6%）、社区组织（75.5%）、旅游企业（71.0%）、旅游从业人员（67.8%）、旅游协会等非政府组织（67.2%）、媒体（64.0%）、教育机构（41.7%）、旅游者（40.1%）、研究机构（29.6%）、专家学者（29.0%）
当地旅游资源传承与保护	高 4.152 4	高 3.777 8	高 3.733 3	高 4.203 2	高 4.142 2	否	B	旅游企业（77.1%）、旅游协会等非政府组织（74.2%）、居民（71.7%）、旅游从业人员（71.0%）、旅游者（66.9%）、社区组织（66.2%）、媒体（63.1%）、教育机构（51.9%）、研究机构（50.6%）、专家学者（45.5%）

续表

旅游目的地公共事务名称	需要专业知识与技能的程度	政府具有专业知识与技能的程度	事务现有执行标准的完善程度	公众支持的重要程度	公众愿意参与的程度	时间限制性	参与层次选择	参与主体范围界定
当地自然、社会、文化环境维护	高 4.034 9	高 3.933 3	低 3.400 0	高 4.228 6	高 4.173 3	否	A	旅游企业(75.9%)、旅游从业人员(75.6%)、居民(74.9%)、社区组织(71.7%)、旅游者(67.6%)旅游协会等非政府组织(66.0%)、媒体(65.4%)、教育机构(47.3%)、专家学者(44.4%)、研究机构(44.1%)
当地旅游行业管理	高 4.215 9	高 4.066 7	低 3.444 4	高 3.815 9	高 3.546 7	否	B	旅游企业(72.6%)、旅游协会等非政府组织(71.0%)、旅游从业人员(51.3%)、媒体(40.1%)、研究机构(30.3%)、旅游者(23.6%)
当地旅游基础设施保护	高 3.758 7	高 3.777 8	低 3.477 8	高 4.187 3	高 4.128 9	否	A	旅游企业(79.4%)、旅游者(74.6%)、旅游从业人员(71.7%)、居民(65.4%)、社区组织(62.9%)、旅游协会等非政府组织(61.3%)、媒体(50.2%)、研究机构(39.4%)、教育机构(36.8%)、专家学者(31.1%)
当地旅游对经济、社会、文化影响监测	高 4.114 3	高 3.666 7	低 3.444 4	高 3.892 1	高 3.586 7	否	B	研究机构(67.0%)、旅游协会等非政府组织(60.6%)、旅游企业(55.6%)、媒体(53.7%)、专家学者(43.5%)、旅游从业人员(41.6%)、教育机构(37.5%)、旅游者(28.3%)、社区组织(23.8%)

续表

旅游目的地公共事务名称	需要专业知识与技能的程度	政府具有专业知识与技能的程度	事务现有执行标准的完善程度	公众支持的重要程度	公众愿意参与的程度	时间限制性	参与层次选择	参与主体范围界定
旅游教育与培训	高 4.206 3	高 4.100 0	高 3.711 1	高 4.161 9	高 4.004 4	否	B	教育机构(81.0%)、旅游企业(74.0%)、旅游协会等非政府组织(65.1%)、旅游从业人员(59.4%)、专家学者(52.1%)、媒体(49.2%)、研究机构(47.0%)、旅游者(44.4%)、居民(44.1%)、社区组织(43.5%)
不同地区的旅游产品开发等合作	高 4.019 0	高 3.688 9	低 3.455 6	高 3.711 1	高 3.666 7	否	B	旅游企业(75.6%)、旅游协会等非政府组织(62.9%)、研究机构(49.5%)、旅游从业人员(45.4%)、媒体(35.9%)、专家学者(33.0%)、旅游者(25.4%)、教育机构(24.4%)
旅游危机管理	高 4.200 0	高 3.788 9	高 3.544 4	高 3.806 3	高 3.622 2	是	B^{E}/C	旅游企业(67.6%)、旅游协会等非政府组织(57.1%)、研究机构(52.7%)、旅游从业人员(47.6%)、媒体(35.6%)、专家学者(35.2%)、社区组织(26.3%)、教育机构(26.0%)、旅游者(25.7%)
旅游业发展相关问题研究	高 4.244 4	高 3.800 0	高 3.555 6	高 3.676 2	低 3.466 7	否	D	研究机构(73.7%)、旅游企业(65.4%)、专家学者(63.5%)、旅游协会等非政府组织(54.6%)、教育机构(45.7%)、旅游从业人员(44.4%)、媒体(28.9%)
当地弱势群体旅游利益保障	高 3.796 8	高 3.788 9	低 3.211 1	高 4.012 7	高 3.857 8	否	A	旅游协会等非政府组织(69.3%)、旅游企业(68.7%)、社区组织(60.7%)、媒体(60.1%)、旅游从业人员(54.0%)、居民(49.8%)、研究机构(41.9%)、旅游者(39.6%)、教育机构(37.1%)、专家学者(32.6%)

续表

旅游目的地公共事务名称	需要专业知识与技能的程度	政府具有专业知识与技能的程度	事务现有执行标准的完善程度	公众支持的重要程度	公众愿意参与的程度	时间限制性	参与层次选择	参与主体范围界定
当地旅游领域志愿者行动	高 3.514 3	低 3.300 0	低 3.288 9	高 4.050 8	高 3.942 2	否	A	社区组织(70.2%)、居民(69.5%)、旅游企业(68.6%)、旅游从业人员(67.9%)、旅游协会等非政府组织(65.4%)、媒体(59.7%)、旅游者(58.7%)、教育机构(49.5%)、研究机构(36.8%)、专家学者(32.1%)、其他(26.0%)
当地旅游可持续发展	高 3.939 7	高 3.811 1	低 3.488 9	高 4.044 4	高 3.897 8	否	A	旅游企业(79.0%)、旅游协会等非政府组织(74.0%)、旅游从业人员(73.3%)、社区组织(70.8%)、媒体(68.6%)、研究机构(66.0%)、居民(65.7%)、旅游者(64.1%)、教育机构(60.6%)、专家学者(59.7%)、其他(27.6%)

注：A——深度参与；B——中度参与；C——低度参与；D——分层次参与；E——部分公众的参与；F——无参与；(A/B/C)[E]——部分公众的深度、中度或低度参与

2. 关于旅游目的地治理中公众参与过程

首先，关于政府人员和公众对旅游目的地治理中公众参与过程有效组织四个维度的认知的调研结果表明，无论是基于单项旅游目的地公共事务，还是基于单次公众参与旅游目的地公共事务活动，公众参与都应该实现全程性参与而不能仅仅将其局限于某一个或少数几个阶段之中。可见，国内外学者所强调的公众参与应实现事前、事中、事后所有阶段都参与的观点得到验证。进一步来看，针对单项旅游公共事务，该事务执行的实际行动、对事务执行过程的监督等阶段中的公众参与最为政府人员和公众所认可；针对单次公众参与旅游公共事务活动，政府说明公众诉求/意见/资源被接纳或使用情况、对该活动的结果进行评估、实际参与过程的组织等阶段中的公众参与最为政府人员和公众所认可。因此，在相应的公众参与实践中先要确保公众能够参与到上述得到政府人员和公众优先认可的那些阶段。

　　其次，公众对保证参与过程公平性的相关因素重要程度的认知的调研结果表明，公众对本书所提出的公众参与过程公平性的四个维度均认可，尤其对实际参与行动过程中"参与者所表达的观点或投入的资源要能够代表公众的整体意愿"和"参与者表达观点与投入资源的机会平等"更加看重。因此，旅游目的地治理中公众参与实践要特别关注实际参与者观点表达与资源投入的代表性和平等性，确保最终体现在旅游目的地公共事务执行过程或其结果中的公众意愿、诉求、资源等能够代表相应公众群体的整体意愿。而要确保公众参与过程中的公平性，参与程序合法是重要保障。本书对公众对参与程序合法的相关因素重要程度的认知的调研结果表明，公众更为认可"参与程序要提前取得公众认可"。因此，旅游目的地治理中公众参与实践先要对参与程序进行公众意见调查，并确保所最终采用的是公众所共同认可的参与程序。

　　最后，针对政府有效回应对确保公众参与过程有效性的调研结果表明，公众既认可政府回应的积极而灵敏，又认可政府回应的负责而有效，其中后者更为公众所看重。因此，旅游目的地公共事务执行过程中政府必须要改变对公众参与漠视、回避或应付的处理方式，建立积极而灵敏、负责而有效的政府回应机制，从而实现对公众意见、诉求及资源投入等的有效回应。

　　3. 关于旅游目的地治理中公众参与结果

　　对政府人员和公众关于旅游目的地治理中公众参与结果认知的调研结果表明，本书所提出的公众参与结果体系的相关要素都已经得到他们的认可，但是他们对具体不同要素的看重程度存在差异。相对来说，政府人员更注重政府输入和4E目标的相关要素，公众则更为关注对实际参与过程的感知满意及自身表达权范畴的相关要素。

　　具体来看，政府人员对政府输入、输出及4E目标的具体构成要素的看重程度也存在较大差异，他们更加关注政府信息公开、旅游公共产品与服务供给的效率及取得公众的民意或行动支持，而对公众的资源支持及其所带来的旅游公共产品与服务供给的经济目标的看重程度相对要低。这表明，政府人员对公众参与结果尚未形成全面的认识，他们就公众参与对旅游公共事务执行价值的认知尚需在政府输出及4E目标的经济、公平等多个维度中进行拓展。公众对公众输入、输出、参与的实际感知的具体构成要素的看重程度也存在较大的差异，他们更加看重实际感知满意、诉求和民意表达及其得到政府的反馈，但是对资源投入、取得对旅游公共事务执行过程的控制力的看重程度相对要低。这表明公众还是主要关注自身利益层面的相关参与结果要素，对自身作为旅游公共事务执行主体的主人意识尚不足。基于此，旅游目的地治理中尚需进一步强化当地公众的主体意识，通过公众教育、公众参与旅游目的地公共事务实践等多种手段使公众体会到自己在目的地发展中主体地位，从而使公众真正以目的地主人的角色参与当地旅游目的地公共事务。

4. 关于旅游目的地治理中公众参与的保障机制

第一，对公众权利意识的调研结果表明，公众对知情权、表达权、参与权、监督权、动议权、救济权、受益权都较为关注，他们的权利意识已较强。当地参与型政治文化构建的基础已经具备，合理扩充公众参与权的前提条件已经形成。但是，公众普遍认为旅游目的地公共事务与他们个人生活、工作的密切程度不高，而且当地已经开展过的公众参与实践仍然较少。这表明当地参与型政治文化构建的激发因素尚需不足，其直接途径还需要进一步增加。因此，当地要进一步强化旅游业发展对当地经济、社会发展的直接作用，使公众能够在经济、社会或文化等方面直接感受到旅游业发展的相关成果；要多开展有效的公众参与实践，使公众能够通过实践直接体验公众参与的价值和意义，并学习与训练相关的知识和技能，从而直接推动当地参与型政治文化的构建。

第二，对政府人员愿意让公众参与的单项旅游公共事务和单次公众参与旅游公共事务活动的调研结果表明，政府已经认可和接受旅游目的地治理中的公众参与，而且愿意让公众参与到事前、事中、事后的整个过程之中。而且，表 8.49 的数据统计表明当前政府信息公开的实现程度已经取得较大进展。但是，当地服务型政府建设尚不足，政府为公众参与提供的渠道、政府组织和回应公众参与的能力尚需加强。因此，当地政府要进一步增加公众参与渠道，使公众能够及时、充分地与政府进行沟通与互动。在此，网络渠道是当前政府完善公众参与渠道的重要途径，建设政府与公众的在线互动平台是较为便捷的公众参与渠道建设途径。同时，政府组织和回应公众参与的能力尚不足，这就要求当地要加强对政府人员进行公众参与知识与技能的教育和培训，而且最好要设立专门的公众参与部门来直接协调该部门组织与回应公众参与的相关活动。

第三，对公众参与能力的调研结果表明，公众对自身作为旅游目的地主人的认知程度低，其公共精神还不足。而且，他们对旅游公共利益的关注程度尚需提高，为维护旅游公共利益而对个人利益做出让步的意愿程度一般。进一步来看，当地公众参与能力的其他两个维度尚需加强，公众愿意接受公众参与知识教育培训和接受组织化参与的程度都仅略高于 3.5。因此，当地公众的参与能力还有待提升，政府需要进一步加强对公众的公民教育，强化其公共精神，提高公众在旅游目的地发展中的主人感。在此基础上，要拓展公众参与教育培训的渠道与形式，提高公众接受这些教育培训的积极性。同时，当地还要加强培育旅游业及相关领域的非政府组织，强化其社会公益功能，提高公众对非政府组织的接纳与信任，从而使它们能够真正成为公共利益的代表和公众参与活动的推动者。

第四，对旅游目的地治理中公众参与制度保障的调研结果表明，无论是政府人员还是公众都认为当地关于公众参与旅游目的地公共事务的制度供给不足，相关的法律、法规及政策尚缺少。可见，制度建设仍然是推动当前旅游目的地治理中公众参与有效实施的首要任务。因此，政府一方面应完善已有的相关制度在旅游目的地治理中应用细则的制定与完善，另一方面要进一步制定专门针对旅游目的地治理中公众参与的相关制度。

　　第五，关于公众对旅游目的地治理中公众参与激励机制相关要素的认知的调研结果表明，为保障旅游目的地治理中公众参与的有效实施，政府既要确保公众意见或投入的资金、物质资源等能够对旅游目的地公共事务执行的结果具有影响力，又要采取给予参与者一定的经济报酬或补偿、为公众参与活动提供便利条件（如场所、设施、经费）和对参与者进行奖励等多种激励手段。

参 考 文 献

阿尔蒙德 G A，鲍威尔 Jr G B. 1987. 比较政治学——体系、过程和政策. 曹培森，等译. 上海：上海译文出版社.

阿尔蒙德 J A，维巴 X. 2008. 公民文化——五个国家的政治态度和民主制. 徐湘林，等译. 北京：东方出版社.

阿克兰 A F. 2009. 设计有效的公众参与//蔡定剑. 公众参与——欧洲的制度与经验. 北京：法律出版社.

奥兰托诺 L. 2004. 环境管理与影响评价. 郭怀成，梅凤乔译. 北京：化学工业出版社.

奥斯本 D，盖贝勒 T. 1998. 改革政府——企业精神如何改革着公营部门. 上海政协编译组东方编译所译. 上海：上海译文出版社.

奥斯特罗姆 E. 2000. 公共事物的治理之道——集体行动制度的演进. 余逊达，陈旭东译. 上海：上海三联书店.

奥斯特罗姆 E，施罗德 L，温 S. 2000. 制度激励与可持续发展——基础设施政策透视. 毛寿龙译. 上海：上海三联书店.

白秀兰. 2007. 浅析公众参与理论及其制度构建. 前沿，(7)：195-197.

保继刚，孙九霞. 2003. 旅游规划的社区参与研究——以阳朔遇龙河风景旅游区为例. 规划师，19(7)：32-38.

保继刚，孙九霞. 2008. 雨崩村社区旅游：社区参与方式及其增权意义. 旅游论坛，1(1)：58-65.

鲍法德 T，劳夫勒 E. 2006. 公共管理与治理. 孙迎春译. 北京：国家行政学院出版社.

北京市发展和改革委员会. 2010-05-24. "十二五"规划公众参与活动新闻发布会召开. 北京市发展和改革委员会网站，http://www.bjpc.gov.cn/zt/bj12 _ 5/hddt _ sew/201006/t627704.htm.

彼得斯 B G. 2001. 政府未来的治理模式. 吴爱明，夏宏图译. 北京：中国人民大学出版社.

蔡定剑. 2009a. 公众参与及其在中国的兴起//蔡定剑. 公众参与：风险社会的制度建设. 北京：法律出版社.

蔡定剑. 2009b. 欧洲公众参与的理论与实践——从城市规划视角//蔡定剑. 公众参与——欧洲的制度与经验. 北京：法律出版社.

蔡定剑，吴小亮. 2009. 利益博弈中的立法游说//蔡定剑. 公众参与：风险社会的制度建设. 北京：法律出版社.

蔡凌平，牛彩霞. 2009. 公共卫生政策中的激情参与//蔡定剑. 公众参与——欧洲的制度与经验. 北京：法律出版社.

蔡强. 2009. 守望家园：城市规划中的公众参与//蔡定剑. 公众参与——欧洲的制度与经验. 北京：法律出版社.

曹丽晓. 2009. 城乡规划中的公众参与在英国//蔡定剑. 公众参与——欧洲的制度与经验. 北京：法律出版社.

陈保中. 2011. 服务型政府建设中公众参与问题研究. 理论探讨，(6)：134-137.

陈芳.2006.旅游景区治理模式的选择——多中心治理视角的分析.厦门大学硕士学位论文.

陈芳.2011.公共服务中的公民参与——基于多层次制度分析框架的检验.北京:中国社会科
　　学出版社.

陈方英,马明,孟华.2009.城市旅游地居民对传统节事的感知及态度——以泰安市东岳庙会
　　为例.城市问题,(6):59-64.

陈庚.2009.以居民为核心主体的古村落保护与开发——基于婺源李坑村的实证调查分析.江
　　汉大学学报,28(5):86-90.

谌静,李少游.2007.我国社区参与旅游规划的现状与对策研究.现代农业科技,(10):
　　183-185.

陈漭,徐越倩,许斌.2007.社区公共事业管理.北京:北京邮电大学出版社.

陈庆云.2000a.公共管理基本模式初探.中国行政管理,(8):31-33.

陈庆云.2000b.公共政策分析.北京:中国经济出版社.

陈香兰,孙惠莲,郭建.2012.乡村旅游的环保机制建设研究.安徽农业科学,40(1):251-
　　252,266.

陈昕.2010.基于有效管理模型的环境影响评价公众参与有效性研究.吉林大学博士学位论文.

陈振明.1999.公共管理学.北京:中国人民大学出版社.

陈振明,等.2011.公共服务导论.北京:北京大学出版社.

陈振宇.2009.城市规划中的公众参与程序研究.北京:法律出版社.

崔运武.2006.公共事业管理概论.北京:高等教育出版社.

达尔 R.1987.现代政治分析.王沪宁,陈峰译.上海:上海译文出版社.

戴春芳.2012.长沙市旅游产业集群现状及治理效率提升.城市旅游规划,(3):53-54.

德鲁克 P.2003.社会的管理.徐大建译.上海:上海财经大学出版社.

登哈特 J,登哈特 R.2004.新公共服务——服务,而不是掌舵.丁煌译.北京:中国人民大
　　学出版社.

第九届全国人民代表大会第三次会议.2005-08-13.中华人民共和国立法法.中国政府网,
　　http://www.gov.cn/test/2005-08/13/content_22423.htm.

第十届全国人民代表大会第二次会议.2004-03-14.中华人民共和国宪法.中国政府网,
　　http://www.gov.cn/gongbao/content/2004/content_62714.htm.

第十一届全国人民代表大会第四次会议.2011-03-16.中华人民共和国国民经济和社会发展第
　　十二个五年规划纲要.新华网,http://news.xinhuanet.com/politics/2011-03/16/c_
　　121193916.htm.

丁煌.2005.当代西方公共行政理论的新发展——从新公共管理到新公共服务.广东行政学院
　　学报,17(6):5-10.

范琳琳,马波.2004.旅游目的地公共营销组织多元化发展研究//中国区域科学协会区域旅游
　　开发专业委员会.科学发展观与区域旅游开发研究——第十届全国区域旅游开发学术研
　　讨会文选.青岛:中国区域科学协会区域旅游开发专业委员会.

房莹莹.2007.基于合伙人关系的旅游社区管理研究.四川大学硕士学位论文.

费斯勒 J W,凯特尔 D F.2002.行政过程的政治——公共行政学新论.陈振明译.北京:中

国人民大学出版社.

冯丹,苏小燕.2005.对满族民俗旅游中社区参与问题的思考.辽宁教育行政学院学报,22(11):27-28.

冯俊华,张龙.2009.利益相关者理论的发展与评述.决策与管理,(15):13-14.

弗里曼 R A.2006.战略管理:利益相关者方法.王彦华,梁豪译.上海:上海译文出版社.

高放.2002.政治学与政治体制改革.北京:中国书籍出版社.

高静,章勇刚.2007.旅游目的地营销主体研究:多元化视角.北京第二外国语学院学报,(3):13-17.

格德纳 C R,里奇 J R B.2008.旅游学.李天元,徐虹,黄晶译.北京:中国人民大学出版社.

葛俊杰,王仕,袁增伟,等.2007.社区环境圆桌会议:公众参与的创新模式.南京大学学报(自然科学版),43(4):404-410.

宫晓玲.2005.试论旅游规划中的社区参与.北京第二外国语学院学报,(5):114-117.

龚力.2012-07-08.风景区广告"我靠重庆"打上公交引热议.凤凰网,http://news.ifeng.com/society/2/detail_2012_07/08/15864183_0.shtml.

辜应康,楼嘉军,唐秀丽.2005.节事旅游市场化运作研究——以上海旅游节为例.北京第二外国语学院学报,(3):105-110.

顾爱华.2007.论服务型政府的价值基础.辽宁大学学报(哲学社会科学版),(1):7-10.

桂园.2012-07-08.山东出新规治理旅游业 举报违法旅行社奖1500元.大众网,http://www.dzwww.com/rollnews/sh/201206/t20120625_7641460.htm.

郭华.2008.国外旅游利益相关者研究综述与启示.人文地理,(2):100-105.

郭华,甘巧林.2011.乡村旅游社区居民社会排斥的多维度感知——江西婺源李坑村案例的质化研究.旅游学刊,26(8):87-94.

郭凌.2008.重构与互动:乡村旅游发展背景下的乡村治理.四川大学学报(社会科学版),35(3):16-22.

郭胜.2005.旅游节庆的策划和市场化运作.北京第二外国语学院学报,(3):111-114.

郭训.2008.城市大型旅游节事活动的市场化和公共化运作研究——以上海旅游节为例.上海师范大学硕士学位论文.

郭亚军.2004.旅游景区治理模式的实证分析及优化设计.西北大学硕士学位论文.

郭亚军,曹卓,杜跃平.2008.我国旅游景区治理模式的特征及风险分析.西北大学学报(哲学社会科学版),38(4):144-148.

国家环境保护总局.2006-02-22.环境影响评价公众参与暂行办法.中国政府网,http://www.gov.cn/jrzg/2006-02/22/content_207093_2.htm.

国家旅游局.2005-12-31.旅游局简介.国家旅游局网站,http://www.cnta.gov.cn/jgjj/lyjj/.

国务院新闻办公室.2005-10-19.中国的民主政治建设.中国日报网,http://www.chinadaily.com.cn/gb/doc/2005-10/19/content_486236_3.htm.

韩沙沙.2001.论环境规划中的公众参与.环境导报,(3):13-14.

何军.2010.公众参与:利益表达与利益整合的视角——基于北京市酒仙桥"投票拆迁"的分析.北京行政学院学报,(6):89-94.

何水．2008．国内服务型政府研究述评．政治学研究，(5)：116-126．

何祖坤．2000．关注政府回应．中国行政管理，(7)：7-8．

亨廷顿 S，纳尔逊 J．1989．难以抉择．汪晓寿，吴志华，项继权译．北京：华夏出版社．

侯国林．2006．基于社区参与的湿地生态旅游可持续开发模式研究——以盐城海滨湿地国家级
　　自然保护区为例．南京师范大学博士学位论文．

侯小阁，栾胜基．2007．环境影响评价中公众行为选择概念模型．北京大学学报(自然科学
　　版)，43(4)：554-559．

侯玉兰．2000．城市社区发展国际比较研究．北京：北京出版社．

胡锦涛．2007-10-26．高举中国特色社会主义伟大旗帜　为夺取全面建设小康社会新胜利而奋
　　斗．新浪网，http://news. sina. com. cn/c/2007-10-26/102412791115s. shtml．

胡锦涛．2012-11-08．坚定不移沿着中国特色社会主义道路前进　为全面建成小康社会而奋斗．
　　财新网，http://china. caixin. com/2012-11-08/100458021_4. html．

胡志毅，张兆干．2002．社区参与和旅游业可持续发展．人文地理，17(2)：38-41．

黄爱莲．2010．北部湾区域旅游合作创新研究．中央民族大学博士学位论文．

黄建荣．2005．公共管理新论．北京：社会科学文献出版社．

黄珏．2011-06-08．东莞欲涨水价无人报名听证　市民称看透了"走过场"．新华网，http://
　　news. xinhuanet. com/politics/2011-06/08/c_121508923. htm．

黄林华，顾蔓良．2004．以人为本：现代公共服务型政府的价值尺度．理论探讨，(3)：14-16．

黄仁佳．2008．试论传统政治文化对我国农民政治参与的影响．法制与社会，(4)上：155-156．

黄伟钊，江金波．2011．论旅游业生态治理：理论与实现——基于旅游业生态的视角．咸宁学
　　院学报，31(7)：15-19．

黄娴，尹晓宇．2007-07-14．圆桌对话：点燃公众环保热情．人民日报．

黄向，保继刚，Wall G．2006．场所依赖(place attachment)：一种游憩行为现象的研究框架．
　　旅游学刊，21(9)：19-24．

黄亚钧，郁义鸿．2000．微观经济学．北京：高等教育出版社．

季元礼，张立波．2004．当代中国公共决策的个案分析：商议型民主的视角．湖北社会科学，
　　(10)：27-29．

贾婷婷．2009．我国生态旅游政策制定的公众参与．中国林业，(4)：58．

江珊．2010．基于上海都市旅游发展的公共服务业态研究——以旅游集散中心和工业旅游促进
　　中心为例．上海师范大学硕士学位论文．

姜士伟．2007．公共管理研究的逻辑起点：公共事务．理论探讨，(5)：149-152．

姜晓萍．2007．构建服务型政府进程中的公民参与．社会科学研究，(4)：1-7．

蒋莎．2006．中国旅游产业发展中的政府职能定位分析．云南地理环境研究，2006，18(5)：
　　108-111．

杰索普 B．2000．治理的兴起及其失败的风险——以经济发展为例的论述//俞可平．治理与善
　　治．北京：社会科学文献出版社．

井敏．2007．服务型政府中的公民角色：积极公民而不是顾客．湖北行政学院学报，(4)：
　　67-70．

康宏成 . 2010. 论管治与旅游规划管治 . 海南大学硕士学位论文 .

科恩 C. 1988. 论民主 . 聂崇信，朱秀贤译 . 北京：商务印书馆 .

可持续旅游发展世界会议委员会 . 1995-04-28. 可持续旅游发展宪章 . 百度文库，http://wenku. baidu. com/view/812cfaf59e31433239689364. html.

黎洁，赵西萍 . 2001. 社区参与旅游发展理论的若干经济学质疑 . 旅游学刊，16(4)：44-47.

李翠 . 2007. 浅谈我国旅游发展中的政府作用 . 中国水运，8(5)：188-189.

李存英 . 2010. 旅游节庆活动市场化运作探析 . 合作经济与科技，(5)下：16-17.

李德国，蔡晶晶 . 2004. 作为公共管理的治理理论 . 理论与现代化，(5)：54-59.

李东和，叶晴，肖舒羽 . 2004. 区域旅游业发展中目的地居民参与问题研究 . 人文地理，19(3)：84-88.

李光中，王鑫，张苏芝 . 2005. 建立社区参与论坛以发展地质公园生态旅游之研究//中国地质学会 . 第六届世界华人地质科学研讨会和中国地质学会二零零五年学术年会论文摘要集 . 北京：中国地质学会 .

李建中，李爽，甘巧林 . 2009. 节事活动旅游公共服务第三部门供给研究 . 社会科学，(10)：51-58.

李龙梅，王晓峰，刘宇，等 . 2012. 西安市重点景区游客满意度评价的模式构建 . 价值工程，(25)：285-287.

李秋成 . 2009. 博弈视角的乡村旅游治理研究——以公用型乡村旅游社区为例 . 山东大学硕士学位论文 .

李树信，陈学华 . 2006. 卧龙自然保护区社区参与生态旅游的对策研究 . 农村经济，(2)：43-45.

李爽 . 2008. 旅游公共服务供给机制研究 . 厦门大学博士学位论文 .

李爽，黄福才，钱丽芸 . 2012. 旅游公共服务多元化供给：政府职能定位与模式选择研究 . 旅游学刊，27(2)：13-22.

李天元，向招明 . 2006. 目的地旅游产品中的好客精神及其培育 . 华侨大学学报(哲学社会科学版)，(4)：66-72.

李伟权 . 2006. 政府回应论 . 北京：中国社会科学出版社 .

李洋，王辉 . 2004. 利益相关者理论的动态发展与启示 . 现代财经，24(7)：32-35.

李颖 . 2007. 世界自然遗产旅游开发的社区参与研究——以武陵源世界自然遗产为例 . 中南林业科技大学硕士学位论文 .

李永文，康宏成 . 2011. 旅游规划管治问题及其对策研究 . 人文地理，(2)：122-127.

李友梅，肖瑛，黄晓春 . 2012. 当代中国社会建设的公共性困境及其超越 . 中国社会科学，(4)：125-139.

李直蓉，苏足向，张捷 . 2010. 初探黄姚古镇旅游公共政策制定的公众参与 . 传承，(12)：108-110.

联合国环境与发展会议 . 1992-06-14. 里约环境与发展宣言 . 新华网，http://news. xinhuanet. com/ziliao/2002-08/21/content_533123. htm.

梁秀梅 . 2012-02-27. 26 位网友获首届"南粤智多星"金点子奖 . 人民网，http://gd. people.

　　　com. cn/n/2012/0227/c123932-16791336. html.

梁莹 . 2012. 公民治理意识、公民精神与草根社区自治组织的成长 . 社会科学研究, (2):
　　　32-37.

廖珍珠 . 2009. 利益衡量中的公众参与——以行政规划为例 . 浙江大学硕士学位论文 .

林鸿潮, 栗燕杰 . 2008. 行政规划中的公众参与程序: 理想与误区——从汶川地震恢复重建规
　　　划说起 . 政法论丛, (5): 28-32.

林南 . 2004. 社会资本——关于社会结构域行动的理论 . 张磊译 . 上海: 上海人民出版社 .

蔺勇 . 2011. 论旅游产业中行政规划的公众参与 . 西南政法大学硕士学位论文 .

刘德云 . 2008. 参与型旅游小镇规划模式研究——以金门金湖镇为例 . 旅游学刊, 23(9):
　　　73-79.

刘俊 . 2007. 中国旅游度假区治理结构及变迁 . 旅游科学, 21(4): 57-62.

刘坤 . 2009. 非物质文化遗产保护中的非政府组织角色研究——基于治理理论的视角 . 前沿,
　　　(3): 24-27.

刘坤 . 2010. 非物质文化遗产保护治理结构研究 . 山东大学硕士学位论文 .

刘丽娟, 李天元 . 2012. 国外旅游目的地品牌化研究现状与分析 . 人文地理, (2): 26-31.

刘世昕 . 2005-03-18. 九寨沟黄龙门票听证会神神秘秘 . 新浪网, http://finance. sina. com. cn/
　　　roll/20050318/05051439886. shtml.

刘淑妍 . 2010. 公众参与导向的城市治理——利益相关者分析视角 . 上海: 同济大学出版社 .

刘婷, 蔡君 . 2009. 试论我国生态旅游政策制定的公众参与 . 旅游研究, 1(4): 55-60.

刘旺 . 2009. 旅游发展与风景名胜区治理模式的制度分析 . 地域研究与开发, 28(5): 80-84.

刘旺 . 2010. 民族社区旅游发展的困境: 理论阐释与实证分析——以丹巴县甲居藏寨为例 . 云
　　　南师范大学学报(哲学社会科学版), 42(1): 142-147.

刘旺, 王汝辉 . 2008. 文化权理论在少数民族社区旅游发展中的应用研究——以四川省理县桃
　　　坪羌寨为例 . 旅游科学, 22(2): 63-68.

刘纬华 . 2000. 关于社区参与旅游发展的若干理论思考 . 旅游学刊, (1): 47-52.

刘纬华 . 2002. 社区参与旅游发展研究应有的理论视野——兼与黎洁老师商榷 . 海南大学学报
　　　(人文社会科学版), 20(2): 98-103.

刘武军 . 2009. 公共治理与公民精神培育 . 学习月刊, (18): 4-5.

刘熙瑞 . 2002. 服务型政府——经济全球化背景下中国政府改革的目标选择 . 中国行政管理,
　　　(7): 5-7.

刘小军 . 2007. 对加强旅游公共服务若干问题的思考 . 旅游调研, (9): 12-13.

柳振万 . 2003-12-01. 城市旅游形象设计推广与旅游产品开发营销 . 中国旅游报 .

龙良富, 黄英, 欧阳白果 . 2010. 旅游目的地居民的环境人权保护研究 . 生态经济, (11):
　　　151-155, 178.

卢坤建 . 2009. 回应型政府: 理论基础、内涵与特征 . 学术月刊, (7): 66-71.

卢小丽 . 2006. 生态旅游社区居民旅游影响感知与参与行为研究 . 大连理工大学硕士学位论文 .

陆宇荣 . 2009. 公地悲剧治理视角下中国世界遗产地的治理——以武陵源为例 . 华中师范大学
　　　硕士学位论文 .

罗芬 . 2012. 国外旅游治理研究进展综述 . 热带地理，33(1)：96-103.

罗聂 . 2010-03-15. "一座叫春的城市" 江西宜春宣传语雷人 . 新华网，http://news. xinhua-net. com/politics/2010-03/05/content_ 13099904. htm.

罗西瑙 J N. 2001. 没有政府的治理 . 张胜军，刘小林，等译 . 南昌：江西人民出版社 .

马剑平 . 2012. 少数民族地区旅游产业集群治理研究——以湖南湘西自治州为例 . 广西民族研究，33(2)：124-129.

毛锦茹 . 2009a. 旅游公共危机的公共政策视角分析——以桂林"七·二六"导游事件为例 . 西北大学硕士学位论文 .

毛锦茹 . 2009b. 公共政策视野下旅游公共治理探析——关于危机管理的个案研究 . 旅游论坛，2(3)：424-427.

梅楠，杨鹏鹏 . 2010. 旅游目的地联合营销网络的构建 . 人文地理，(4)：147-151.

孟华 . 2004. 遗产旅游的外部不经济及其治理策略 . 泰山学院学报，26(5)：23-26.

孟华，焦春光 . 2009. 世界遗产地社区居民参与旅游发展研究——以泰山为例 . 泰山学院学报，31(5)：99-103.

密德尔顿 V. 2001. 旅游营销学 . 向萍，等译 . 北京：中国旅游出版社 .

缪芳 . 2009. 从利益相关者角度剖析旅游规划的实施 . 管理观察，(5)：26-29.

缪婧晶，王劲松 . 2002. 从国际竞争力角度看旅游产业中政府干预的作用 . 旅游科学，(2)：5-8.

木永跃 . 2010. 世界文化遗产地政府治理问题分析——以丽江古城为例 . 云南行政学院学报，(5)：117-120.

奈斯比特 J. 1984. 大趋势——改变我们生活的十个新方向 . 梅艳译 . 北京：中国社会科学出版社 .

欧恒春 . 2004. 生态旅游中的社区参与问题 . 商业时代，(36)：70-71.

彭程甸，胡舜 . 2008. 论旅游业政府主导型发展战略实施中的政府失灵及其治理对策 . 湖南社会科学，(2)：41-43.

彭德成 . 2003. 中国旅游景区治理模式 . 北京：中国旅游出版社 .

彭可，杨庆媛，余剑辉 . 2007. 提高土地利用规划中公众参与有效性的对策研究 . 农村经济与科技，(8)：72-73.

彭新武 . 2009. 论有机论范式及其思维特征 . 天津社会科学，(1)：10-15.

乔晶 . 2009. 我国政府旅游管理体制创新研究 . 山西大学硕士学位论文 .

曲阜市文物旅游局 . 2011-06-20. 关于征集"曲阜高铁时代旅游主题口号及形象标识"的公告 . 大众日报 .

曲丽涛 . 2011. 当代中国公民意识发育问题研究 . 山东大学博士学位论文 .

全球治理委员会 . 1995. 我们的全球之家 . 香港：牛津大学出版社 .

任丙强 . 2011. 环境领域的公众参与：一种类型学的分析框架 . 江苏行政学院学报，(3)：71-76.

任瀚 . 2007. 基于全球价值链理论的中国入境旅游业发展研究 . 河南大学博士学位论文 .

任鸣 . 2007. 健全"跨界治理"机制 共筑旅游合作基石 . 旅游学刊，22(12)：28-31.

任晓林，谢斌 . 2003. 政府自利性的逻辑悖论 . 国家行政学院学报，(6)：32-36.

赛德曼 A，赛德曼 R B. 2008. 立法学理论与实践. 刘国福，曹培，等译. 北京：中国经济出版社.

山东省旅游局. 2011-11-26. 山东省旅游业发展"十五"规划. 国家信息中心、中经网管理中心，http://dqbg. cei. gov. cn/search. asp.

山东省旅游局. 2012-11-12. 2012 山东旅游统计便览. 山东旅游统计网网上综合政务平台，http://lytj. sdta. cn/tourstatis/front/infojump. action? id ＝ ff8080813ae9790a013af2c635ed0b2a&type＝2.

上海市规划和国土资源管理局. 2006-07-12. 上海市制定控制性详细规划听取公众意见的规定（试行）. 上海市宝山区规划和土地管理局网站，http://www. shbsgh. gov. cn/60/47/50/59/20088659636. html.

尚前浪. 2011. 少数民族社区参与旅游发展增权路径研究. 云南财经大学硕士学位论文.

邵秀英，任秀芬. 2010. 古村落旅游地公共治理主体职能探析. 经济师，(6)：227-228.

邵秀英，田彬. 2010. 古村落旅游开发的公共管理问题研究. 人文地理，(3)：120-123.

沈仲亮. 2011-01-21. 曲阜拟复建基督教堂，引来一串问号. 中国旅游报.

施德群. 2012. 生态旅游政策制定的公众参与初探. 旅游纵览(行业版)，(4)：98-100.

石路. 2008. 政府公共决策与公民参与. 北京：社会科学文献出版社.

石美玉. 2008. 从利益相关者视角看我国旅游规划的发展. 旅游学刊，23(7)：7-8.

史春玉. 2009. 参与民主在法国//蔡定剑. 公众参与——欧洲的制度与经验. 北京：法律出版社.

世界旅游组织. 1997. 旅游业可持续发展——地方旅游规划指南. 北京：旅游教育出版社.

世界银行. 1993. 世界银行技术文件(第 139 号)：环境评价资料汇编. 北京：国家环保局.

斯塔林 G. 2003. 公共部门管理. 陈宪，等译. 上海：上海译文出版社.

斯托克 G，华夏风. 1999. 作为理论的治理：五个论点. 国际社会科学(中文版)，(1)：19-30.

苏甡. 2004. 对我国旅游景区建立法人治理结构的探讨. 江汉大学学报(人文科学版)，23(4)：82-85.

苏雨桐. 2009. 非政府组织在公众参与中的作用//蔡定剑. 公众参与：风险社会的制度建设. 北京：法律出版社.

孙柏瑛. 2004. 当代地方治理——面向 21 世纪的挑战. 北京：中国人民大学出版社.

孙浩亮，孟祥君，张馨木. 2011. 长吉图区域旅游合作制度基础——跨界治理理论与欧盟旅游一体化经验. 特区经济，(8)：128-130.

孙九霞. 2005. 社区参与旅游发展研究的理论透视. 广东技术师范学院学报，(5)：89-92.

孙诗靓，马波. 2007. 旅游社区研究的若干基本问题. 旅游科学，21(2)：29-32.

孙施文，殷悦. 2004. 西方城市规划中公众参与的理论基础及其发展. 国外城市规划，19(1)：15-20.

锁利铭，马捷，经戈. 2012. 社区旅游的网络治理框架：一个案例分析. 生态经济，(5)：119-123.

谭华云，王凯. 2006. 景区转让中的利益整合与多中心治理——以凤凰城为例. 桂林旅游高等专科学校学报，17(4)：419-422.

谭星，黄大熹. 2011. 风景旅游区企业化治理探究——以×××风景旅游区为例. 金融经济，

(10)：118-120.

唐峰陵 . 2011. 我国旅游节庆发展问题解析 . 乐山师范学院学报，26(4)：60-63.

唐玲萍 . 2008. 对社区参与旅游发展的再思考 . 旅游论坛，1(2)：304-308.

唐山青 . 2011. 论公共利益与个人利益的辩证关系 . 社会科学家，(2)：74-77.

特劳普-梅茨 R. 2009. 地方政治中的公众参与——简评//刘平，特劳普-梅茨 R. 地方决策中
    的公众参与：中国和德国 . 上海：上海社会科学院出版社 .

佟敏 . 2005. 基于社区参与的我国生态旅游研究 . 东北林业大学博士学位论文 .

童燕齐 . 2002. 环境意识与环境保护政策取向——对中国六城市政府官员和企业主观的调查//
    杨明 . 环境问题与环境意识 . 北京：华夏出版社 .

托马斯 J C. 2001. 公共决策中的公民参与：公共管理者的新技能与新策略 . 孙柏瑛译 . 北京：
    中国人民大学出版社 .

汪辉勇 . 2003. 公共利益：公共管理研究的逻辑起点 . 行政论坛，(7)：15-17.

汪玉凯 . 2001. 公共管理基础问题研究 . 中国行政管理，(11)：19-23.

汪玉凯 . 2003. 公共管理 . 北京：中共中央党校出版社 .

王波 . 2011. "全方位、全过程"公众参与——南京城市总体规划实践//转型与重构：2011 中国
    城市规划年会论文集 .

王春雷 . 2010. 基于有效管理模型的重大活动公众参与研究——以 2010 年上海世博会为例 .
    上海：同济大学出版社 .

王春雷，周宵 . 2003. 从人类学视角探析区域旅游规划的社区参与 . 规划师，19(3)：71-74.

王凤 . 2008. 公众参与环保行为机理研究 . 北京：中国环境科学出版社 .

王京传 . 2011. 包容性旅游增长的概念内涵、实现机制和政策建议 . 旅游科学，(5)：10-22.

王京传 . 2012. 服务接触：目的地建设旅游公共服务体系的新视角 . 旅游学刊，27(3)：7-9.

王京传，李天元 . 2012. 旅游目的地品牌标识评价研究——以中国优秀旅游城市为例 . 旅游学
    刊，27(2)：43-51.

王克岭 . 2012. 文化旅游产业链治理模式研究 . 企业经济，(12)：124-127.

王林 . 2008. 旅游社区的非体制精英与文化遗产保护——以宣科与丽江古乐为例 . 社会科学
    家，(5)：87-91.

王林 . 2009. 乡村旅游社区文化遗产的精英治理——以广西龙脊梯田平安寨村委会选举为例 .
    旅游学刊，24(5)：67-71.

王群，章锦河 . 2007. 居民感知调查方法在旅游规划中的运用 . 安徽师范大学学报(自然科学
    版)，27(4)：469-472.

王如东 . 2005. 政府在旅游管理中的作用及制度创新 . 同济大学硕士学位论文 .

王汝辉，刘旺 . 2009. 民族村寨旅游开发的内生困境及治理路径——基于资源系统特殊性的深
    层次考察 . 旅游科学，23(3)：1-5.

王瑞红 . 2008. 我国社区参与旅游发展的问题及对策 . 资源开发与市场，24(8)：763-765.

王瑞红，陶犁 . 2004. 社区参与旅游发展的形成及内涵 . 曲靖师范大学学报，23(4)：42-47.

王绍光 . 2008. 政治文化与社会结构对政治参与的影响 . 清华大学学报(哲学社会科学版)，
    (4)：95-112.

王素洁.2009.乡村旅游可持续发展决策中的利益相关者关系研究——基于社会网络视角.南
　　开大学博士学位论文.

王锡锌.2007.公众参与和行政过程——一个理念和制度分析的框架.北京：中国民主法制出
　　版社.

王锡锌.2008a.公众参与和中国新公共运动的兴起.北京：中国法制出版社.

王锡锌.2008b.行政过程中公众参与的制度实践.北京：中国法制出版社.

王延川.2007.自律与他律：旅游行业治理模式的创新——兼论西安地区旅游行业法律制度构
　　建.理论导刊,(7)：34-37.

王艳丽.2011.旅游地居民对运动类旅游节庆的参与度研究.陕西师范大学硕士学位论文.

王周户.2011.公众参与的理论与实践.北京：法律出版社.

维尔 A J.2010.休闲和旅游供给：政策与规划.李天元,徐虹译.北京：中国人民大学出版社.

魏娜,王明军.2006.公民参与视角下的城市治理机制研究——以青岛市公民参与城市治理为
　　例.甘肃行政学院学报,(2)：25-28.

温家宝.2012-03-20.政府事务性管理工作可适当交给社会组织.人民网,http://qh.people.
　　com.cn/n/2012/0320/c181467-16856621.html.

文彤,陈杰忻.2009.公众参与旅游规划的思考——来自香港大澳的调查启示.旅游学刊,24
　　(7)：66-70.

翁时秀,彭华.2011.旅游发展初级阶段弱权利意识型古村落社区增权研究——以浙江省楠溪
　　江芙蓉村为例.旅游学刊,26(7)：53-59.

吴必虎,宋子千.2009.旅游学概论.北京：中国人民大学出版社.

吴人韦,杨继梅.2005.公众参与规划的行为选择及其影响因素——对圆明园湖底铺膜事件的
　　反思.规划师,21(11)：5-7.

伍先福.2007.基于利益主体理论的古村落旅游开发研究.湘潭大学硕士学位论文.

伍延基.2006.旅游目的地营销中值得深入探讨的两个问题.旅游学刊,21(8)：11-12.

希尔墨 J.2010.参与式民主理论的现状(上).国外理论动态,(3)：29-37.

夏勇.2004.中国民权哲学.北京：生活·读书·新知三联书店.

肖富群.2004.居民社区参与的动力机制分析.广西社会科学,(4)：161-163.

肖玲.2006.社区旅游发展机制研究.北京第二外国语学院硕士学位论文.

谢治菊.2011.公共性、社会公平与公民精神——评析《公共行政的精神》.理论月刊,(9)：
　　88-91.

谢志岿.2007.社会资本：理论史与主要论域.学术探索,(3)：49-57.

熊光清.2011.当代中国政治文化变迁与政治发展.太平洋学报,19(12)：28-36.

熊元斌,黄颖斌.2011.都市旅游营销模式创新——基于公共营销的视角.中南财经政法大学
　　学报,(3)：42-46.

熊元斌,蒋昕.2010.区域旅游公共营销的生成与模式建构.北京第二外国语学院学报,
　　(11)：1-6.

休斯 O.2007.公共管理导论.张成福,王学栋,等译.北京：中国人民大学出版社.

徐双敏,张远凤.2007.公共事业管理概论.北京：北京大学出版社.

薛海艳.2006.建构我国地方立法助理制度初探.法制与社会,(11):3-5.

薛莹.2011-08-10.旅游规划应提倡公众参与.中国旅游报.

严若森.2010.中国非营利组织的政府性异化及其适应性治理.管理世界,(7):167-168.

严伟.2009.旅游市场价格诚信缺失及其治理研究.改革与战略,25(12):169-173.

阎友兵,肖瑶.2007.旅游景区利益相关者共同治理的经济型治理模式研究.社会科学家,(3):108-112.

颜振军.2009.公共管理视角下的政府科技管理定位.科学决策,(2):11-20.

杨逢银,胡平,邢乐勤.2012.公共事务复合治理的载体、实践及其走势分析——以杭州运河综保工程为例.中国行政管理,(3):17-21.

杨桂红.2001.试论社区居民参与旅游业发展对环境保护的积极作用——以碧塔海旅游景区为例.经济问题探索,(11):124-126.

杨兴柱,陆林,王群.2005.农户参与旅游决策行为结构模型及应用.地理学报,60(6):928-940.

杨兴柱,陆林,王群.2006.旅游规划公众参与的核心内容初步研究.人文地理,(4):62-68.

杨友军.2011.公共性视域中的政府职能转变研究.湘潭大学硕士学位论文.

杨玉义,严力蛟,施美芬,等.2009.贫困地区发展生态旅游的社区参与平台构建研究——以浙江省临安市太湖源景区为例.北京林业大学学报(社会科学版),8(3):50-53.

姚海琴.2005.大众参与非专业类旅游节庆的影响因素研究.浙江大学硕士学位论文.

叶俊.2009.社区参与旅游规划的问题及三维体系的构建.黄冈师范学院学报,29(2):149-151.

叶澜.1999.教育研究方法论初探.上海:上海教育出版社.

衣传华.2011.我国生态旅游发展中的目标预期背离现象治理.改革与战略,27(11):133-136.

易志斌.2010.中国生态旅游治理研究.中国软科学,(6):15-24.

余述琼,刘金峰,刘莉蓉.2007.浅谈旅游景区治理——以广西凭祥为例.经济与社会发展,5(8):56-58.

俞海滨.2011.基于复合生态管理的旅游环境治理范式及其实现路径.商业经济与管理,(10):91-97.

俞金国,王丽华.2008.基于公众参与的旅游资源开发评价方法研究.规划师,24(5):84-88.

俞可平.1999.引论:治理与善治.国际社会科学(中文版),(2):1-15.

俞可平.2001.作为一种新政治分析框架的治理和善治理论.新视野,(5):35-39.

俞可平.2002.全球治理引论.马克思主义与现实,(1):20-32.

俞可平.2007.公民参与民主政治的意义.青海人大,(1):56-58.

于萍.2012.旅游行为中的环境保护研究.管理学刊,25(5):64-67.

袁刚,张茜.2010.有限政府的理论基础.理论月刊,(2):82-84.

袁兰.2012-04-10.海南阶梯电价听证会无人报名 物价局登报求关注.搜狐网,http://news.sohu.com/20120410/n340199438.shtml.

曾峻.2006.公共管理新论:体系、价值与工具.北京:人民出版社.

张波.2006.旅游目的地"社区参与"的三种典型模式比较研究.旅游学刊,21(7):69-74.

张成福.2001.公共行政中的管理主义:反思与批判.中国人民大学学报,(1):15-21.

张海霞.2010.国家公园的旅游规制研究.华东师范大学博士学位论文.

张金凤,李亚.2009.社区参与旅游发展的瓶颈问题分析.齐齐哈尔大学学报,(1):67-70.

张荆艳.2009.我国生态旅游中的社区参与问题.大众科技,(7):202-203.

张俐俐,蔡利平.2009.旅游公共管理.北京:中国人民大学出版社.

张沛东,郭克莎.2011.旅游业可持续发展的第三条路径——旅游企业的自愿环保战略决策分析.现代管理科学,(6):6-8.

张朋,王波.2008.国外社区参与旅游发展对我国的启示——以英国南彭布鲁克为例.福建地理,13(4):38-41.

张庆东.2001a.公共问题:公共管理研究的逻辑起点.南京社会科学,(11):42-46.

张庆东.2001b.公共利益:现代公共管理的本质问题.云南行政学院学报,(4):22-26.

张群.2009.立法听证:公民参与立法的途径//蔡定剑.公众参与:风险社会的制度建设.北京:法律出版社.

章尚正.1998."政府主导型"旅游发展战略的反思.旅游学刊,13(6):21-22.

张舒.2007.基于利益相关者理论的农业旅游共同参与模式研究.重庆师范大学硕士学位论文.

张伟,吴必虎.2002.利益主体(Stakeholder)理论在区域旅游规划中的应用——以四川省乐山市为例.旅游学刊,17(4):63-68.

张翔.2007.利益相关者理论在旅游目的地形象营销中的应用研究.商场现代化,(9):142-143.

章哲妮.2011.旅游公共服务供给体系研究——对伙伴式运营模式的探讨.上海师范大学硕士学位论文.

张骁鸣.2007.西方社区旅游概念:误读与反思.旅游科学,21(1):1-6.

张雅君.2011."中国 NGO"的发展现状研究.上海社会科学院硕士学位论文.

章勇刚.2006.政府与市场合作:旅游目的地营销系统的最佳运营模式.桂林旅游高等专科学校学报,17(1):104-107.

赵德关.2006.城市管理公众参与的理性思考.上海城市管理职业技术学院学报,(3):14-18.

中国旅游研究院.2010-01-14.全国游客满意度调查报告(2009 年第二季度).中国旅游研究网站,http://www.ctaweb.org/html/2010-1/2010-1-14-18-15-99613.html.

中国旅游研究院.2012-01-06.中国旅游研究院发布 2011 年第四季度及全年全国游客满意度调查报告.中国旅游研究院网站,http://www.ctaweb.org/html/2012-1/2012-1-6-11-59-28406_1_1.html.

中国社会科学院语言研究所词典编辑室.1996.现代汉语词典.北京:商务印书馆.

中华人民共和国第九届全国人民代表大会常务委员会第三十次会议.2002-10-29.中华人民共和国环境影响评价法.人民网,http://www.people.com.cn/GB/shehui/212/3572/3574/20021029/853043.html.

中华人民共和国第十届全国人民代表大会常务委员会第三十次会议.2007-10-28.中华人民共和国城乡规划法.中国政府网,http://www.gov.cn/ziliao/flfg/2007-10/28/content_

788494. htm.

中华人民共和国第十届全国人民代表大会常务委员会第四次会议. 2003-08-28. 中华人民共和国行政许可法. 新浪网，http://news. xinhuanet. com/zhengfu/2003-08/28/content_1048844. htm.

中华人民共和国国务院. 2012-06-11. 国家人权行动计划(2012—2015 年). 新华网，http://news. xinhuanet. com/politics/2012-06/11/c_112186014. htm.

中央编译局比较政治与经济研究中心，北京大学中国政府创新研究中心. 2009. 公共参与手册——参与改变命运. 北京：社会科学文献出版社.

周春发. 2012. 乡村旅游地居民的日常抵抗——以徽村拆建房风波为例. 旅游学刊，27(2)：32-36.

周三多. 2009. 管理学——原理与方法. 上海：复旦大学出版社.

周少来. 2011. 公众参与与民主治理机制创新. 杭州(我们)，(7)：15-16.

周义程. 2007. 公共利益、公共事务和公共事业的概念界说. 南京社会科学，(1)：77-82.

周永广. 2005. 日本节庆活动对我国旅游节庆开发的启示. 旅游学刊，20(2)：66-69.

朱孔山. 2009. 旅游整合营销内容范畴探讨. 商业研究，(3)：214-216.

朱孔山，高秀英. 2010. 旅游目的地公共营销组织整合与构建. 东岳论丛，31(8)：129-133.

朱玉熹. 2011. 民族地区旅游开发中的社区增权问题研究——基于产权的视角. 西南财经大学硕士学位论文.

宗圆圆. 2008. 欠发达地区旅游开发中的农民参与机制与治道研究. 旅游论坛，1(3)：326-331.

左冰，保继刚. 2008. 从"社区参与"走向"社区增权"——西方"旅游增权"理论研究述评. 旅游学刊，23(4)：58-63.

Lundell B. 2009. 瑞典立法过程中公众参与的机制与程序//李林. 立法过程中的公共参与. 北京：中国社会科学出版社.

Ritchie J R B, Crouch G I. 2006. 旅游目的地竞争力管理. 李天元，徐虹，陈家刚，等译. 天津：南开大学出版社

Scholsem J C. 2009. Participation in the Belgian Constitutions//李林. 立法过程中的公共参与. 北京：中国社会科学出版社.

Xiong Y B, Jiang X. 2011. Discussion on public marketing mode of tourist destination from the view of integration//徐虹，姚延波. 旅游目的地营销与管理. 北京：中国旅游出版社.

Aas C, Ladkin A, Fletcher J. 2005. Stakeholder collaboration and heritage management. Annals of Tourism Research，32(1)：28-48.

Agere S. 2000. Promoting Good Governance：Principles，Practices and Perspectives. London：Commonwealth Secretaria.

Albrecht J N. 2010. Challenges in tourism strategy implementation in peripheral destinations—the case of Stewart Island，New Zealand. Tourism and Hospitality Planning & Development，7(2)：91-110.

Alipour H，Vaziri R K，Ligay E. 2011. Governance as catalyst to sustainable tourism development: evidence from North Cyprus. Journal of Sustainable Development, 4(5): 32-49.

Angella F, Carlo M, Sainaghi R. 2010. Archetypes of destination governance: a comparison of international destinations. Tourism Review, 65(4): 61-73.

Angella F, Go F M. 2009. Tale of two cities' collaborative tourism marketing: towards a theory of destination stakeholder assessment. Tourism Management, 30(3): 429-440.

Ansell C, Gash A. 2008. Collaborative governance in theory and practice. Journal of Public Administration and Theory, 18(4): 543-571.

Antonsen I M N. 2010. The stakeholders involvement in the process of building and maintaining a destination brand. Master Dissertation, Fundacão Getulio Vargas.

Aref F, Redzuan M B. 2008. Barriers to community leadership: toward tourism development in Shiraz, Iran. European Journal of Social Sciences, 7(2): 158-164.

Arnstein S R. 1969. A ladder of citizen participation. Journal of the American Institute of Planners, 35(4): 216-224.

Ashley C, Roe D. 1998. Enhancing Community Involvement in Wildlife Tourism: Issues and Challenges. London: International Institute for Environment and Development.

Asker S, Boronyak L, Carrard N, et al. 2010. Effective Community Based Tourism: A Best Practice Manual. Gold Coast: Sustainable Tourism Cooperative Research Centre.

Augustyn M M, Knowles T. 2000. Performance of tourism partnerships: a focus on York. Tourism Management, 21(4): 341-351.

Azizan M, Iain H, Jane J. 2012. Public participation shortcomings in tourism planning: the case of the Langkawi Islands, Malaysia. Journal of Sustainable Tourism, 20(4): 585-602.

Baggio R, Scott N, Cooper C. 2010a. Improving destination governance: a complexity science approach. Tourism Review, 65(4): 51-60.

Baggio R, Scott N, Cooper C. 2010b. Network science: a review focused on tourism. Annals of Tourism Research, 37(3): 802-827.

Bahaire T, Elliott-White M. 1999. Community participation in torism planning and development in the historic city of York England. Current Issues in Torism, 2(2~3): 243-276.

Baker W H, Addams H L, Davis B. 2005. Critical factors for enhancing municipal public hearings. Public Administration Review, 65(4): 490-499.

Barber B. 1986. Strong Democracy: Participatory Politics for a New Age. Berkeley: The University of California Press.

Beaumont N, Dredge D. 2010. Local tourism governance: a comparison of three network approaches. Journal of Sustainable Tourism, 18(1): 7-28.

Beesley L. 2005. The management of emotion in collaborative tourism research settings. Tourism Management, 26(2): 261-275.

Beierle T C. 1998. Public Participation in Environmental Decisions: An Evaluation Framework Using Social Goals. Washington D. C. : Resources for the Future.

Beritelli P, Bieger T, Laesser C. 2007. Destination governance: using corporate governance theories as a foundation for effective destination management. Journal of Travel Research, 46 (1): 96-107.

Berry J M, Portney K E, Thomson K. 1933. The Rebirth of Urban Democracy. Washington D. C. : The Brookings Institution.

Bertucci G. 2002. Strengthening local governance in tourism driven economics//United Nations. International Colloquium on Regional Governance and Sustainable Development in Tourism-Driven Economies. Cancun: United Nations.

Bhat S S, Milne S. 2008. Network effects on cooperation in destination website development. Tourism Management, 29(6): 1131-1140.

Blanco E, Maquieira J R, Lozano Z. 2009. Economic incentives for tourism firms to undertake voluntary environmental management. Tourism Management, 30(1): 112-122.

Borg J V. 2008. Place marketing governance and tourism development or how to design the perfect regional tourist board? Venice, Department of Economics Ca' Foscari University of Venice.

Bramwell B. 2010. Participative planning and governance for sustainable tourism. Tourism Recreation Research, 35(3): 239-249.

Bramwell B. 2011. Governance, the state and sustainable tourism: a political economy approach. Journal of Sustainable Tourism, 19(4~5): 459-477.

Bramwell B, Lane B. 2011. Critical research on the governance of tourism and sustainability. Journal of Sustainable Tourism, 19(4~5): 411-421.

Bramwell B, Sharman A. 1999. Collaboration in local tourism policymaking. Annals of Tourism Research, 26(2): 392-415.

Brandon K. 1993. Basic steps toward encouraging local participation in nature tourism//Lindberg K, Hawkins D E. Ecotourism: A Guide for Local Planners. North Bennington: The Ecotourism Societ.

Bregoli I. 2011. DMO co-ordination and destination branding: a mixed method study on the city of Edinburgh. Helensburgh, Academy of Marketing. http://marketing. conference-services. net/resources/327/2342/pdf/AM2011 _ 0236. pdf.

Brocato E D. 2006. Place attachment: an investigation of environments and outcomes in a service context. Arlington, The University of Texas at Arlington.

Brudney J L, England R E. 1982. Urban policy making and subjective service evaluation: are they compatible? Public Administration Review, 42(2): 127-135.

Brudney J L, England R E. 1983. Toward a definition of the coproduction concept. Public Administration review, 43(1): 59-65.

Buchy M, Hoverman S. 2000. Understanding public participation in forest planning: a review. Forest Policy and Economics, 1(1): 15-25.

Buhalis D. 2000. Marketing the competitive destination of the future. Tourism Management, 21 (1): 97-116.

Caffyn A, Jobbins G. 2003. Governance capacity and stakeholders interactions in the development and management of coastal tourism: examples from Morocco and Tunisia. Journal of Sustainable Tourism, 11(2~3): 224-245.

Choo H, Park S Y. 2009. The influence of the resident's identification with a tourism destination brand on their behavior. Proceedings of 2009 ICHRIE Conference, San Francisco, the International Council on Hotel, Restaurant.

Claiborne P. 2000. Community participation in tourism development and the value of social capital. Master Dissertation, University of Gothenburg.

Clarkson M. 1994. A risk based model of stakeholder theory. Proceedings of the Second Toronto Conference on Stakeholder Theory, Toronto, Centre for Corporate Social Performance & Ethics, University of Toronto.

Cogan E. 1992. Successful Public Meetings: A Practical Guide for Managers in Government. San Francisco: Jossey-Bass.

Connelly G. 2007. Testing governance—a research agenda for exploring urban tourism competitiveness policy: the case of Liverpool 1980-2000. Tourism Geographies, 9(1): 84-114.

Conti G, Perelli C. 2007. Governing tourism monoculture: Mediterranean mass tourism destinations and governance networks//Burns P M, Novelli M. Tourism and Politics: Global Frameworks and Local Realities. London: Elsevier.

Cooper C, Hall C M. 2007. Contemporary Tourism: An International Approach. Amsterdam: Butterworth-Heinemann Limited.

Cooper C, Scott N, Baggio R. 2009. Network position and perceptions of destination stakeholder importance. Anatolia: An International Journal of Tourism and Hospitality Research, 20 (1): 33-45.

Cornwall A, Gaventa J. 2011. Bridging the gap: citizenship, participation and accountability. PLA (Participatory Learning and Action) Notes, (40): 32-35.

Crompton J L. 1979. Motivation for pleasure travel. Annals of Tourism Research, 6 (4): 408-424.

Cupps D S. 1977. Emerging problems of citizen participation. Public Administration Review, 37 (5): 478-487.

Dalbo E. 2006. Regulatory capture: a review. Oxford Review of Economic Policy, 22 (2): 203-225.

Daldeniz B, Hampton M. 2011. Dive tourism and local communities: active participation or passive impacts? Case studies from Malaysia . Kent Business School Working Paper, No. 245.

Daniels S E, Lawrence R L, Alig R J. 1996. Decision-making and ecosystem-based management: applying the Vroom-Yetton model to public participation strategy. Environmental Impact Assessment Review, (16): 13-30.

Dann G M S. 1977. Anomie, ego-enhancement and tourism. Annals of Tourism Research, 4(4): 184-194.

Davidson R, Maitland R. 1997. Tourism Destinations. London: Hodder & Stoughton.

Denhardt R B, Denhardt J V. 2000. The new public service: serving rather than steering. Public Administration Review, 60(6): 549-559.

Department of Economic and Social Affairs. 2007. Public Governance Indicators: A Literature Review. New York: Department of Economic and Social Affairs.

Department of Economic and Social Affairs Division for Public Economics and Public Administration, UN. 2002. Report of the International Colloquium on Regional Governance and Sustainable Development in Tourism Driven Economies. New York: United Nations.

Dinica V. 2006. Policy measures and governance for sustainable tourism and recreation in the Netherlands. Tourism, 54(3): 245-258.

Dinnie K, Fola M. 2009. Branding Cyprus: a stakeholder identification perspective. The 7th International Conference on Marketing, Athens Institute for Education and Research.

Dredge D. 2006. Policy networks and the local organisation of tourism. Tourism Management, 27 (2): 269-280.

Dredge D. 2010. Place change and tourism development conflict: evaluating public interest. Tourism Management, 31(1): 104-112.

Duffy R, Moore L. 2011. Global regulations and local practices: the politics and governance of animal welfare in elephant tourism. Journal of Sustainable Tourism, 19(4~5): 589-604.

Duit A, Galaz V. 2008. Governance and complexity-emerging issues for governance theory. Governance: An International Journal of Policy, Administration and Institutions, 21 (3): 311-335.

Duitschaever W C B, Cutcheon B M, Eagles P F J, et al. 2010. Park visitors' perceptions of governance: a comparison between Ontario and British Columbia provincial park. Tourism Review, 65(4): 31-50.

Dye T R. 1986. Community power and public policy//Waste R J. Community Power: Directions for Future Research. Beverly Hills: Sage.

Eagles P F J. 2008. Governance models for parks, recreation and tourism//Hanna K S, Clark D A, Slocombe D S. Transforming Parks: Protected Area Policy and Management in a Changing World. London: Routledge.

Eagles P F J. 2009. Governance of recreation and tourism partnerships in parks and protected areas. Journal of Sustainable Tourism, 17(2): 231-248.

Eagles P F J, Romagosa F, Duitschaever W C B, et al. 2013. Good governance in protected areas: an evaluation of stakeholders' perceptions in British Columbia and Ontario provincial parks. Journal of Sustainable Tourism, 21(1): 60-79.

Edgar L, Marshall C, Bassett M. 2006. Partnerships: Putting Good Governance Principles in Practice. Ottawa: Institute on Govnernance.

Elbel J, Hallén L, Axelsson B. 2009. The destination management organisation and the integrative destination marketing process. International Journal of Tourism Research, (11):

283-296.

Equations. 2005. Study on Institution of Local Self Governance and Its Linkages with Tourism. Bangalore: Equations.

Eshliki S A, Kaboudi M. 2012. Community perception of tourism impacts and their participation in tourism planning: a case study of Ramsar, Iran//Abbas M Y, Bajunid A F, Azhari N F. Procedia-Social and Behavioral Sciences. Amsterdam: Elsevier.

ETC, UNWTO. 2009. Handbook on Tourism Destination Branding. Brussels, New York: ETC, UNWTO.

Fagence M. 1977. Citizen Participation in Planning. New York: Pergamon Press.

Fallon L D, Kriwoken L K. 2003. Community involvement in tourism infrastructure—the case of the Strahan Visitor Centre, Tasmania. Tourism Management, 24(3): 289-308.

Farjoun M. 2002. Towards an organic perspective on strategy. Strategic Management Journal, 23 (7): 561-594.

Ferris J M. 1984. Coprovision: citizen time and money donations in the public service provision. Public Administration Review, 44(4): 324-333.

Fisher R, Brown S. 1988. Gettig Together: Building a Relationship that Gets to Yes. Boston: Houghton Mifflin.

Franch M, Matrini U, Buffa F, et al. 2010. Establishing a network of European rural villages for the development of sustainable tourism. Trento, University of Trento.

Françoise G, Emmanuelle M. 2006. Governance of mountain resorts in France: the nature of the public-private partnership. Revue De Géographie Alpine, 94(1): 20-31.

Freeman, R. 1984. Strategic Management: A Stakeholder Approach. Boston: Pitman.

French C N, Collier N, Craig-Smith S J. 2000. Principles of Tourism. Sydney: Longman.

Friedman A L, Miles S. 2002. Developing stakeholder theory. Journal of Management Studies, 39 (1): 1-22.

Furia L D, Jones J W. 2000. The effectiveness of provisions and quality of practices concerning public participation in EIA in Italy. Environmental Impact Assessment Review, 20 (4): 457-479.

Gallardo J H, Stein T V. 2007. Participation, power and racial representation: negotiating nature-based and heritage tourism development in the rural south. Society & Natural Resources, 20(7): 597-611.

García J A, Gómez M, Molina A. 2012. A destination-branding model: an empirical analysis based on stakeholders. Tourism Management, 33(3): 646-661.

Garrod B. 2003. Local participation in the planning and management of ecotourism: a revised model approach. Journal of Ecotourism, (2): 33-52.

Gaventa J. 2002. Introduction: exploring citizenship, participation and accountability. Institute of Development Studies Bulletin, 33(2): 1-14.

George E W, Mair H, Reid D, et al. 2002. Towards a democratic process for planning community tourism development: a participant action research approach. The 10th Canadian Congress on Leisure Research. Edmonton, University of Alberta.

Getz D, Jamal T B. 1994. The environment-community symbiosis: a case for collaborative tourism planning. Journal of Sustainable Tourism, (2): 152-173.

Gill A, Williams P. 2011. Rethinking resort growth: understanding evolving governance strategies in Whistler, British Columbia. Journal of Sustainable Tourism, 19 (4～5): 629-648.

Glass J. 1979. Citizen participation in planning: the relationship between objectives and techniques. Journal of the American Planning Association, 45(2): 180-189.

Göymen K. 2000. Tourism and governance in Turkey. Annals of Tourism Research, 27 (4): 1025-1048.

Graham J, Amos B, Plumptre T. 2003. Principles for Good Governance in the 21st Century (Institute on Governance Policy Brief No. 15). Ottawa: Institute on Governance.

Granovetter M S. 1985. Economic action and social structure: the problem of embeddedness. American Journal of Sociology, 91(3): 481-510.

Gray J E, Chapin L W. 1998. Targeted community initiative: putting citizens first//King C S, Stivers C. Government is Us. Thousand Oaks: Sage.

Greenwood J. 1993. Business interest groups in tourism governance. Tourism Management, 14 (5): 335-348.

Grybovych O, Hafermann D. 2010. Sustainable practices of community tourism planning: lessons from a remote community. Community Development, 41(3): 354-369.

Gunn C A. 1994. Tourism Planning: Basics, Concepts, Cases (3rd ed.). Washington D. C.: Taylor and Francis.

Hall M. 2011. A typology of governance and its implications for tourism policy analysis. Journal of Sustainable Tourism, 19(4～5): 437-457.

Hankison G. 2007. The management of destination brands: five guiding principles. Brand Management, 14(3): 240-254.

Harrill R. 2004. Residents' attitudes toward tourism development: a literature review with implications for tourism planning. Journal of Planning Literature, 18(1): 1-16.

Hart D K. 1983. Theories of government related to decentralization and citizen participation. Public Administration Reviews, 32: 603-621.

Hart D K. 1984. The virtuous citizen, the honorable bureaucrat and "public" administration. Public Administration Review, 44(1): 111-120

Hartley N, Wood C. 2005. Public participation in environmental impact assessment-implementing the Aarhus Convention. Environmental Impact Assessment Review, 25(4): 319-340.

Haywood K M. 1988. Responsible and responsive tourism planning in the community. Tourism Management, 9(2): 105-118.

Hendee J C, Lucas R C, Tracy R H, et al. 1976. Methods for acquiring public input//Pierce J

C, Doerken H R. Water Politics and Public Involvement. Ann Arbor: Ann Arbor Science Publisher.

Hood C. 1991. A public management for all seasons. Public Administration, 69(Spring): 3-19.

Ioppolo G, Saija G, Salomone R. 2013. From coastal management to environmental management: the sustainable eco-tourism program for the mid-western coast of Sardinia (Italy). Land Use Policy, 31(1): 460-471.

Jackson G. 1999. Local agenda 21 and community participation in tourism policy and planning: future or fallacy. Current Issues in Tourism, 2(1): 1-38.

Jamal T B, Getz D. 1995. Collaboration theory and community tourism planning. Annals of Tourism Research, 22(1): 186-204.

Jamal T, Watt M. 2011. Climate change pedagogy and performative action: towards community-based destination governance. Journal of Sustainable Tourism, 19(4~5): 571-588.

Jessop B. 2003. Governance and metagovernance: on reflexivity, requisite variety and requisite irony. Lancaster, Lancaster University.

Jones R. 2005. Finding sources of brand value: developing a stakeholder model of brand equity. Journal of Brand Management, 13(1): 10-32.

Kelly C, Essex S, Glegg G. 2012. Reflective practice for marine planning: a case study of marine nature-based tourism partnerships. Marine Policy, 36(3): 769-781.

King C S, Feltey K M, Susel B O. 1998. The question of participation: toward authentic public participation in public administration. Public Administration Review, 58(4): 317-326.

Kotler P, Bowen J T, Makens J C. 2006. Marketing for Hospitality and Tourism. Upper Saddle River: Prentice Hall.

Kozak M. 2004. The Practice of destination-based total quality management. Anatolia: An International Journal of Tourism and Hospitality Research, 15(2): 125-136.

Krishna A. 2002. Active Social Capital: Tracing the Roots of Development and Democracy. New York: Columbia University Press.

Laesser C, Beritelli P. 2013. St. Gallen consensus on destination management. Journal of Destination Marketing & Management, 2(1): 46-49.

Lauber T B, Knuth B A. 1999. Measuring fairness in citizen participation: a case study of moose management. Society & Natural Resources, 12(1): 19-37.

Lawrence R L, Daniels S E, Stankey G H. 1997. Procedure justice and public involvement in natural resource decision making. Society Natural Resources, (10): 577-589.

Lawrence R L, Deagen D A. 2001. Choosing public participation methods for natural resources: a context-specific guide. Society and Natural Resources, 14(10): 857-872.

Laws E, Richins H, Agrusa J F, et al. 2011. Tourist Destination Governance: Practice, Theory and Issues. London: CABI International.

Lee K M. 1996. Public participation in regional tourism planning. Master Dissertation, Lincoln University.

Li W J. 2006. Community decision making participation in development. Annals of Tourism Research, 33(1): 132-143.

Loukissas P G. 1983. Public participation in community tourism planning: a gaming simulation approach. Journal of Travel Research, 22(1): 18-23.

Manente M, Minghetti V C. 2005. Destination management organizations and actors//Buhalis D, Costa C. Tourism Business Frontiers: Consumers, Products and Industry. Oxford: Elsevier Butterworth Heinemann.

Marc G. 2001. Citizen as Partners: OECD Handbook on Information, Consultation and Public Participation in Policymaking. Paris: OECD.

March R, Wilkinson I. 2009. Conceptual tools for evaluating tourism partnerships. Tourism Management, 30(3): 455-462.

Marcouiller D. 1997. Toward integrative tourism planning in rural American. Journal of Planning Literature, (11): 337-357.

Marien C, Pizam A. 1997. Implementing sustainable tourism development through citizen participation in the planning process//Wahab S, Pigram J. Tourism, Development and Growth: The Challenge of Sustainability. London: Routledge.

Marzano G. 2006. Relevance of power in the collaborative process of destination branding. Proceedings of the 11th Annual Conference on Graduate Education and Graduate Student Research in Hospitality and Tourism, Seattle, the International Council on Hotel, Restaurant and Institutional Education.

Marzano G, Scott N. 2005. Stakeholder power in destination branding: a methodology discussion. Proceedings of the International Conference on Destination Branding and Marketing for Regional Tourism Development, Macao, Institute for Tourism Studies.

Marzano G, Scott N. 2009. Power in destination branding. Annals of Tourism Research, 36(2): 247-267.

McKenna S. 2010. Aboriginal participation in tourism planning in British, Columbia. Master Dissertation, University of Waterloo.

Mendelow A. 1991. Stakeholder mapping. Proceedings of the 2nd International Conference on Information Systems, Ohio, Kent State University.

Michael M. 2009. Community involvement and participation in tourism development in Tanzania. Master Dissertation, Victoria University.

Minogue M, Polidano C, Hulme D. 1998. Introduction: the analysis of public management and governance//Minogue M, Polidano C, Hulme D. Beyond the New Public Management: Changing Ideas and Practice in Governance. Cheltenham: Edward Elgar.

Misener L, Mason D S. 2006. Developing local citizenship through sporting events: balancing community involvement and tourism development. Current Issues in Tourism, 9(4~5): 384-396.

Mistilis N, Daniele R. 2005. Challenges for competitive strategy in public and private sector partnerships in electronic national tourist destination marketing systems. Journal of Travel & Tourism Marketing, 17(4): 63-73.

Mitchell R E, Reid D G. 2001. Community integration: island tourism in Peru. Annals of Tourism Research, 28(1): 113-139.

Mitchell R K, Agle B R, Wood D J. 1997. Toward a theory of stakeholder identification and salience: defining the principle of who and what really counts. The Academy of Management Review, 22(4): 853-886.

Morgan N J, Pritchard A P, Piggott R. 2003. Destination branding and the role of stakeholder. Journal of Vacation Marketing, 9(3): 285-299.

Murphy P E. 1985. Tourism: A Community Approach. New York and London: Methuen.

Murphy P E. 1988. Community driven tourism planning. Tourism Management, 9(2): 96-104.

Nordin S, Svensson B. 2007. Innovative destination governance: the Swedish ski resort of Åre. Entrepreneurship and Innovation, 8(1): 53-66.

Nordin S, Westlund H. 2009. Social capital and the life cycle model: the transformation of the destination of Åre. Tourism Review, 57(3): 259-287.

Okazaki E. 2008. A community based tourism model: it's concept and use. Journal of Sustainable Tourism, 16(5): 511-529.

Orgnization for Economic Co-operation and Development. 2012-05-06. Draft user guidance for the public PFI governance questions, http://www. oecd. org/investment/pfitoolit.

Osborne D, Gaebler T. 1993. Reinventing Government: How the Entrepreneurial Spirit is Transforming the Public Sector. New York: Plume/Penguin Books.

Osborne S P. 2006. The new public governance? Public Management Review, 8(3): 377-387.

Öztürk H E. 2011. Modes of tourism governance: a comparison of Amsterdam and Antalya. Anatolia: an International Journal of Tourism and Hospitality Research, 22(3): 307-325.

Öztürk H E, Eraydin A. 2010. Environmental governance for sustainable tourism development: collaborative networks and organisation building in the Antalya tourism region. Tourism Management, 31(1): 113-124.

Öztürk H E, Terhorst P. 2010. Variety of modes of governance of a global value chain: the case of tourism from Holland to Turkey. Tourism Geographies, 12(2): 217-245.

Padurean L. 2010. Destinations dynamic: a management and governance perspective. PhD. Dissertation, University of Lugano.

Palmer A. 2002. Cooperative marketing association: an investigation into the causes of effectiveness. Journal of Strategic Marketing, 10(2): 135-156.

Palmer A, Bejou D. 1995. Tourism destination marketing alliances: an international comparison. Annals of Tourism Research, 22(3): 616-629.

Palovich K. 2003. The evolution and transformation of a tourism destination network: the Waitomo Caves, New Zealand. Tourism Management, 24(2): 203-216.

Patrícia O V, Júlio M, Manuela G. 2012. Residents' participation in events, events image and destination image: a correspondence analysis. Journal of Travel & Tourism Marketing, 29 (7): 647-664.

Pearce P, Moscardo G, Ross G. 1996. Tourism Community Relationship. New York: Pergamon.

Phillips A. 2003. Turning ideas on their head: the new paradigm for protected areas. George Wright Forum, 20(2): 8-32.

Pieterse E. 2000. Participatory Urban Governance-Practical Approaches, Regional Trends and UMP Experiences. Nairobi: UNCHS, UNDP, World Bank.

Pike S. 2005. Tourism destination branding complexity. Journal of Product & Brand Management, 14 (4): 258-259.

Plein L C, Green K E, Williams D G. 1998. Organic planning: a new approach to public participation in local government. The Social Science Journal, 35(4): 509-523.

Poitras L, Getz D. 2006. Sustainable wine tourism: the host community perspective. Journal of Sustainable Tourism, 14(5): 425-448.

Pretty J. 1995. The many interpretations of participation. Focus, (16): 4-5.

Putnam R D. 1993. The prosperous community: social capital and public life. The Amercian Prospect, 13(Spring): 35-42.

Reed M G. 1997. Power relations and community based tourism planning. Annals of Tourism Research, 24(3): 566-591.

Reed M G. 1999. Collaborative tourism planning as adaptive experiments in emergent tourism settings. Journal of Sustainable Tourism, 7(3): 331-355.

Renn O, Webler T, Rakel H, et al. 1993. Public participation in decision making: a three-step procedure. Policy Scienece, 26(3): 189-214.

Rifkin S B, Muller F, Bichmann W. 1988. Primary health care on measuring participation. Social Science & Medicine, (9): 931-940.

Ritchie J R B. 1999. Policy formulation at the tourism environment interface: insights and recommendations from the Banff-Bow valley study. Journal of Travel Research, 38(1): 100-110.

Ritchie J R B, Crouch G I. 2000. The competitive destination: a sustainability perspective. Tourism Management, 21(1): 1-7.

Ritchie R J B, Ritchie J R B. 2002. A framework for an industry supported destination marketing. Tourism Management, 23(5): 439-454.

Roberts L, Simpson F. 1999. Developing partnership approaches to tourism in Central and Eastern Europe. Journal of Sustainable Tourism, 7(3~4): 314-330.

Robertson P J. 2009. An assessment of collaborative governance in a network for sustainable tourism: the case of Rede Turis. The Proceedings of the 10th National Public Management Research Conference, Columbus, Ohio State University.

Robson J, Robson I. 1996. From shareholders to stakeholders: critical issues for tourism marketers. Tourism Management, 17(7): 533-540.

Rowe G, Frewer L J. 2005. Public participation methods: a framework for evaluation. Science

Technology Human Values，25(3)：3-29.

Ruhanen L. 2004. Strategic planning for local tourism destinations：an analysis of tourism plans. Tourism and Hospitality Planning and Development，1(3)：239-253.

Ruhanen L，Scott N，Ritchie B，et al. 2010. Governance：a review and synthesis of the literature. Tourism Review，65(4)：4-16.

Ruzzier M K，Chernatony L. 2010. A systematic approach to branding Slovenia. The Proceedings of 2010 Thought Leaders International Conference on Brand Management，Lugano，Università della Svizzera italiana.

Ryan C. 2002. Equity，management，power sharing and sustainability—issues of the "new tourism". Tourism Management，23(1)：17-26.

Sample V A. 1993. A framework for public participation in natural resource decision making. Journal of Foresry(USA). 91(7)：22-27.

Sautter E T，Leisen B. 1999. Managing stakeholders：a tourism planning model. Annals of Tourism Research，26(2)：312-328.

Scott W R. 1991. Organizations：Natural and Open System. Upper Saddle River：Prentice Hall.

Selin S，Chavez D. 1995. Developing an evolutionary tourism partnership model. Annals of Tourism Research，22(4)：844-856.

Shani A，Pizam A. 2012. Community participation in tourism planning and development//Uysal M，Perude R，Sirgy M J. Handbook of Tourism and Quality-of-Life Research：Enhancing the Lives of Tourists and Residents of Host Communities. Dordrecht，Heidelberg，Lodon，New York：Springer.

Shapira K P. 2000. Benchmarking Partnerships for Sustainable Urban Tourism. Karlsruhe：Institute for Technology Assessment and System Analysis.

Shapira K P. 2001. Innovative Partnership for Effective Governance of Sustainable Tourism：Framework Approach. Karlsruhe：Institute for Technology Assessment and System Analysis.

Shapira K P. 2003. EU "SUT-Governance" Project Final Report. Karlsruhe：Institute for Technology Assessment and System Analysis.

Shapira K P. 2007. New paradigms in city tourism management：redefining destination promotion. Journal of Travel Research，46(1)：108-114.

Sheehan L R，Ritchie J R B. 2005. Destination stakeholders：exploring identity and salience. Annals of Tourism Research，32(3)：711-734.

Sheldon P J，Park S Y. 2008. Sustainable wellness tourism：governance and entrepreneurship issues. Actaturística，20(2)：145-254.

Siisiäinen M. 2000. Two concepts of social capital：Bourdieu vs. Putnam. ISTR Fourth International Conference，Dublin，Trinity College.

Simmons D G. 1995. Community participation in tourism planning. Tourism Management，15(2)：98-108.

Simpson K. 2001. Strategic planning and community involvement as contributors to sustainable tourism development. Current Issues in Tourism, 4(1): 3-41.

Slocum N. 2003. Participatory methods toolkit: a practitioner's manual. Brussels, Flanders, Tokyo, King Baudouin Foundation, Flemish Institute for Science and Technology Assessment, United Nations University.

South Australian Community Health Research Unit. 2012. Community participation evaluation tool. Adelaide, Flinders University. http://som.flinders.edu.au/FUSA/SACHRU/Toolkit/PDF/1.pdf.

Spencer D M. 2010. Facilitating public participation in tourism planning on American Indian reservations: a case study involving the nominal group technique. Tourism Management, 31(5): 684-690.

Stevenson N, Airey D, Miller G. 2008. Tourism policy making: the policymakers' perspectives. Annals of Tourism Research, 35(3): 732-750.

Su D. 2006. Governance models for nature-based tourism in the protected area of China//Assenov I. Threats and Challenges to the Tourism Industry: Reform and Perform. Bangkok: Faculty of Service Industries, Prince of Songkla University.

Su D, Wall G, Egales P F J. 2007. Emerging governance approaches for tourism in the protected area of China. Environmental Management, 39(6): 749-759.

Su D, Xiao H G. 2009. The governance of nature-based tourism in China: issues and research perspectives. Journal of China Tourism Research, (5): 318-338.

Svensson B, Nordin R, Flagestad A. 2005. A governance perspective on destination development-exploring partnerships, clusters and innovation system. Tourism Review, 60(2): 32-37;

Svensson B, Nordin R, Flagestad A. 2006. Destination governance and contemporary development models//Lazzeretti L, Petrillo C. Tourism Local Systems and Networking. Amsterdam: Elseiver.

Swardbrooke J. 1999. Sustainable Tourism Management. Washington D. C.: CABI.

Taboada M B. 2008. The social role of design on collaborative destination branding: creating a new journey, a new story for the Waterfall Way, New South Wales, Australia. Design Research Society Conference 2008, Sheffield, Design Research Society.

Taboada M B. 2009. Collaborative destination branding: planning for tourism development through design in the Waterfall Way, NSW, Australia. PhD. Dissertation University of New England.

Thomas H, Thomas R. 1998. The implications for tourism of shifts in British local governance. Progress in Tourism and Hospitality Research, (4): 295-306.

Thomas J C. 1990. Public involvement in public management: adapting and testing a borrowed theory. Public Administration Review, 50(4): 435-445.

Thomas J C. 1993. Public involvement and governmental effectiveness: a decision-making model for public managers. Administration & Society, 24(4): 444-469.

Thomas J C. 1995. Public Participation in Public Decisions: New Skills and Strategies for Public

Managers. San Francisco: Jossey-Bass.

Timothy D G. 1999. Participatory planning: a view of tourism in Indonesia. Annals of Tourism Research, 26(2): 371-391.

Todd L. 2010. A stakeholder model of the Edinburgh Festival Fringe. Proceedings of the 8th AEME Events Management Educator's Forum, Leeds, Leeds Metropolitan University.

Tom B. 1994. The development and implementation of national tourism policies. Tourism Management, 15(3): 185-192.

Tosun C. 1999. Towards a typology of community participation in the tourism development process. Anatolia: An International Journal of Tourism and Hospitality Research, 10(2): 113-134.

Tosun C. 2006. Expected nature of community participation in tourism development. Tourism Management, 27(2): 493-504.

Tosun G. 2000. Limits to community participation in the tourism development process in developing countries. Tourism Management, 21(6): 613-633.

Tosun J, Jenkins C L. 1996. Regional planning approaches to tourism development: the case of Turkey. Tourism Management, 17(7): 519-536.

Trousdale W J. 1998. Tourism development control: a case study of Boracay Island, Philippines. Pacific Tourism Review, 2(1): 91-96.

Trousdale W J. 1999. Governance in context: Boracay Island, Philippines. Annals of Tourism Research, 26(4): 840-867.

United Nation Economic Commission for Europe. 2008. Gudebook for Promoting Good Goernance in Public-private Partnerships. New York: United Nations.

United Nations Economic and Social Commission for Asia and the Pacific. 1999. Guidelines on Integrated Planning for Sustainable Tourism Development. New York: United Nations.

United Nations World Tourism Organization. 2010. Survey on Destination Governance Evaluation Report. Madrid: United Nations World Tourism Organization.

Verba S, Nie N H. 1987. Participation in America: Political Democracy and Social Equality. Chicago: University of Chicago Press.

Vernon J, Essex S, Pinder D, et al. 2005. Collaborative policymaking-local sustainable projects. Annals of Tourism Research, 32(2): 325-345.

Vignati F, Laumans Q. 2010. Value chain analysis as a kick off for tourism destination development in Maputo city. International Conference on Sustainable Tourism in Developing Countries, Dar es Salaam, University of Dar es Salaam.

Vroom V H, Jago A G. 1988. The New Leadership: Managing Participation in Organizations. Englewood Cliffs: Prentice Hall.

Vroom V H, Yetton P. 1973. Leadership and Decision Making. Englewood Cliffs: Prentice Hall.

Walters L C, Aydelotte J, Miller J. 2000. Putting more public in policy analysis. Public Administration Review, 60(4): 349-359.

Wanarat K, Nuanwan T. 2010. Public participation in sustainable island and tourism planning: experiences in Southern Thailand. Proceeds of 16th Annual International Sustainable Development Research Conference, Hong Kong, the University of Hong Kong, the International Sustainable Development Research Society, ERP Environment.

Wang D, Ap J. 2013. Factors affecting tourism policy implementation: a conceptual framework and a case study in China. Tourism Management, 36(6): 221-233.

Wang X H. 2001. Assessing public participation in US Cities. Public Performance & Management Review, 24(4): 322-336.

Wang Y, Bramwell B. 2000. Heritage protection and tourism development priorities in Hangzhou, China: a political economy and governance perspective. Tourism Management, 33(4): 1-11.

Wang Y C, Fesenmaier D R. 2007. Collaborative destination marketing: a case study of Elkhart county, Indiana. Tourism Management, 28(3): 863-875.

Wang Y C, Xiang Z. 2007. Toward a theoretical framework of collaborative destination marketing. Journal of Travel Research, 46(1): 75-85.

Webler T, Tuler S. 2000. Fairness and competence in citizen participation: theoretical reflection from a case study. Administration and Society, 32(5): 566-595.

Wesley A, Pforr C. 2010. The governance of coastal tourism: unraveling the layers of complexity at Smiths Beach, Western Australia. Journal of Sustainable Tourism, 18(6): 773-792.

Westerheijden D F. 1987. The substance of shadow: a critique of power measurement methods. Acta Politica, (1): 39-59.

Williams P W, Penrose R W, Hawkes S. 1998. Shared decision-making in tourism land use planning. Annals of Tourism Research, 25(4): 860-889.

Wisansing J. 2008. Towards community driven tourism planning: a critical review of theoretical demands and practical issues. AU-GSB e-Journal, 1(1): 47-59.

Wood D G, Gray B. 1991. Toward a comprehensive theory of collaboration. The Journal of Behavioral Science, 27(2): 139-162.

Wood M E. 1998. Meeting the global challenge of community participation. Ecotourism: Case Studies and Lessons from Ecuador, America Verde Working Papers, No. 2.

Ying T Y, Zhou Y G. 2007. Community governments and external capitals in China's rural cultural tourism: a comparative study of two adjacent villages. Tourism Management, 28(1): 96-107.

Yuksel F, Bramwell B, Yuksel A. 1999. Stakeholder interviews and tourism planning at Pamukkale, Turkey. Tourism Management, 20(3): 351-360.

Yuksel F, Bramwell B, Yuksel A. 2005. Centralized and decentralized tourism governance in Turkey. Annals of Tourism Research, 32(4): 859-886.

Yuksel F, Yuksel A. 2008. Perceived clientlism: effects on residents evaluation of municipal services and their intentions for participation in tourism development projects. Journal of

Hospitality & Tourism Research，32(2)：187-208.

Zahra A. 2011. Rethinking regional tourism governance：the principle of subsidiarity. Journal of Sustainable Tourism，19(4~5)：535-552.

Zeppel H. 2012. Collaborative governance for low carbon tourism：climate change initiatives by Australian tourism agencies. Current Issues in Tourism，15(7)：603-626.

Zhang Y. 2010. Personal factors that influence resident's preference for community involvement in tourism planning. Master Dissertation，Indiana University.

Zimmermann W. 2006. Good governance in destination management//Jamieson W. Community Destination Management in Developing Economies. New York：The Haworth Hospitality Press.

附　　录

附录 A　"公众参与旅游目的地公共事务"调查问卷(公众)

尊敬的女士/先生您好：

非常感谢您参与本次问卷调查！我是南开大学旅游与服务学院博士研究生，现针对博士毕业论文写作向您进行有关"公众参与旅游目的地公共事务(指实现当地旅游业相关利益主体的公共利益的事务)"的主题调研。请您根据当地的实际情况，从普通公众的角度回答问卷中的相关问题，谢谢！

本人承诺：本调查仅供本人博士论文写作使用，并严格遵守匿名原则。

请用"√"标注出您的选择

一、您的基本信息：

(1)请问您的性别是：　A. 男　B. 女

(2)请问您的年龄是：A. 18 岁及以上　B. 19～24 岁　C. 25～34 岁 D. 35～44 岁　E. 45～54 岁　F. 55～64 岁　G. 65 岁及以上

(3)请问您的职业是：A. 政府公务员　B. 事业单位人员　C. 企业人员 D. 个体或自由职业者　E. 农民　F. 学生　G. 其他

(4)请问您的教育程度是：A. 高中(中专)及以下　B. 大学(大专、本科) C. 硕士 D. 博士

(5)请问您在当地居住的时间是：　A. 一年及以下　B. 二到三年 C. 四年到五年　D. 六年及以上

二、请根据您对所在地相关旅游公共事务的认识，回答下表中的问题。

说明：下表中数字 1→5 代表的程度递增：1. 很低　2. 低　3. 一般　4. 高　5. 很高

旅游公共事务名称	您认为执行该事务需要专业知识与技能的程度	您认为公众的支持(如信息提供、民意支持或资源支持)对执行该事务的重要程度	您愿意参与该事务的程度	您认为下列哪些公众的参与能够对该事务起到支持作用?(可多选)
行政部门的旅游执法	1 2 3 4 5	1 2 3 4 5	1 2 3 4 5	A. 居民 B. 居委会、业主委员会、村委会等社区组织 C. 旅游企业 D. 旅游从业人员 E. 旅游者 F. 旅游协会等非政府组织 G. 教育机构 H. 研究机构 I. 媒体 J. 专家学者 K. 其他 L. 无

说明：下表中数字 1→5 代表的程度递增：1. 很低　2. 低　3. 一般　4. 高　5. 很高

旅游公共事务名称	您认为执行该事务需要专业知识与技能的程度	您认为公众的支持（如信息提供、民意支持或资源支持）对执行该事务的重要程度	您愿意参与该事务的程度	您认为下列哪些公众的参与能够对该事务起到支持作用？（可多选）
旅游政策的制定、实施、评估	1 2 3 4 5	1 2 3 4 5	1 2 3 4 5	A. 居民 B. 居委会、业主委员会、村委会等社区组织 C. 旅游企业 D. 旅游从业人员 E. 旅游者 F. 旅游协会等非政府组织 G. 教育机构 H. 研究机构 I. 媒体 J. 专家学者 K. 其他 L. 无
旅游规划的制定、实施、评估	1 2 3 4 5	1 2 3 4 5	1 2 3 4 5	A. 居民 B. 居委会、业主委员会、村委会等社区组织 C. 旅游企业 D. 旅游从业人员 E. 旅游者 F. 旅游协会等非政府组织 G. 教育机构 H. 研究机构 I. 媒体 J. 专家学者 K. 其他 L. 无
旅游市场营销（方案制订、实施、评估）	1 2 3 4 5	1 2 3 4 5	1 2 3 4 5	A. 居民 B. 居委会、业主委员会、村委会等社区组织 C. 旅游企业 D. 旅游从业人员 E. 旅游者 F. 旅游协会等非政府组织 G. 教育机构 H. 研究机构 I. 媒体 J. 专家学者 K. 其他 L. 无
旅游品牌设计、营销传播、评估	1 2 3 4 5	1 2 3 4 5	1 2 3 4 5	A. 居民 B. 居委会、业主委员会、村委会等社区组织 C. 旅游企业 D. 旅游从业人员 E. 旅游者 F. 旅游协会等非政府组织 G. 教育机构 H. 研究机构 I. 媒体 J. 专家学者 K. 其他 L. 无
旅游公共信息服务（当地交通、游览导引等信息服务）	1 2 3 4 5	1 2 3 4 5	1 2 3 4 5	A. 居民 B. 居委会、业主委员会、村委会等社区组织 C. 旅游企业 D. 旅游从业人员 E. 旅游者 F. 旅游协会等非政府组织 G. 教育机构 H. 研究机构 I. 媒体 J. 专家学者 K. 其他 L. 无
保障"食宿行游购娱"等的公共服务（游客中心、购物环境优化、游客权益保护等）	1 2 3 4 5	1 2 3 4 5	1 2 3 4 5	A. 居民 B. 居委会、业主委员会、村委会等社区组织 C. 旅游企业 D. 旅游从业人员 E. 旅游者 F. 旅游协会等非政府组织 G. 教育机构 H. 研究机构 I. 媒体 J. 专家学者 K. 其他 L. 无
旅游公共安全服务（旅游保险、对游客的安全救助等）	1 2 3 4 5	1 2 3 4 5	1 2 3 4 5	A. 居民 B. 居委会、业主委员会、村委会等社区组织 C. 旅游企业 D. 旅游从业人员 E. 旅游者 F. 旅游协会等非政府组织 G. 教育机构 H. 研究机构 I. 媒体 J. 专家学者 K. 其他 L. 无

说明：下表中数字 1→5 代表的程度递增：1. 很低 2. 低 3. 一般 4. 高 5. 很高

旅游公共事务名称	您认为执行该事务需要专业知识与技能的程度	您认为公众的支持(如信息提供、民意支持或资源支持)对执行该事务的重要程度	您愿意参与该事务的程度	您认为下列哪些公众的参与能够对该事务起到支持作用?(可多选)
代表性景区、博物馆等公共景观、旅游节庆的开发与管理	1 2 3 4 5	1 2 3 4 5	1 2 3 4 5	A. 居民 B. 居委会、业主委员会、村委会等社区组织 C. 旅游企业 D. 旅游从业人员 E. 旅游者 F. 旅游协会等非政府组织 G. 教育机构 H. 研究机构 I. 媒体 J. 专家学者 K. 其他 L. 无
当地公众好客精神的培育	1 2 3 4 5	1 2 3 4 5	1 2 3 4 5	A. 居民 B. 居委会、业主委员会、村委会等社区组织 C. 旅游企业 D. 旅游从业人员 E. 旅游者 F. 旅游协会等非政府组织 G. 教育机构 H. 研究机构 I. 媒体 J. 专家学者 K. 其他 L. 无
旅游资源的传承与保护	1 2 3 4 5	1 2 3 4 5	1 2 3 4 5	A. 居民 B. 居委会、业主委员会、村委会等社区组织 C. 旅游企业 D. 旅游从业人员 E. 旅游者 F. 旅游协会等非政府组织 G. 教育机构 H. 研究机构 I. 媒体 J. 专家学者 K. 其他 L. 无
当地自然、社会、文化环境的维护	1 2 3 4 5	1 2 3 4 5	1 2 3 4 5	A. 居民 B. 居委会、业主委员会、村委会等社区组织 C. 旅游企业 D. 旅游从业人员 E. 旅游者 F. 旅游协会等非政府组织 G. 教育机构 H. 研究机构 I. 媒体 J. 专家学者 K. 其他 L. 无
旅游行业管理(市场准入、服务规范制定、行业监管)	1 2 3 4 5	1 2 3 4 5	1 2 3 4 5	A. 居民 B. 居委会、业主委员会、村委会等社区组织 C. 旅游企业 D. 旅游从业人员 E. 旅游者 F. 旅游协会等非政府组织 G. 教育机构 H. 研究机构 I. 媒体 J. 专家学者 K. 其他 L. 无
旅游基础设施保护	1 2 3 4 5	1 2 3 4 5	1 2 3 4 5	A. 居民 B. 居委会、业主委员会、村委会等社区组织 C. 旅游企业 D. 旅游从业人员 E. 旅游者 F. 旅游协会等非政府组织 G. 教育机构 H. 研究机构 I. 媒体 J. 专家学者 K. 其他 L. 无
旅游对经济、社会、文化影响的监测	1 2 3 4 5	1 2 3 4 5	1 2 3 4 5	A. 居民 B. 居委会、业主委员会、村委会等社区组织 C. 旅游企业 D. 旅游从业人员 E. 旅游者 F. 旅游协会等非政府组织 G. 教育机构 H. 研究机构 I. 媒体 J. 专家学者 K. 其他 L. 无

说明：下表中数字 1→5 代表的程度递增：1. 很低　2. 低　3. 一般　4. 高　5. 很高

旅游公共事务名称	您认为执行该事务需要专业知识与技能的程度	您认为公众的支持（如信息提供、民意支持或资源支持）对执行该事务的重要程度	您愿意参与该事务的程度	您认为下列哪些公众的参与能够对该事务起到支持作用？（可多选）
旅游教育与培训（对从业人员的继续教育、对居民的旅游知识培训、对游客的文明旅游教育）	1 2 3 4 5	1 2 3 4 5	1 2 3 4 5	A. 居民 B. 居委会、业主委员会、村委会等社区组织 C. 旅游企业 D. 旅游从业人员 E. 旅游者 F. 旅游协会等非政府组织 G. 教育机构 H. 研究机构 I. 媒体 J. 专家学者 K. 其他 L. 无
不同地区之间的旅游产品开发、营销等合作	1 2 3 4 5	1 2 3 4 5	1 2 3 4 5	A. 居民 B. 居委会、业主委员会、村委会等社区组织 C. 旅游企业 D. 旅游从业人员 E. 旅游者 F. 旅游协会等非政府组织 G. 教育机构 H. 研究机构 I. 媒体 J. 专家学者 K. 其他 L. 无
旅游危机管理（预案制订、监测、应急救助等）	1 2 3 4 5	1 2 3 4 5	1 2 3 4 5	A. 居民 B. 居委会、业主委员会、村委会等社区组织 C. 旅游企业 D. 旅游从业人员 E. 旅游者 F. 旅游协会等非政府组织 G. 教育机构 H. 研究机构 I. 媒体 J. 专家学者 K. 其他 L. 无
当地旅游业发展相关问题研究	1 2 3 4 5	1 2 3 4 5	1 2 3 4 5	A. 居民 B. 居委会、业主委员会、村委会等社区组织 C. 旅游企业 D. 旅游从业人员 E. 旅游者 F. 旅游协会等非政府组织 G. 教育机构 H. 研究机构 I. 媒体 J. 专家学者 K. 其他 L. 无
弱势群体旅游利益保障	1 2 3 4 5	1 2 3 4 5	1 2 3 4 5	A. 居民 B. 居委会、业主委员会、村委会等社区组织 C. 旅游企业 D. 旅游从业人员 E. 旅游者 F. 旅游协会等非政府组织 G. 教育机构 H. 研究机构 I. 媒体 J. 专家学者 K. 其他 L. 无
旅游领域的志愿者行动	1 2 3 4 5	1 2 3 4 5	1 2 3 4 5	A. 居民 B. 居委会、业主委员会、村委会等社区组织 C. 旅游企业 D. 旅游从业人员 E. 旅游者 F. 旅游协会等非政府组织 G. 教育机构 H. 研究机构 I. 媒体 J. 专家学者 K. 其他 L. 无
旅游可持续发展行动	1 2 3 4 5	1 2 3 4 5	1 2 3 4 5	A. 居民 B. 居委会、业主委员会、村委会等社区组织 C. 旅游企业 D. 旅游从业人员 E. 旅游者 F. 旅游协会等非政府组织 G. 教育机构 H. 研究机构 I. 媒体 J. 专家学者 K. 其他 L. 无

三、近两年内您参与过当地的旅游公共事务吗?

A. 参与过　　　　　　　　B. 没有参与过

四、如果让您参与某一项当地旅游公共事务,您愿意参与到哪个/些阶段:(可多选)

A. 识别与该事务相关的公共问题　　B. 界定该事务的范畴

C. 确定该事务执行的目标　　　　　D. 制订该事务的行动计划或方案

E. 选择该事务的行动计划或方案　　F. 该事务执行的实际行动

G. 对该事务执行过程的监督　　　　H. 对该事务所实现的结果进行评估

I. 以上全部

五、如果让您参与当地组织的某次公众参与活动(如旅游价格调整听证会),您愿意参与到哪个/些阶段:(可多选)

A. 界定该活动的目标　　　　　B. 制订该活动的实施计划

C. 参与针对该活动的公告、宣传与营销等行动

D. 招募与选择参与者

E. 若被选为参与者,接受政府的进一步信息提供、教育与培训

F. 实际参与过程的组织

G. 要求政府说明公众诉求、意见或资源被接纳或使用情况

H. 对该活动的结果进行评估　　I. 以上全部

六、如果让您参与当地组织的公众参与旅游公共事务活动,您认为:

(一)"参与者能够代表该旅游公共事务的所有利益相关者"对保证参与过程公平性的重要程度:

1. 很低　2. 低　3. 一般　4. 高　5. 很高

(二)"参与者所表达的观点或投入的资源要能够代表公众的整体意愿"对保证参与过程公平性的重要程度:

1. 很低　2. 低　3. 一般　4. 高　5. 很高

(三)"参与者及其所代表利益的平衡性"对保证参与过程公平性的重要程度:

1. 很低　2. 低　3. 一般　4. 高　5. 很高

(四)"参与者表达观点与投入资源的机会平等"对保证参与过程公平性的重要程度:

1. 很低　2. 低　3. 一般　4. 高　5. 很高

七、如果让您参与当地组织的公众参与旅游公共事务活动,您认为:

(一)"其实际采用的参与程序要符合当地现行法律法规"的重要程度:

1. 很低　2. 低　3. 一般　4. 高　5. 很高

(二)"其实际采用的参与程序要提前取得公众认可"的重要程度:

1. 很低　2. 低　3. 一般　4. 高　5. 很高

八、在公众参与旅游公共事务过程中，您认为：

（一）"政府回应积极而灵敏"的重要程度：

1. 很低　2. 低　3. 一般　4. 高　5. 很高

（二）"政府回应负责而有效"的重要程度：

1. 很低　2. 低　3. 一般　4. 高　5. 很高

九、如果让您参与当地组织的公众参与旅游公共事务活动，您认为：

（一）"参与者能够充分实现信息提供"的重要程度：

1. 很低　2. 低　3. 一般　4. 高　5. 很高

（二）"参与者能够充分表达诉求或意见"的重要程度：

1. 很低　2. 低　3. 一般　4. 高　5. 很高

（三）"无论支持还是反对，参与者都能够充分表达民意"的重要程度：

1. 很低　2. 低　3. 一般　4. 高　5. 很高

（四）"参与者要有一定的资源投入（如知识、技能、资金或物质资源投入）"的重要程度：

1. 很低　2. 低　3. 一般　4. 高　5. 很高

（五）"参与者能够充分获得该公众参与活动的相关信息"的重要程度：

1. 很低　2. 低　3. 一般　4. 高　5. 很高

（六）"参与者的诉求或意见能够得到政府的反馈"的重要程度：

1. 很低　2. 低　3. 一般　4. 高　5. 很高

（七）"参与者能够取得对旅游公共事务执行过程的控制力"的重要程度：

1. 很低　2. 低　3. 一般　4. 高　5. 很高

（八）"参与者能够对旅游公共事务执行的最终结果产生影响力"的重要程度：

1. 很低　2. 低　3. 一般　4. 高　5. 很高

（九）"参与者通过公众参与活动能够获得归属感、主人感等情感收益"的重要程度：

1. 很低　2. 低　3. 一般　4. 高　5. 很高

（十）"参与者能够实现自己应有的权利（如知情权、表达权、参与权和监督权等）"的重要程度：

1. 很低　2. 低　3. 一般　4. 高　5. 很高

（十一）如果您对某次公众参与活动感到满意，这对您以后参与旅游公共事务的影响程度：

1. 很低　2. 低　3. 一般　4. 高　5. 很高

（十二）如果您对某次公众参与活动感到不满意，这对您以后参与旅游公共事务的影响程度：

1. 很低　2. 低　3. 一般　4. 高　5. 很高

十、关于当前旅游目的地政治文化：

(一)您认为自己在当地旅游公共事务执行中应该享有哪些权利？（可多选）

A. 知情权　　　B. 表达权　　　C. 参与权　　　D. 监督权

E. 动议权（提出事项，申请政府予以解决的权利）

F. 救济权（权利受到侵害时，要求侵害者停止侵权和予以补偿的权利）

G. 受益权　　　H. 其他

(二)您认为旅游公共事务与您个人生活、工作等的密切程度：

1. 很低　2. 低　3. 一般　4. 高　5. 很高

(三)据您所知，近两年当地开展过的公众参与旅游公共事务活动的次数是：

A. 没有组织过　　B. 一次　　C. 两次　　D. 三次　　E. 四次

F. 五次及以上

十一、关于旅游目的地公众的参与能力：

(一)您认为自己是所在旅游地的主人吗？

1. 不是　2. 说不清　3. 是

(二)您关注所在旅游地的公共利益吗？

1. 很不关注　2. 不关注　3. 无所谓　4. 关注　5. 十分关注

(三)您愿意在参与旅游公共事务过程中为维护公共利益而对个人利益做出一定的让步吗？

1. 很不愿意　2. 不愿意　3. 无所谓　4. 愿意　5. 很愿意

(四)您愿意接受政府等举办的公众参与方面的教育培训吗？

1. 很不愿意　2. 不愿意　3. 无所谓　4. 愿意　5. 很愿意

(五)您愿意参加旅游协会等非政府组织，并在其组织下参与旅游公共事务吗？

1. 很不愿意　2. 不愿意　3. 无所谓　4. 愿意　5. 很愿意

十二、关于公众参与旅游公共事务的激励机制：

(一)"政府对公众参与的有效回应"使您愿意参与旅游公共事务的程度：

1. 很低　2. 低　3. 一般　4. 高　5. 很高

(二)"您的意见或投入的资金、物质资源等能够对旅游公共事务执行的结果具有影响力"使您愿意参与旅游公共事务的程度：

1. 很低　2. 低　3. 一般　4. 高　5. 很高

(三)"政府对参与者进行奖励"使您愿意参与旅游公共事务的程度：

1. 很低　2. 低　3. 一般　4. 高　5. 很高

(四)"政府为公众参与活动提供便利条件（如场所、设施、经费）"使您愿意参与旅游公共事务的程度：

1. 很低　2. 低　3. 一般　4. 高　5. 很高

（五）"政府给予参与者一定的经济报酬/补偿"使您愿意参与旅游公共事务的程度：

1. 很低　2. 低　3. 一般　4. 高　5. 很高

十三、您认为当地正在执行的关于公众参与旅游公共事务的法律、法规及政策：

1. 很少　2. 少　3. 一般　4. 多　5. 很多

附录 B　"公众参与旅游目的地公共事务"调查问卷（政府人员）

尊敬的女士/先生您好：

非常感谢您参与本次问卷调查！我是南开大学旅游与服务学院博士研究生，现针对博士毕业论文写作向您进行有关"公众参与旅游目的地公共事务（指实现当地旅游业相关利益主体的公共利益的事务）"的主题调研。请您根据当地的实际情况，从政府部门的角度回答问卷中的相关问题，谢谢！

本人承诺：本调查仅供本人博士论文写作使用，并严格遵守匿名原则。

请用"√"标注出您的选择

一、请根据您对所在地相关旅游公共事务的认识，回答下表中的问题。

说明：下表中数字 1→5 代表的程度递增：1. 很低　2. 低　3. 一般　4. 高　5. 很高

旅游公共事务名称	您认为执行该事务需要专业知识与技能的程度	您认为政府具有执行该事务所需专业知识与技能的程度	您认为该事务现有执行标准的完善程度	您认为公众的支持（如信息提供、民意支持或资源支持）对执行该事务的重要程度	您认为该事务是否会因需要在较短时间内完成而无足够的时间来实施公众参与？	您认为下列哪些公众的参与能够对该事务起到支持作用？（可多选）
行政部门的旅游执法	1 2 3 4 5	1 2 3 4 5	1 2 3 4 5	1 2 3 4 5	A. 是 B. 否	A. 居民 B. 居委会、业主委员会、村委会等社区组织 C. 旅游企业 D. 旅游从业人员 E. 旅游者 F. 旅游协会等非政府组织 G. 教育机构 H. 研究机构 I. 媒体 J. 专家学者 K. 其他 L. 无
旅游政策的制定、实施、评估	1 2 3 4 5	1 2 3 4 5	1 2 3 4 5	1 2 3 4 5	A. 是 B. 否	A. 居民 B. 居委会、业主委员会、村委会等社区组织 C. 旅游企业 D. 旅游从业人员 E. 旅游者 F. 旅游协会等非政府组织 G. 教育机构 H. 研究机构 I. 媒体 J. 专家学者 K. 其他 L. 无

续表

说明：下表中数字1→5代表的程度递增：1. 很低 2. 低 3. 一般 4. 高 5. 很高						
旅游公共事务名称	您认为执行该事务需要专业知识与技能的程度	您认为政府具有执行该事务所需专业知识与技能的程度	您认为该事务现有执行标准的完善程度	您认为公众的支持（如信息提供、民意支持或资源支持）对执行该事务的重要程度	您认为该事务是否会因需要在较短时间内完成而无足够的时间来实施公众参与？	您认为下列哪些公众的参与能够对该事务起到支持作用？（可多选）
旅游规划的制定、实施、评估	1 2 3 4 5	1 2 3 4 5	1 2 3 4 5	1 2 3 4 5	A. 是 B. 否	A. 居民 B. 居委会、业主委员会、村委会等社区组织 C. 旅游企业 D. 旅游从业人员 E. 旅游者 F. 旅游协会等非政府组织 G. 教育机构 H. 研究机构 I. 媒体 J. 专家学者 K. 其他 L. 无
旅游市场营销（方案制订、实施、评估）	1 2 3 4 5	1 2 3 4 5	1 2 3 4 5	1 2 3 4 5	A. 是 B. 否	A. 居民 B. 居委会、业主委员会、村委会等社区组织 C. 旅游企业 D. 旅游从业人员 E. 旅游者 F. 旅游协会等非政府组织 G. 教育机构 H. 研究机构 I. 媒体 J. 专家学者 K. 其他 L. 无
旅游品牌设计、营销传播、评估	1 2 3 4 5	1 2 3 4 5	1 2 3 4 5	1 2 3 4 5	A. 是 B. 否	A. 居民 B. 居委会、业主委员会、村委会等社区组织 C. 旅游企业 D. 旅游从业人员 E. 旅游者 F. 旅游协会等非政府组织 G. 教育机构 H. 研究机构 I. 媒体 J. 专家学者 K. 其他 L. 无
旅游公共信息服务（当地交通、游览导引等信息服务）	1 2 3 4 5	1 2 3 4 5	1 2 3 4 5	1 2 3 4 5	A. 是 B. 否	A. 居民 B. 居委会、业主委员会、村委会等社区组织 C. 旅游企业 D. 旅游从业人员 E. 旅游者 F. 旅游协会等非政府组织 G. 教育机构 H. 研究机构 I. 媒体 J. 专家学者 K. 其他 L. 无
保障"食宿行游购娱"等的公共服务（游客中心、购物环境优化、游客权益保护等）	1 2 3 4 5	1 2 3 4 5	1 2 3 4 5	1 2 3 4 5	A. 是 B. 否	A. 居民 B. 居委会、业主委员会、村委会等社区组织 C. 旅游企业 D. 旅游从业人员 E. 旅游者 F. 旅游协会等非政府组织 G. 教育机构 H. 研究机构 I. 媒体 J. 专家学者 K. 其他 L. 无

说明：下表中数字 1→5 代表的程度递增：1. 很低　2. 低　3. 一般　4. 高　5. 很高

旅游公共事务名称	您认为执行该事务需要专业知识与技能的程度	您认为政府具有执行该事务所需专业知识与技能的程度	您认为该事务现有执行标准的完善程度	您认为公众的支持(如信息提供、民意支持或资源支持)对执行该事务的重要程度	您认为该事务是否会因需要在较短时间内完成而无足够的时间来实施公众参与?	您认为下列哪些公众的参与能够对该事务起到支持作用?（可多选）
旅游公共安全服务（旅游保险、对游客的安全救助等）	1 2 3 4 5	1 2 3 4 5	1 2 3 4 5	1 2 3 4 5	A. 是 B. 否	A. 居民 B. 居委会、业主委员会、村委会等社区组织 C. 旅游企业 D. 旅游从业人员 E. 旅游者 F. 旅游协会等非政府组织 G. 教育机构 H. 研究机构 I. 媒体 J. 专家学者 K. 其他 L. 无
代表性景区、公共景观(博物馆)、旅游节庆的开发与管理	1 2 3 4 5	1 2 3 4 5	1 2 3 4 5	1 2 3 4 5	A. 是 B. 否	A. 居民 B. 居委会、业主委员会、村委会等社区组织 C. 旅游企业 D. 旅游从业人员 E. 旅游者 F. 旅游协会等非政府组织 G. 教育机构 H. 研究机构 I. 媒体 J. 专家学者 K. 其他 L. 无
公众好客精神的培育	1 2 3 4 5	1 2 3 4 5	1 2 3 4 5	1 2 3 4 5	A. 是 B. 否	A. 居民 B. 居委会、业主委员会、村委会等社区组织 C. 旅游企业 D. 旅游从业人员 E. 旅游者 F. 旅游协会等非政府组织 G. 教育机构 H. 研究机构 I. 媒体 J. 专家学者 K. 其他 L. 无
旅游资源的传承与保护	1 2 3 4 5	1 2 3 4 5	1 2 3 4 5	1 2 3 4 5	A. 是 B. 否	A. 居民 B. 居委会、业主委员会、村委会等社区组织 C. 旅游企业 D. 旅游从业人员 E. 旅游者 F. 旅游协会等非政府组织 G. 教育机构 H. 研究机构 I. 媒体 J. 专家学者 K. 其他 L. 无
旅游目的地自然、社会、文化环境的维护	1 2 3 4 5	1 2 3 4 5	1 2 3 4 5	1 2 3 4 5	A. 是 B. 否	A. 居民 B. 居委会、业主委员会、村委会等社区组织 C. 旅游企业 D. 旅游从业人员 E. 旅游者 F. 旅游协会等非政府组织 G. 教育机构 H. 研究机构 I. 媒体 J. 专家学者 K. 其他 L. 无

续表

说明：下表中数字 1→5 代表的程度递增：1. 很低　2. 低　3. 一般　4. 高　5. 很高						
旅游公共事务名称	您认为执行该事务需要专业知识与技能的程度	您认为政府具有执行该事务所需专业知识与技能的程度	您认为该事务现有执行标准的完善程度	您认为公众的支持（如信息提供、民意支持或资源支持）对执行该事务的重要程度	您认为该事务是否会因需要在较短时间内完成而无足够的时间来实施公众参与？	您认为下列哪些公众的参与能够对该事务起到支持作用？（可多选）
旅游行业管理（市场准入、服务规范制定、行业监管等）	1 2 3 4 5	1 2 3 4 5	1 2 3 4 5	1 2 3 4 5	A. 是 B. 否	A. 居民 B. 居委会、业主委员会、村委会等社区组织 C. 旅游企业 D. 旅游从业人员 E. 旅游者 F. 旅游协会等非政府组织 G. 教育机构 H. 研究机构 I. 媒体 J. 专家学者 K. 其他 L. 无
旅游基础设施保护	1 2 3 4 5	1 2 3 4 5	1 2 3 4 5	1 2 3 4 5	A. 是 B. 否	A. 居民 B. 居委会、业主委员会、村委会等社区组织 C. 旅游企业 D. 旅游从业人员 E. 旅游者 F. 旅游协会等非政府组织 G. 教育机构 H. 研究机构 I. 媒体 J. 专家学者 K. 其他 L. 无
旅游对经济、社会、文化影响的监测	1 2 3 4 5	1 2 3 4 5	1 2 3 4 5	1 2 3 4 5	A. 是 B. 否	A. 居民 B. 居委会、业主委员会、村委会等社区组织 C. 旅游企业 D. 旅游从业人员 E. 旅游者 F. 旅游协会等非政府组织 G. 教育机构 H. 研究机构 I. 媒体 J. 专家学者 K. 其他 L. 无
旅游教育与培训（从业人员的继续教育、居民的旅游知识培训、游客的文明旅游教育）	1 2 3 4 5	1 2 3 4 5	1 2 3 4 5	1 2 3 4 5	A. 是 B. 否	A. 居民 B. 居委会、业主委员会、村委会等社区组织 C. 旅游企业 D. 旅游从业人员 E. 旅游者 F. 旅游协会等非政府组织 G. 教育机构 H. 研究机构 I. 媒体 J. 专家学者 K. 其他 L. 无
不同地区旅游产品开发、营销等合作	1 2 3 4 5	1 2 3 4 5	1 2 3 4 5	1 2 3 4 5	A. 是 B. 否	A. 居民 B. 居委会、业主委员会、村委会等社区组织 C. 旅游企业 D. 旅游从业人员 E. 旅游者 F. 旅游协会等非政府组织 G. 教育机构 H. 研究机构 I. 媒体 J. 专家学者 K. 其他 L. 无

续表

说明：下表中数字 1→5 代表的程度递增：1. 很低　2. 低　3. 一般　4. 高　5. 很高

旅游公共事务名称	您认为执行该事务需要专业知识与技能的程度	您认为政府具有执行该事务所需专业知识与技能的程度	您认为该事务现有执行标准的完善程度	您认为公众的支持（如信息提供、民意支持或资源支持）对执行该事务的重要程度	您认为该事务是否会因需要在较短时间内完成而无足够的时间来实施公众参与？	您认为下列哪些公众的参与能够对该事务起到支持作用？（可多选）
旅游危机管理（预案制订、监测、应急救助）	1 2 3 4 5	1 2 3 4 5	1 2 3 4 5	1 2 3 4 5	A. 是 B. 否	A. 居民 B. 居委会、业主委员会、村委会等社区组织 C. 旅游企业 D. 旅游从业人员 E. 旅游者 F. 旅游协会等非政府组织 G. 教育机构 H. 研究机构 I. 媒体 J. 专家学者 K. 其他 L. 无
当地旅游业发展相关问题研究	1 2 3 4 5	1 2 3 4 5	1 2 3 4 5	1 2 3 4 5	A. 是 B. 否	A. 居民 B. 居委会、业主委员会、村委会等社区组织 C. 旅游企业 D. 旅游从业人员 E. 旅游者 F. 旅游协会等非政府组织 G. 教育机构 H. 研究机构 I. 媒体 J. 专家学者 K. 其他 L. 无
弱势群体旅游利益保障	1 2 3 4 5	1 2 3 4 5	1 2 3 4 5	1 2 3 4 5	A. 是 B. 否	A. 居民 B. 居委会、业主委员会、村委会等社区组织 C. 旅游企业 D. 旅游从业人员 E. 旅游者 F. 旅游协会等非政府组织 G. 教育机构 H. 研究机构 I. 媒体 J. 专家学者 K. 其他 L. 无
旅游领域的志愿者行动	1 2 3 4 5	1 2 3 4 5	1 2 3 4 5	1 2 3 4 5	A. 是 B. 否	A. 居民 B. 居委会、业主委员会、村委会等社区组织 C. 旅游企业 D. 旅游从业人员 E. 旅游者 F. 旅游协会等非政府组织 G. 教育机构 H. 研究机构 I. 媒体 J. 专家学者 K. 其他 L. 无
旅游可持续发展行动	1 2 3 4 5	1 2 3 4 5	1 2 3 4 5	1 2 3 4 5	A. 是 B. 否	A. 居民 B. 居委会、业主委员会、村委会等社区组织 C. 旅游企业 D. 旅游从业人员 E. 旅游者 F. 旅游协会等非政府组织 G. 教育机构 H. 研究机构 I. 媒体 J. 专家学者 K. 其他 L. 无

二、如果让您负责当地旅游公共事务的执行，您愿意让公众参与到哪个/些阶段：（可多选）

A. 识别与该事务相关的公共问题　　　　B. 界定该事务的范畴

C. 确定该事务执行的目标　　　　　　　D. 制订该事务的行动计划

E. 选择该事务的行动计划　　　　F. 该事务执行的实际行动

G. 对该事务执行过程的监督　　　　H. 对该事务所实现的结果评估

I. 以上全部

三、如果让您负责组织当地的某次公众参与活动（如旅游价格调整听证会），您愿意让公众参与到哪个/些阶段：（可多选）

A. 界定该活动的目标　　　　　　B. 制订该活动的实施计划

C. 针对该活动的公告、宣传与营销　　D. 招募与选择参与者

E. 对选中的参与者进一步提供信息、教育与培训

F. 实际参与过程的组织

G. 说明公众意见、资源被接纳或使用情况

H. 对该活动的结果评估　　　　　I. 以上全部

四、如果让您的部门组织一次公众参与旅游公共事务活动，您认为：

（一）"政府能够充分获取与该事务执行相关的公众信息（如公众的年龄结构、需求偏好）"的重要程度：

1. 很低　2. 低　3. 一般　4. 高　5. 很高

（二）"公众诉求和意见能够被政府充分听取"的重要程度：

1. 很低　2. 低　3. 一般　4. 高　5. 很高

（三）"政府取得公众对该事务执行的民意支持（如公众对该事务相关决策的认可与接受、舆论支持）"的重要程度：

1. 很低　2. 低　3. 一般　4. 高　5. 很高

（四）"政府取得公众对该事务执行的资源支持（如资金支持、物质支持）"的重要程度：

1. 很低　2. 低　3. 一般　4. 高　5. 很高

（五）"政府取得公众对该事务执行的行动支持（公众愿意承担一些旅游公共事务）"的重要程度：

1. 很低　2. 低　3. 一般　4. 高　5. 很高

（六）"政府充分实现信息公开"的重要程度：

1. 很低　2. 低　3. 一般　4. 高　5. 很高

（七）"政府如果开展过面向公众的调研活动，应及时向公众反馈该调研的结果与结论"的重要程度：

1. 很低　2. 低　3. 一般　4. 高　5. 很高

（八）"政府对公众诉求在该事务最终结果中是否得到体现以及如何体现进行解释与说明"的重要程度：

1. 很低　2. 低　3. 一般　4. 高　5. 很高

（九）"政府对公众所投入的资源是否得到使用及其所产生的作用进行解释与说明"的重要程度：

1. 很低　2. 低　3. 一般　4. 高　5. 很高

（十）"公众参与能够纠正政府就该事务相关决策的错误或提出更好的行动方案"的重要程度：

1. 很低　2. 低　3. 一般　4. 高　5. 很高

（十一）"公众参与能够使该事务执行的实际支出较政府最初预算有减少"的重要程度：

1. 很低　2. 低　3. 一般　4. 高　5. 很高

（十二）"与当地以往或其他地区相比，公众参与能够使执行该事务所需的公共支出降低"的重要程度：

1. 很低　2. 低　3. 一般　4. 高　5. 很高

（十三）"公众参与能够使该事务执行所提供的旅游公共产品与服务更加符合公众需求"的重要程度：

1. 很低　2. 低　3. 一般　4. 高　5. 很高

（十四）"公众参与能够使公众对该事务执行所提供的旅游公共产品与服务更加满意"的重要程度：

1. 很低　2. 低　3. 一般　4. 高　5. 很高

（十五）"公众参与能够使更多人（尤其是弱势群体）有机会享用旅游公共产品与服务"的重要程度：

1. 很低　2. 低　3. 一般　4. 高　5. 很高

五、关于政府对公众参与旅游公共事务的认可、支持与回应：

（一）您认为您所在部门政府信息公开的程度：

1. 很低　2. 低　3. 一般　4. 高　5. 很高

（二）您认为您所在部门为公众参与提供的渠道：

1. 很少　2. 少　3. 一般　4. 多　5. 很多

（三）您认为您所在部门对公众参与活动的组织能力和回应能力：

1. 很低　2. 低　3. 一般　4. 高　5. 很高

六、您认为当地正在执行的关于公众参与旅游公共事务的法律、法规及政策：

1. 很少　2. 少　3. 一般　4. 多　5. 很多

七、请根据您对下列公众参与旅游公共事务方式的认识，填写下表。

参与层次	参与方式	您对该参与方式的熟悉程度	政府实施该参与方式存在的投入约束程度（指人力、资金以及其他资源等约束）
告知	政府信息公开、公示、公告、展示	1. 很低　2. 低　3. 一般 4. 高　　5. 很高	1. 很低　2. 低　3. 一般 4. 高　　5. 很高
	政府说明会或新闻发布会	1. 很低　2. 低　3. 一般 4. 高　　5. 很高	1. 很低　2. 低　3. 一般 4. 高　　5. 很高
	媒体宣传、政府营销	1. 很低　2. 低　3. 一般 4. 高　　5. 很高	1. 很低　2. 低　3. 一般 4. 高　　5. 很高
	访问公众、现场办公会或接受公众咨询	1. 很低　2. 低　3. 一般 4. 高　　5. 很高	1. 很低　2. 低　3. 一般 4. 高　　5. 很高
	设立常规性信息中心	1. 很低　2. 低　3. 一般 4. 高　　5. 很高	1. 很低　2. 低　3. 一般 4. 高　　5. 很高
咨询	公众座谈会	1. 很低　2. 低　3. 一般 4. 高　　5. 很高	1. 很低　2. 低　3. 一般 4. 高　　5. 很高
	专家论证会	1. 很低　2. 低　3. 一般 4. 高　　5. 很高	1. 很低　2. 低　3. 一般 4. 高　　5. 很高
	听证会	1. 很低　2. 低　3. 一般 4. 高　　5. 很高	1. 很低　2. 低　3. 一般 4. 高　　5. 很高
	公众调查	1. 很低　2. 低　3. 一般 4. 高　　5. 很高	1. 很低　2. 低　3. 一般 4. 高　　5. 很高
	公共论坛	1. 很低　2. 低　3. 一般 4. 高　　5. 很高	1. 很低　2. 低　3. 一般 4. 高　　5. 很高
	公开意见或建议等征集	1. 很低　2. 低　3. 一般 4. 高　　5. 很高	1. 很低　2. 低　3. 一般 4. 高　　5. 很高
	公众发起的咨询（如公众质询、意见反映）	1. 很低　2. 低　3. 一般 4. 高　　5. 很高	1. 很低　2. 低　3. 一般 4. 高　　5. 很高
民意支持	民意调查	1. 很低　2. 低　3. 一般 4. 高　　5. 很高	1. 很低　2. 低　3. 一般 4. 高　　5. 很高
	公众会议、公众评估	1. 很低　2. 低　3. 一般 4. 高　　5. 很高	1. 很低　2. 低　3. 一般 4. 高　　5. 很高
	斡旋调解	1. 很低　2. 低　3. 一般 4. 高　　5. 很高	1. 很低　2. 低　3. 一般 4. 高　　5. 很高
	公众培训与奖励	1. 很低　2. 低　3. 一般 4. 高　　5. 很高	1. 很低　2. 低　3. 一般 4. 高　　5. 很高

参与层次	参与方式	您对该参与方式的熟悉程度	政府实施该参与方式存在的投入约束程度(指人力、资金以及其他资源等约束)
资源支持	公开方案/计划等征集	1. 很低　　2. 低　　3. 一般 4. 高　　5. 很高	1. 很低　　2. 低　　3. 一般 4. 高　　5. 很高
	志愿性资源投入	1. 很低　　2. 低　　3. 一般 4. 高　　5. 很高	1. 很低　　2. 低　　3. 一般 4. 高　　5. 很高
协作	角色扮演与游戏模拟	1. 很低　　2. 低　　3. 一般 4. 高　　5. 很高	1. 很低　　2. 低　　3. 一般 4. 高　　5. 很高
	名义小组	1. 很低　　2. 低　　3. 一般 4. 高　　5. 很高	1. 很低　　2. 低　　3. 一般 4. 高　　5. 很高
	政府与公众对话	1. 很低　　2. 低　　3. 一般 4. 高　　5. 很高	1. 很低　　2. 低　　3. 一般 4. 高　　5. 很高
	公众协商会议	1. 很低　　2. 低　　3. 一般 4. 高　　5. 很高	1. 很低　　2. 低　　3. 一般 4. 高　　5. 很高
	公众任务团队或联合工作小组	1. 很低　　2. 低　　3. 一般 4. 高　　5. 很高	1. 很低　　2. 低　　3. 一般 4. 高　　5. 很高
	社区规划伙伴关系	1. 很低　　2. 低　　3. 一般 4. 高　　5. 很高	1. 很低　　2. 低　　3. 一般 4. 高　　5. 很高
	政府与公众共同生产、共同提供	1. 很低　　2. 低　　3. 一般 4. 高　　5. 很高	1. 很低　　2. 低　　3. 一般 4. 高　　5. 很高
	公众监督	1. 很低　　2. 低　　3. 一般 4. 高　　5. 很高	1. 很低　　2. 低　　3. 一般 4. 高　　5. 很高
授权	公众投票	1. 很低　　2. 低　　3. 一般 4. 高　　5. 很高	1. 很低　　2. 低　　3. 一般 4. 高　　5. 很高
	公众决策委员会	1. 很低　　2. 低　　3. 一般 4. 高　　5. 很高	1. 很低　　2. 低　　3. 一般 4. 高　　5. 很高
	政府授权公众承担公共事务	1. 很低　　2. 低　　3. 一般 4. 高　　5. 很高	1. 很低　　2. 低　　3. 一般 4. 高　　5. 很高
公众自主	公众自发承担公共事务	1. 很低　　2. 低　　3. 一般 4. 高　　5. 很高	1. 很低　　2. 低　　3. 一般 4. 高　　5. 很高
	志愿行动	1. 很低　　2. 低　　3. 一般 4. 高　　5. 很高	1. 很低　　2. 低　　3. 一般 4. 高　　5. 很高
	社区自治或村民自治	1. 很低　　2. 低　　3. 一般 4. 高　　5. 很高	1. 很低　　2. 低　　3. 一般 4. 高　　5. 很高

后　记

　　撰写本书旨在基于国内外前沿理论构建适合我国国情的、具有可操作性的旅游目的地治理中公众参与机制模型，以期为我国旅游目的地管理模式优化提供理论借鉴和实践指南。但由于国内对此课题的研究基础还很薄弱，本书所做的贡献尚主要是将国内外公共管理领域的相关理论引入与融合，从理念层面引导我国旅游目的地相关主体的参与意识，并为我国当前阶段的实践提供初步的参照框架。正如本书所提出的，旅游目的地治理中的公众参与是政府与公众双向驱动的结果，是旅游目的地集聚和优化配置社会公共资源的途径所在。相信随着我国公共管理机制创新的驱动，公众参与旅游目的地公共事务将会进一步得到社会各界的深入研究和广泛实践。基于此，本书出版也权作对此领域理论研究和实践探索的抛砖引玉。

　　本书是在本人博士毕业论文基础上修订而成。但受时间和学识所限，当时论文写作中存在的缺憾和尚未解决的问题，本次出版未能全部进行修正和完善。此虽为遗憾，但不妨视为本人对此课题持续研究和深化研究的推动力。

　　自硕士研究生毕业开始从事旅游管理专业教学与研究至今，十余年的时光已经匆匆而过。从最初因服从教学工作需要而进入旅游管理领域，到2013年获得南开大学旅游管理专业博士学位，直至今日本书得以出版，本人深感跨学科研究的不易。十余年来，从最初对旅游管理专业的陌生与迷茫，到2004年4月在《中国旅游报》发表关于我国入境旅游市场研究的短文，到2009年8月在《旅游学刊》发表关于考古旅游研究的学术论文，到2013年6月博士毕业论文顺利通过答辩，时至今日仍深感自己远未成为一个地地道道的旅游研究者，深知在旅游学术研究的道路上自己还处在"牙牙学语，蹒跚学步"的阶段。

　　回想十余年来自己所取得的进步，心感欣喜之际更是充满感激之情。首先要感谢我的父亲王昌平先生和我的导师李天元教授。两位虽都已过花甲之年，但分别在生活和学习中时时刻刻给予我无私的关爱和支持。要感谢曲阜师范大学历史文化学院的诸位领导和同事，感谢他们为我工作提供的支持与帮助；感谢南开大学旅游与服务学院的徐虹教授、白长虹教授、齐善鸿教授、陈家刚副教授等诸位师长，感谢他们在我博士阶段学习中的传道授业；感谢我在曲阜师范大学所教过的诸位学生，正是他们的好学激励着我日益精进。更要特别感谢的是我的妻子和儿子,感谢他们给我家庭的温暖和前进的力量。

本书出版得到山东省高等教育名校建设工程经费、山东省"十二五"重点学科建设经费、曲阜师范大学博士科研启动基金(编号 bsqd20130126)的资助,特此致谢!

作者 王京传

2015 年 10 月 8 日